Como se faz um militar?

FUNDAÇÃO EDITORA DA UNESP

Presidente do Conselho Curador
Mário Sérgio Vasconcelos

Diretor-Presidente / Publisher
Jézio Hernani Bomfim Gutierre

Superintendente Administrativo e Financeiro
William de Souza Agostinho

Conselho Editorial Acadêmico
Luís Antônio Francisco de Souza
Marcelo dos Santos Pereira
Patricia Porchat Pereira da Silva Knudsen
Paulo Celso Moura
Ricardo D'Elia Matheus
Sandra Aparecida Ferreira
Tatiana Noronha de Souza
Trajano Sardenberg
Valéria dos Santos Guimarães

Editores-Adjuntos
Anderson Nobara
Leandro Rodrigues

Como se faz um militar?
A formação inicial na Academia Militar das Agulhas Negras de 1995 a 2012

Ana Penido

Prefácio
Suzeley Kalil

© 2024 Editora Unesp

Direitos de publicação reservados à:
Fundação Editora da Unesp (FEU)
Praça da Sé, 108
01001-900 – São Paulo – SP
Tel.: (0xx11) 3242-7171
Fax: (0xx11) 3242-7172
www.editoraunesp.com.br
www.livrariaunesp.com.br
atendimento.editora@unesp.br

Dados Internacionais de Catalogação na Publicação (CIP) de acordo com ISBD
Elaborado por Odilio Hilario Moreira Junior – CRB-8/9949

P411c	Penido, Ana
	Como se faz um militar?: A formação inicial na Academia Militar das Agulhas Negras de 1995 a 2012 / Ana Penido. – São Paulo: Editora Unesp, 2024.
	Inclui bibliografia.
	ISBN: 978-65-5711-244-1
	1. História do Brasil. 2. Estudos de segurança. 3. Militares. 4. Patentes militares. 5. Educação de militares. I. Título.
	CDD 981
2024-2105	CDU 94(81)

Editora afiliada:

À mamãe, professora da vida e dos livros.
Ao Benjamim, esperança de dias melhores.

À brava gente brasileira, com ou sem farda, motivação e finalidade deste trabalho, que luta em diversas trincheiras para deixar a pátria livre, ou que prefere morrer pelo Brasil.

És cadete, amanhã, mais tarde, General. Agora deves dobrar os teus esforços, estudar muito. Deves obediência aos teus superiores e lealdade aos teus companheiros. Atitudes justas e nunca arbitrárias.

Sê um patriota verdadeiro, e não te esqueças que um povo desarmado merece o respeito das Forças Armadas. É este povo que deve inspirá-las nos momentos graves e decisivos.

Nos momentos de loucura coletiva deves ser prudente, não atentando contra a vida dos seus concidadãos.

Um soldado não conspira contra as instituições pelas quais jurou fidelidade. Se o fizer, trai os seus companheiros e pode desgraçar a Nação.

O soldado não pode ser covarde e nem fanfarrão.

A honra é para ele um imperativo e deve ser bem compreendida.

Um soldado não pode ser um delator, a não ser que isso implique em salvação da Pátria.

Espionar os companheiros visando interesses próprios é infâmia e o soldado deve ser digno.

Aí estão os meus pontos de vista.

Deus te abençoe.
Pedro Moreira Lima.

(Carta do juiz Pedro Moreira Lima ao seu filho Rui Moreira Lima[1] quando Rui foi aprovado para a Escola Militar do Realengo, em 31 de março de 1939.)

---

1 O jovem Rui Moreira Lima tornou-se aviador militar da Força Aérea Brasileira. Foi herói da Segunda Guerra Mundial, combatendo os nazistas, e foi cassado em 1964, no posto de coronel-aviador, por ser um militar legalista. Posteriormente, foi reintegrado à Força Aérea, como major brigadeiro-do-ar. Autor do livro *Senta a pua!*. Faleceu em 13 de agosto de 2013.

SUMÁRIO

Prefácio   11
  Suzeley Kalil

Introdução   17

1. A profissionalização das Forças Armadas   31
2. Profissionalização à brasileira   75
3. O sistema de ensino do exército e a Aman   129
4. Profissionalizar, um verbo transitivo   193
5. Considerações finais   241

Referências bibliográficas   245

PREFÁCIO

Suzeley Kalil[1]

O RETORNO OSTENSIVO DOS MILITARES ao governo que aconteceu com o golpe contra a presidenta Dilma Rousseff em 2016 dirigiu os holofotes para as Forças Armadas (FFAA), redundando no crescimento de publicações que objetivam compreender o que são e o que fazem os militares. No entanto, tal crescimento nem de longe representa o volume que corresponderia à presença militar na política brasileira. Como estudiosos de diferentes matizes políticos apontam, as FFAA estiveram presentes em todos os eventos políticos importantes da história política do Brasil, na maioria das vezes como protagonistas.

A educação, por outro lado, é tema de discussões e trabalhos constantes, leigos ou especializados; dirigidos ou gerais. Pode-se dizer que o foco na educação diz respeito a sua permanente importância no processo de sociabilização do ser social. A educação e, em seu interior, o ensino, apesar do advento de novas tecnologias, especialmente da internet, continua a ser o principal

---

1 Docente no Programa 'San Tiago Dantas', IPPRI-Unesp, e bolsista PQ2 do CNPq. E-mail: suzeley.kalil@unesp.br.

mecanismo de construção do sujeito-cidadão. É na escola que se vivencia o processo de sociabilização no qual se criam e se transformam valores próprios de determinada sociedade que permitem sua reprodução e transformação (Durkheim, 1978).

Observe-se que se a academia pouco se dedicou aos estudos das FFAA, menos ainda enfocou a educação do militar. E mesmo a literatura mais recente apenas menciona a educação porque é impossível não relacioná-la com a doutrina prevalente na caserna, um dos pilares do pensamento que dominou a administração pública pós-2016.

É à confluência desses dois temas, educação e forças armadas, que Ana Penido dedica sua pesquisa. Assim, sinto-me privilegiada por apresentar este livro que tem como primeira qualidade a coragem de jogar luz sobre um tema que é desafiador tanto pela importância em si da educação dos militares – qualquer transformação real deve iniciar-se no interior dos muros escolares – quanto pela falta de informações e acesso a fontes que o cerca.

O livro que o leitor tem nas mãos originou-se de dissertação de mestrado defendida em 2015 e laureada como a melhor dissertação do Programa de Estudos Estratégicos da Universidade Federal Fluminense. Tal prêmio aponta ao menos duas outras qualidades do trabalho: além de corajoso, é bem escrito, bem fundamentado e original. Enfatize-se que a pesquisa foi realizada entre 2013 e 2015 e, portanto, muito antes dos holofotes voltarem-se para os militares. Isso mostra a perspicácia da autora na escolha de seu tema de pesquisa.

Partindo do pressuposto de que as FFAA são profissionais, isto é, são formadas e treinadas em habilidades que lhes permitam exercer funções de defesa nacional, a autora envida esforços para compreender como se processa a profissionalização dos militares brasileiros, daí debruçar-se sobre a educação dos oficiais, os futuros generais/comandantes das FFAA. Na impossibilidade de estudar todas as escolas de formação, Penido toma como exemplo a Academia Militar das Agulhas Negras (Aman), que é a responsável por formar os profissionais do Exército. A escolha da Aman não é, todavia, aleatória:

PREFÁCIO

trata-se de analisar a escola responsável por formar os profissionais da força mais numerosa e com maior participação política entre as três FFAA nacionais.

Assim, no primeiro capítulo a autora descreve o estado da arte da profissionalização militar. Nele ela aponta como, por exemplo, a profissionalização não pode ser compreendida como um conceito único e universal, pois quando assim tratada, leva a discrepâncias substantivas. Esse é o caso, por exemplo, da avaliação de Samuel Huntington (1996), que entende existir uma relação direta entre profissionalização e apolitismo nas FFAA. Essa proposição pode ser verdadeira para países como os Estados Unidos, que é o foco da análise do autor, mas não o é para ex-colônias de exploração, como é o caso do Brasil. Aqui as FFAA são altamente profissionais, mas participam ativamente do processo político.

Em razão da profunda leitura da literatura sobre relações civis--militares, Ana Penido propõe uma adaptação no conceito de profissionalização, chamando-o de "profissionalização à brasileira". Ana Penido dedica o segundo e o quarto capítulos à construção desse conceito. Parte, então, da premissa que qualquer processo de profissionalização – o processo de transformar o sujeito leigo em especialista em algo – transige segundo fatores externos e internos ao país. Considerando especialmente os internos, um dos mais importantes é a autonomia crescente que preside o desenho da formação profissional dos militares, apartando mais e mais o profissional das armas dos demais, inclusive aqueles da própria burocracia do Estado.

Outra qualidade de Ana Penido é sua sincera humildade, pois ela afirma em mais de uma oportunidade que há várias lacunas no trabalho, não apenas porque faltou acesso a fontes ou tempo para uma investigação mais acurada, mas porque sua proposta não foi apresentar uma análise completa da educação dos militares, até porque tal postura alimenta pesquisas futuras. A isso nomeio talento acadêmico, pois representa deixar sempre aberta a discussão, brechas que permitam a crítica e o debate. Aproveito esta oportunidade, então, para mencionar alguns pontos que divirjo da autora e que, infelizmente, é impossível aprofundar aqui.

O primeiro ponto que menciono é que uma das características que a autora imputa como particular da profissionalização militar pode, entretanto, ser vista como comum ao ensino superior brasileiro: a disputa entre teoria e prática (o que seria mais importante, uma educação filosófica ou uma educação técnica?) – na linguagem militar, tarimbeiros versus bacharéis – que atravessou boa parte das discussões que antecederam seja a implantação do ensino superior no Brasil, seja o debate das distintas reformas legais (Saviani, 1997).

Outro ponto a destacar é a afirmação de que é responsabilidade da influência externa sobre a doutrina militar a profissionalização à brasileira ter como objetivo central "atender aos interesses das camadas dominantes na sociedade" e também "atender interesses externos, e não para o país" (p. 76). Concordo que as FFAA brasileiras estão longe de serem nacionais, de serem forças voltadas para defender o país. Porém, duas questões mereceriam ser colocadas de antemão: 1) exceto, talvez, pelos exércitos revolucionários, existe alguma força armada que não se prepare para atender os interesses da classe dominante? E 2) como as camadas dominantes de sociedades dependentes podem ser autônomas?

Marx e Engels (1848) ensinaram que o Estado nada mais é do que o comitê executivo da burguesia. Se a força armada é o meio específico que define o Estado, igualmente elas são o meio específico para atender os interesses das camadas dominantes. A segunda observação, corolário da primeira, é (quase) uma tautologia: se as camadas dominantes na sociedade brasileira são subordinadas (ou dependentes) das camadas dominantes dos países centrais, então seus interesses também o são e, portanto, as forças de defesa brasileiras devem ser profissionalizadas para atender interesses forâneos.

Acrescento: se usarmos lentes de aumento para ver os fundamentos doutrinários da profissionalização militar, é bastante provável que concluamos que há um "nacionalismo à brasileira" que faz parte do processo civilizatório da dita débil e frouxa sociedade: seguir as orientações das sociedades desenvolvidas seria a única forma de alcançar o progresso. Autores como Azevedo Amaral, Alberto Torres e, quiçá o mais conhecido, Oliveira Vianna são representantes desse pensamento. Assim, minha opinião é que a doutrina que arrima a profissionalização à brasileira não foi forjada apenas pelas missões exteriores que aqui estiveram, mas essas encontraram um bom caldo de cultura para florescer.

Em síntese, ao estudar profissionalização militar por meio da educação, Ana Penido passa em revista o processo de sociabilização do soldado. Em razão disso, toca em distintos temas que, como ela por vezes informa, merecem investigações mais acuradas. Entre estes, destaco: a questão da (quase impossível) compatibilidade entre especialização profissional e amplitude de funções exigidas do militar, o que é, lembra a autora, comum a uma variedade de profissões; a questão da escolha das armas, que tem apontado tendência discrepante entre o oficial desejado pela instituição e a eleição individual; o isolamento imposto ao militar que, se é funcional às exigências de disciplina e hierarquia, é disfuncional à defesa nacional; o impacto da diversidade religiosa sobre o comportamento dos cadetes e oficiais; o anacronismo dos programas disciplinares e de treinamento que alimenta o insulamento militar etc.

Por todas as qualidades, mas também pelas lacunas, este *Como se faz um militar?* é um livro indispensável para todos aqueles que querem conhecer o profissional das armas, mas principalmente é um livro de Educação em Defesa e, portanto, é leitura obrigatória para a cidadania.

Referências bibliográficas

DURKHEIM, E. *Educação e sociologia*. São Paulo: Melhoramentos, 1978.
HUNTINGTON, S. P. *O soldado e o Estado*. R.J.: Bibliex, 1996.

MARX, K.; ENGELS, F. *Manifesto do Partido Comunista* (1848). São Paulo: Cia. das Letras, 2012.

SAVIANI, D. *A nova lei de educação:* trajetória, limites e perspectivas. Campinas: Autores Associados, 1997.

INTRODUÇÃO

ESTE LIVRO É FRUTO DA DISSERTAÇÃO DE MESTRADO desenvolvida no Instituto de Estudos Estratégicos da Universidade Federal Fluminense, defendida em fevereiro de 2015. Brasileira, mesmo não tendo vínculos com o mundo militar, a autora viveu a história recente do país. O interesse pelo assunto partiu de uma empiria, a homenagem ao general e ex-presidente Emílio Garrastazu Médici (1969-1974) pela turma de cadetes formandos em 2010, da Academia Militar das Agulhas Negras (Aman). Essa escolha chamou a atenção por evidenciar um distanciamento ideológico entre o mundo civil e o militar, uma vez que, nas eleições presidenciais do mesmo ano de 2010, os dois principais candidatos (José Serra e Dilma Rousseff) apresentavam publicamente em seu currículo um histórico de oposição ao regime militar. No intuito de atualizar alguns aspectos, apresentar a opinião da autora e aproximar o leitor das conclusões do trabalho, ao final de cada capítulo foram inseridas algumas considerações parciais.

Em países com história colonial, como é o caso do Brasil, estudar as Forças Armadas impõe também o estudo do Estado nacional, pois o surgimento e consolidação de ambos se entrelaçam. Nesses países, além das funções de defesa, os militares auxiliaram na coesão e modernização do Estado, intervindo na política com posturas pró ou contra o governo, previstas ou não na Constituição, com ou sem apoio popular. No Brasil, as intervenções militares na política são a regra geral, não exceções, e as relações entre Estado, sociedade e Forças Armadas foram, na maior parte do tempo, pouco harmoniosas.

Castro (1990) e Coelho (2000) afirmam que parte considerável dos trabalhos sobre Forças Armadas no Brasil concentrou-se na análise das intervenções armadas na política brasileira, pouco tomando a instituição militar (ou algum de seus componentes) como um objeto que, em si próprio, seja merecedor de análise. Neste trabalho, considera-se que as intervenções militares são "apenas o aspecto mais espetacular do comportamento da instituição, geralmente o momento de explosão de tendências que se formaram ao longo dos períodos de normalidade" (Coelho, 1985, p.15).

Não se trata de desqualificar a importância da discussão sobre a submissão dos militares ao poder civil legal e legítimo. Entretanto, este estudo pretende dedicar-se a um nível mais específico, a profissionalização das Forças Armadas, caminhando para preocupações mais pontuais, como a educação militar na Aman. Acredita-se que "sem atacar o problema por esse lado, qualquer solução que busque eliminar o intervencionismo militar com base em definições gerais será precária e de curta duração" (Carvalho, 2005, p.139).

Quanto a isso, faz-se necessária uma matização. Nesta pesquisa, as intervenções militares na política não são tratadas como algo que possa ser eliminado. A história do Brasil é marcada por divergências entre civis e militares. Fruto desse distanciamento, existe a percepção geral de que a gerência do Estado, ou a ação político-social, é tarefa dos civis, e a defesa do Estado, ou o manuseio da força, é tarefa das Forças Armadas, isoladamente. Essa visão é um empecilho à construção republicana, pois os civis são fundamentais na defesa do

Estado, assim como os militares, enquanto cidadãos, fazem política cotidianamente, em especial nas mais altas esferas, e muitas vezes eleitos democraticamente para cargos no poder legislativo ou executivo. O que deve ser eliminada é a intervenção da corporação militar na política, democraticamente, para cargos no poder legislativo ou executivo. É nociva e perigosa a participação política militar que confronta as diretrizes determinadas pelos representantes escolhidos livremente pela população.

Considerando a literatura específica sobre as relações entre civis e militares, há diferentes concepções sobre as Forças Armadas. Sinteticamente, podem-se listá-las da seguinte maneira:

a) Como o esteio da nacionalidade e, assim, existindo independente dos conflitos e da política, na lógica de uma instituição permanente.

b) Com o papel de poder moderador, tutelar do Estado. Como força estabilizadora, estariam acima das articulações de interesses que se desenvolvem na sociedade ou, em outras palavras, acima da política. Stepan (1975) é o principal representante dessa corrente.

c) Como um instrumento repressivo da classe economicamente dominante sobre as outras. Ou seja, os militares não são discutidos como objeto em si, e sim como parte integrante do aparelho estatal e dos conflitos de classe. Isso significa que "a organização interna da corporação militar é, em última instância, determinada pelo estágio de desenvolvimento da produção alcançado por uma dada sociedade" (Neves; Figueiredo, 2013, p.171).

d) Como um partido militar, acima das classes sociais, conforme debatido na obra de Rouquié (1984).

e) Como "desempregadas" e, por isso, procurando justificar sua baixa aplicação em caso de ameaças externas com uma alta aplicação interna.

f) Como profissionalização, tornando-se uma profissão responsável pela defesa do Estado, mantendo com ele uma relação burocrática.

Segundo Neves e Figueiredo (2013), quem opta pela vertente instrumental de análise das Forças Armadas abre mão de analisar os militares de forma independente, como sujeitos dotados de interesses próprios. Ainda que se admita que a atuação das Forças Armadas favoreça determinados grupos, não se considera que exista uma classe militar, "mas um subsistema social militar, integrado por pessoas de diferentes extratos econômicos, exercendo desde as funções subalternas de execução às de direção" (Figueiredo apud Luchetti, 2006, p.12).

Acredita-se que as diferentes perspectivas não são excludentes entre si, e seu emprego trata, na verdade, de lançar luz sobre a diversidade de aspectos do problema. Entretanto, embora influências de várias interpretações tenham sido recebidas, optou-se por analisar principalmente a profissionalização das Forças Armadas neste estudo e, assim, considerou-se que a função militar corresponde a uma profissão, entre as várias da burocracia estatal, responsável pelo monopólio da administração da violência do Estado. Como instituição burocrática, as Forças Armadas possuem um estilo de vida próprio, *status* social, racionalidade na tomada de decisões, impessoalidade nas relações sociais, centralização da autoridade e rotinização de regras e normas (Weber, 1974). A profissionalização é o processo pelo qual as Forças Armadas adquirem essas características, distinguindo-se do restante da sociedade. Ao longo do texto, essa definição será por vezes reforçada, por vezes refutada, a partir da análise do panorama brasileiro.

Por se organizarem ao redor do binômio hierarquia e disciplina, as Forças Armadas conquistam importante vantagem organizativa perante outras instituições, apresentando uma estrutura bastante complexa, que faz com que a profissão militar não seja como as demais e, portanto, necessite de uma análise que comporte variáveis internas e externas. "Uma identidade mais forte aumenta o grau de autonomia da organização em relação ao meio ambiente", o que torna os fatores internos tão importantes quanto a influência externa (Carvalho, 2005, p.3).

Huntington (1996) indica a profissionalização como a principal forma de neutralizar politicamente os militares. Porém, essa não é a perspectiva adotada neste trabalho. Por profissionalização entende--se o estabelecimento de padrões universais para o exercício da profissão; o julgamento do desempenho do profissional segundo esses critérios por colegas de profissão; uma *expertise* específica, sem pretensão de totalidade; impessoalidade no tratamento entre os membros da organização; e uma afirmação de autoridade e hierarquia (Perlmutter, 1977). Entretanto, segundo a definição de Perlmutter, é possível encontrar militares extremamente profissionais intervindo na política, não estando a primeira variável associada diretamente à segunda. Nesse sentido, ao longo deste trabalho amplia-se a noção do que seriam forças armadas profissionalizadas a partir de uma visão republicana, democrática e popular.

As escolas militares são o principal espaço no qual a profissionalização ocorre e, por isso, entre todas as questões pertinentes a um estudo sobre as Forças Armadas, a profissionalização militar com enfoque na questão educacional foi o tema central para o desenvolvimento desta pesquisa. Na medida em que há especialização, há o conhecimento historicamente acumulado sobre o exercício dessa função e determinado nível de exclusividade para aqueles que detêm o conhecimento, o que se dá com base em uma formação científica. As mudanças das características da guerra e dos Estados nacionais geraram necessidades como a da profissionalização das Forças Armadas e sua consequência prática, a criação das escolas militares. Com o fortalecimento das instituições do Estado e os avanços da tecnologia, a questão educacional manteve sua centralidade, e os desafios de como formar um militar para atuar no complexo mundo atual só crescem.

O papel das escolas militares na formação ideológica também não pode ser desconsiderado, pois elas são o local de construção e ensinamento da doutrina e das tradições ou, em outros termos, de reprodução simbólica da própria força. Assim, permanece o desafio de como formar um oficial para atuar num contexto democrático e de uma república em amadurecimento, como é a brasileira, com a multiplicidade de missões pertinentes à nossa realidade. As Forças Armadas preocupam-se muito com esse aspecto, e um exemplo disso é que um oficial brasileiro no auge da carreira passa quase um terço da vida profissional ativa em cursos, obrigatórios ou voluntários.

Diferentemente de materiais bélicos, que em caso de urgência podem ser adquiridos ou desenvolvidos internamente com alta injeção de recursos, bons oficiais não são passíveis de "compra". Eles são unicamente fruto de investimentos de longo prazo, resultados de formação teórica e experiência prática. A questão do ensino militar lida, em alguma medida, com cenários futuros, uma vez que se forma hoje o cadete que será general daqui a trinta anos. Dessa forma, perceber o grau de sintonia entre a formação dos oficiais e as demandas da sociedade em que eles atuarão é imprescindível, pois os descompassos só serão sentidos a médio ou longo prazo.

Cabe ressaltar também que a formação das Forças Armadas é condicionada pelas características do Estado a que elas servem, e precisa estar conectada a uma estratégia de desenvolvimento nacional. Sob essa perspectiva, não é possível falar em profissionalização de forma abstrata, devendo-se tomar os conceitos como base para os trabalhos, e não como resultado final procurado. Na realidade, a profissionalização é influenciada pelo processo de formação do Estado, pela cultura política da sociedade, pelas ameaças que certo território sofre, assim como pelas múltiplas possibilidades de emprego das Forças Armadas. Nesse sentido, é possível falar de uma profissionalização à brasileira.

Duas questões relativamente recentes impactaram fortemente as Forças Armadas brasileiras. A primeira foi o fim da Guerra Fria e da bipolaridade (o fim do cenário que permitia a caracterização do inimigo comunista), e o início de uma fase em que se discutem as "novas ameaças" que rondam o mundo. A segunda foi o longo período político em que o Brasil diminuiu seu alinhamento com os Estados Unidos em busca do fortalecimento das suas relações multilaterais com os países da América do Sul, convivendo com um entorno estratégico praticamente isento de grandes problemas. Essa questão tem origem no ambiente interno do país, que foi a redemocratização do regime de governo e a consequente saída dos militares de vários espaços de poder que ocuparam no Estado durante mais de vinte anos, e foi levada a cabo por governos de diferentes matizes, com destaque para o ciclo do Partido dos Trabalhadores.

Diante desse novo momento mundial e brasileiro, a questão que, a princípio, orientou este estudo foi se o ensino na Aman havia sofrido transformações que refletissem esse panorama do século XXI. Entretanto, durante o trabalho duas outras questões constatadas levaram à reorientação do problema de pesquisa. A partir do debate teórico sobre a profissionalização, detectou-se que o processo de formação militar era baseado não apenas em elementos formais de ensino – como o currículo ou materiais didáticos –, mas também em aspectos informais – como a ressocialização do aluno no mundo castrense e a aprendizagem das tradições. Uma observação das transformações no ensino não seria suficiente para discutir a questão da formação. Dessa maneira, optou-se pela discussão da formação a partir do conceito de profissionalização, mais amplo que o conceito de ensino.

A segunda questão relevante para a reorientação do problema de pesquisa foi a diversidade de preocupações expressadas sobre quais seriam as exigências para o exercício profissional. De forma geral, os estudos militares centravam sua discussão na definição das características de guerra do futuro e como formar um profissional apto a garantir a defesa do território brasileiro. Por outro lado, várias obras civis que discutem a questão da formação militar centravam o debate na importância do controle civil, ou seja, estavam mais preocupadas com o impedimento de novos golpes militares do que com a eficiência da formação. Nessas obras, também se destacam a preocupação com a multiplicidade de empregos das Forças Armadas atualmente.

A perspectiva aqui defendida é que as duas questões mencionadas são pertinentes a uma reflexão sobre a formação militar. Pôde-se inferir da pesquisa que a educação militar deve cumprir dois objetivos em países democráticos e em desenvolvimento, como é o caso do Brasil: o primeiro é garantir formação profissional e técnica compatível com as necessidades de defesa e segurança dos Estados, assim como com as diversas possibilidades de emprego militar no cenário atual; em segundo lugar, e não menos importante, a educação deve assegurar a identificação das Forças Armadas com os povos e os países, promovendo uma cultura política democrática e voltada para a paz. Quando cumpridos os dois objetivos, pode-se considerar que os militares são profissionais. Para a visualização desses dois objetivos, manteve-se o mesmo território anteriormente proposto, a Aman.

Mesmo com as mudanças na política externa adotadas pelo governo do então presidente Jair Bolsonaro (2019-2022), a educação militar tem raízes profundas, e não deve ser afetada conjunturalmente. Acredita-se que os elementos que levam os cadetes a rejeitar ou apoiar as atuais políticas para a área militar já estavam presentes na Aman durante a realização da pesquisa. Entretanto, esse não é o objeto deste livro.

Consideradas as questões expostas, este trabalho teve como objetivo analisar, a partir da Aman, como a educação militar contribui para o processo de profissionalização dos oficiais brasileiros atualmente sob a luz dos dois objetivos anteriormente delimitados. Para isso, foi levantada uma série de perguntas: Quem é o profissional atual que vem sendo formado na academia? O que se espera dele e o que ele próprio espera da carreira? Essa formação dialoga com a multiplicidade de empregos do militar atualmente? Ela está preocupada com a formação de um oficial democrático, preocupado com a promoção da paz?

Em suma, trata-se de uma pesquisa interdisciplinar, baseada essencialmente em três áreas do conhecimento – a ciência política, a sociologia e os estudos estratégicos –, com contribuições das relações internacionais e da pedagogia.

O Exército foi a força armada escolhida para o estudo, pois numericamente é a mais representativa, contando com um contingente ativo de cerca de 235 mil oficiais e praças, segundo dados da própria instituição. Por ser a maior, muitas vezes é também a mais forte, ditando a política para as demais. A opção pelos oficiais em detrimento dos praças deve-se tanto à maior estabilidade da sua permanência nas Forças quanto à concentração em si próprios da tomada das decisões. A diferença entre praças e oficiais é também funcional: enquanto o oficial administra a violência, as praças são responsáveis pela aplicação dessa violência. O foco da pesquisa foram apenas os oficiais combatentes, ou seja, os membros das diferentes Armas da linha bélica (infantaria, artilharia, cavalaria, engenharia, comunicação, intendência e material bélico, no caso do Exército) que se formam na Aman.[1]

A opção pela Aman deve-se ao papel quantitativo e qualitativo da escola, uma vez que é a rota obrigatória na carreira de todos aqueles que almejam ser general brasileiro. Também teve impacto o fato de ser o primeiro estágio profissional do cadete quando, além dos conceitos teóricos e práticos, ele passa por intenso processo de ressocialização.

A pesquisa desenvolvida foi em parte exploratória, e em parte explicativa. Exploratória porque não há muitos estudos recentes

---

1 Embora este trabalho tenha focado nos oficiais do Exército, acredita-se que um estudo sobre os praças, assim como a análise das demais forças da Marinha e da Aeronáutica, ofereceria elementos igualmente interessantes. Da mesma maneira, uma análise comparativa desses resultados poderia elucidar questões ainda não respondidas pelos estudos militares.

sobre o ensino no Exército, o que exigiu uma etapa de aproximação com esse assunto. Por outro lado, não se pode classificá-la como plenamente explicativa, pois embora seu objetivo fosse explicar como está a formação militar dos cadetes do Exército brasileiro, não é possível proceder a um isolamento absoluto de cada uma das variáveis que interferem no processo de profissionalização, como ocorre nas ciências naturais. Embora tenha sido feito breve recuo histórico por razões explicativas, este trabalho não se propôs a fazer uma análise histórica aprofundada da educação militar.[2]

O marco temporal desta investigação inicia-se em 1995, com o Processo de Modernização do Ensino do Exército (PME), por causa da importância que ele teve para o Exército, não apenas pelo amplo trabalho de mapeamento feito das suas instituições de ensino, como também pelo seu conteúdo e intenção explicitamente modernizante. O marco temporal final, 2012, deve-se às mais recentes modificações na Academia ocorridas em virtude da implantação da pedagogia das competências.

Em seu desenvolvimento, utilizou-se como recursos metodológicos a pesquisa bibliográfica e documental, assim como a tabulação quantitativa de dados conseguidos nos anuários da Aman. Em virtude do tempo para a execução do trabalho ser insuficiente para a realização de uma etnografia e das dificuldades na execução (por exemplo, autorização para a permanência durante longo período na Aman) não foi possível fazer uma observação qualitativa mais aprofundada.

Em nenhum momento existiu a pretensão metodológica de se fazer uma pesquisa neutra. A lição de Weber (1974) é que a subjetividade é parte do trabalho do pesquisador, que deve não só

---

2 Optou-se por não fazer detidamente um levantamento histórico de cada uma das escolas militares durante esse período, pois essa tarefa já havia sido qualificadamente executada por vários autores, especialmente por Motta (2001). Entretanto, existe uma pequena produção histórica sobre o que ocorreu a partir de 1970.

reconhecer sua presença, como saber usá-la. Não existe produção teórica desvinculada de valores. Mesmo as ideias "neutras" ou "consensuais" estão comprometidas com determinado posicionamento no tempo e espaço políticos. Apresentar uma ideia como neutra é tentar forjá-la como um consenso da sociedade, como algo natural e estável, e não como algo que está sempre em movimento histórico. Assim, a ciência se torna um instrumento de poder político.

Este livro está estruturado em quatro capítulos. O primeiro capítulo traz uma discussão teórica sobre a profissionalização das Forças Armadas a partir das premissas levantadas por Andreski (1968 [1954]), Huntington (1996 [1957]), Janowitz (1964), Finer (2002 [1962]) e Perlmutter (1977). A partir desse substrato, foram debatidos os reflexos que o processo de profissionalização traz para as Forças Armadas, como a constituição de um *ethos* próprio, sua conformação como uma burocracia do Estado ou como uma instituição total, o desenvolvimento do corporativismo e mesmo influências no comportamento político dos militares. Como base analítica, tomou-se a complexa relação entre civis, militares e o Estado. Por fim, foi discutida a educação militar, entendida como componente-chave do processo de profissionalização. Seu surgimento, importância, objetivos e contribuição para a consolidação da democracia foram objetos de breve reflexão. Trata-se, portanto, de um capítulo eminentemente teórico.

Entretanto, a profissionalização não ocorre sempre da mesma forma em todos os lugares ao redor do mundo e em qualquer momento da história, devendo os conceitos serem submetidos a um processo de territorialização. O objetivo do Capítulo 2 é discutir as características específicas da profissionalização à brasileira ou, em outras palavras, como a história do país, a cultura política do povo, as inúmeras intervenções diretas dos militares na política, as relações entre civis e militares, entre outras questões, influenciaram e influenciam a profissionalização das Forças Armadas brasileiras e nas suas instituições de ensino. Uma das principais influências debatidas foi a externa, exercida por Portugal, Alemanha, França e Estados Unidos por intermédio de missões militares. Auxiliaram nessas discussões Stepan (1975), Coelho (2000), Carvalho (2005), Luchetti (2006), Godoy (2004) e outros. Ao final do capítulo, foram discutidas três importantes iniciativas que interferem na profissionalização à brasileira: a Política Nacional de Defesa (Brasil, 1996a), o Ministério da Defesa (Brasil, 1999a) e a Estratégia Nacional de Defesa (Brasil, 2008).

No Capítulo 3, foi apresentada a estrutura do Sistema de Ensino do Exército Brasileiro, o Processo de Modernização de Ensino do Exército (Brasil, 1995a) e a Política de Ensino do Exército (Brasil, 1999a). Também foi feita uma análise minuciosa sobre o principal espaço de profissionalização do Exército brasileiro, a Aman, a partir da apresentação de dados quantitativos sobre o currículo, perfil dos cadetes, processo educacional, entre outros.

O quarto e último capítulo traz uma breve análise da situação do mundo e do Brasil, assim como os desafios que esse cenário impõe para a educação militar. Para essa discussão, foram utilizadas as formulações de Mathias (2010), Florez (2010), Martínez (2014), Pion-Berlin (2014) e Mares (2014). A multiplicidade de funções que as Forças Armadas são chamadas a desempenhar foi discutida a partir da tipologia de Bruneau e Matei (2013) e Bertazzo (2005).

Por fim, foram tecidas algumas considerações para se pensar um novo paradigma para as relações modernas entre civis e militares que ajudem a construir uma educação militar democrática para o Brasil atual. O objetivo dessa caminhada foi tomar a profissionalização como algo que transige segundo as características de cada país e conjuntura histórica, pois ela abrange tanto as ameaças contra as quais se deseja estar protegido, quanto as relações entre civis e militares que se dão em cada localidade. Em virtude disso, a profissionalização militar não pode ser objeto de um receituário único; é preciso refletir sobre qual seria a educação militar mais apropriada para atender às necessidades brasileiras.

Agradeço o apoio financeiro da Coordenação de Aperfeiçoamento de Pessoal de Nível Superior (Capes) e do governo brasileiro a partir do programa Pró-Defesa, responsável por motivar civis a se especializarem nessa área, que proporcionou o acesso ao ambiente de sala de aula que vivenciei, com civis e militares, discutindo as questões da nossa realidade. Agradeço também meu brilhante orientador, Frederico Carlos de Sá Costa, e minha turma de mestrado, em particular ao Marcelo. Para não correr o risco de omissão, prefiro não nominar cada um individualmente que, em terras cariocas, tanto me acolheram e ensinaram. Na revisão deste trabalho para publicação, agradeço ao Instituto San Tiago Dantas, nas pessoas do Hector e do Samuel e, em especial, a minha amiga Suzeley, que me motivaram a seguir com as pesquisas. Por fim, agradeço a paciência com a minha impaciência aos que são de fato os mais importantes: a família em que nasci, papai, mamãe, Isabela e Davi; e a família que escolhi, Hebert e Benjamim. Amo vocês.

1. A PROFISSIONALIZAÇÃO DAS FORÇAS ARMADAS

A PARTIR DA DISCUSSÃO SOBRE A RELAÇÃO ENTRE CIVIS, militares e o Estado, serão abordadas as características que as Forças Armadas[1] desenvolvem na profissionalização, como o corporativismo, seu comportamento político e a organização da profissão como burocracia estatal. Por fim, serão tecidos alguns comentários sobre a educação militar, entendida como componente-chave do processo de profissionalização.

Um alerta importante é que o debate conceitual aqui apresentado serve a dois objetivos: conformar uma base para o desenvolvimento do estudo e apresentar o campo

---

1 Por tratar-se de uma discussão eminentemente teórica, optou-se mencionar Forças Armadas genericamente, sem um enfoque particular em uma. Porém, a partir do segundo capítulo, a discussão será desenvolvida com o olhar voltado principalmente para o Exército brasileiro. Este capítulo traz uma discussão teórica sobre a profissionalização das Forças Armadas a partir das premissas levantadas por: Stanislav Andreski (1968 [1954]); Samuel Huntington (1996 [1967]; Morris Janowitz (1967 [1960]); Samuel Finer (2002 [1962]); e Amos Perlmutter (1977). Esses autores foram escolhidos por serem considerados fundantes do campo teórico conhecido como relações civis-militares.

teórico para aqueles que não são ligados às discussões sobre defesa e Forças Armadas. Entretanto, não se trata da busca do tipo ideal weberiano, pois os conceitos ganham riqueza quando aplicados ao Brasil. No conjunto do trabalho, perseguimos o objetivo de pensar as relações civis-militares sob uma epistemologia da América do Sul.

1.1 O debate sobre o conceito de profissionalização

O autor que lança bases para o debate sobre a profissionalização é Samuel Huntington, autor de *O soldado e o Estado* (1996[1967]), que, apesar de muito criticado, sua obra permanece influente, especialmente entre os círculos militares. Para o autor, as Forças Armadas modernas são profissionais e têm três diferentes responsabilidade perante o Estado. A primeira é representativa, ou seja, cabe ao extrato militar a tarefa de representar a preocupação com as questões de segurança dentro da gestão do Estado. A segunda é consultiva, pois embora as Forças Armadas não detenham o poder de decisão política, elas devem analisar as implicações militares de cada uma das opções políticas que estão sendo visualizadas pelos governantes, municiando-os com considerações que influenciem sua tomada de decisão. Por fim, os militares têm uma tarefa executiva, pois uma vez que houve uma decisão do Estado, a camada castrense é quem será convocada a executar as definições tomadas no campo da defesa (Huntington, 1996).

Huntington (1996) propõe cinco variáveis para a discussão sobre a profissionalização: a) as exigências para acesso ao oficialato; b) os meios de ascensão profissional; c) o caráter do sistema educacional militar; d) a natureza do sistema do Estado-Maior militar; e) o *esprit de corps*. Sobretudo, pensa a profissionalização como uma arma para garantir o controle civil sobre o extrato castrense. Esse é um objetivo extremamente complexo, pois envolve a criação de condições para que o poder dos grupos civis seja maior do que o poder dos militares. Ainda segundo o autor, esse controle civil poderia se dar de forma subjetiva ou objetiva: "O controle civil subjetivo atinge seu fim ao tornar civis os militares, fazendo deles o espelho do Estado. O controle civil objetivo atinge seu fim ao militarizar os militares, tornando-os o instrumento do Estado" (Huntington, 1996, p.102).

O controle civil subjetivo é característico dos Estados com instabilidade política, onde grupos civis diversificados (organizados em partidos, sindicatos e movimentos) disputam seus interesses na arena política, porém, os grupos vencedores não têm legitimidade suficiente entre os demais para o exercício do controle em nome do Estado. Não seria possível, então, falar em um único controle civil. Ou seja, a lealdade das Forças Armadas não é direcionada para o Estado, e sim responde a um entre os grupos civis que disputavam o seu controle, o que caracteriza um comportamento pouco profissional (ibid., 1996).

O controle civil objetivo, por sua vez, ocorre pela profissionalização dos militares, a partir da qual o corpo de oficiais forja uma ética profissional própria especializada, autônoma e corporativa, tornando-se preparado para seguir as diretrizes políticas do grupo civil no comando do Estado; ao "militarizar os militares", entende-se que a profissionalização dos militares os distancia da política (ibid, 1996). Para isso, é fundamental que haja instituições formalmente aceitas e consenso sobre quem é o detentor legítimo da autoridade do governo, e que o poder e as funções estatais sejam distribuídos entre os grupos militares e civis, ficando claras a separação e a diferenciação entre o profissional militar e o profissional político. Ou seja, um mesmo grupo não pode simultaneamente exercer o poder político e militar. Dessa forma, a intervenção dos militares na política é reduzida, com civis e militares percebendo-se como partes distintas de um mesmo Estado.

Embora reconheça o aspecto fundacional da obra de Samuel Huntington, este trabalho não defende a associação direta entre mais profissionalização e a ausência da intervenção militar na política, tratando essas duas questões separadamente. Um dos principais críticos de Huntington foi Samuel Finer, em sua obra *The Man on Horseback* (2002 [1962]). Apesar da maior parte dos exemplos do autor referir-se ao Japão e à Alemanha, suas observações podem ser transferidas para muitos países da América Latina, como o Brasil, onde forças armadas profissionais intervieram diretamente na política. Para Finer (2002), um exército profissional é coeso e hierárquico, apresentando cinco características básicas: comando centralizado, hierarquia, disciplina, intercomunicação e *esprit de corps*, com seu correspondente isolamento e autossuficiência.

Para o autor, os militares profissionais demonstravam três características superiores aos civis: "Superioridade em organização, um *status* simbólico altamente emocional e o monopólio de armas" (ibid., p.XV, tradução nossa).[2] Levando em consideração essa superioridade, Finer questiona o motivo da submissão dos militares ao controle civil, uma vez que eles teriam condições de intervir permanentemente na política. Em outros termos, a partir das vantagens dos militares, por que as intervenções castrenses na política são exceções e não a regra geral? Como resposta a essa pergunta, o autor propõe a análise da cultura política de cada Estado, defendendo a hipótese de que as intervenções militares não ocorrem com frequência nos países com alta cultura política, e sua força e duração aumentam à medida que diminui a cultura política do Estado. Os Estados de baixa cultura política seriam os mais vulneráveis a intervenções militares. Um país com baixa cultura política é aquele onde os "partidos ou sindicatos são fracos e poucos, o procedimento para a transferência de poder é irregular ou inexistente e a localização da autoridade suprema é uma questão de discordância aguda ou então de despreocupação e indiferença" (ibid, p.21, tradução nossa).[3]

2 Em inglês: "Superiority in organization, highly emotionalized symbolic status, and a monopoly of arms".

3 Em inglês: "The parties or trade unions are feeble and few, the procedure for the transfer of power is irregular or even non-existent, the location of supreme authority is a matter of acute disagreement or else of unconcern and indifference".

Ainda segundo Finer (2002), para que as Forças Armadas não intervenham, elas precisam acreditar no princípio da supremacia civil. Isso independe do estágio de profissionalização dos militares, pois ser um profissional servidor do Estado pode ser confundido, a depender do interesse de quem emprega o conceito, com servidor das leis que regem o Estado, servidor do governo do Estado, servidor da sociedade fundadora do Estado ou mesmo servidor dos interesses que determinado grupo identifica como os interesses permanentes do Estado.

Ao discutir os elementos que aumentam a disposição das Forças Armadas para intervir, Finer (2002) levanta algumas pistas para entender a relação entre as intervenções militares e a profissionalização. Segundo o autor, o profissionalismo gera condições para o surgimento do sentimento de que as Forças Armadas constituem um grupo distinto dos demais, com capacidade para definir autonomamente desde questões internas – por exemplo, o recrutamento ou o tipo de equipamento a ser utilizado – até questões gerais –como as prioridades de investimento estatal. Nesse caso, a sociedade é entendida como uma reserva de forças materiais para os interesses castrenses e os militares se percebem como autossuficientes na condução do país. Esse sentimento corporativo pode, inclusive, ser prejudicial à segurança do Estado, pois ocorre uma confusão sobre o que são interesses de governo, interesses nacionais e interesses das próprias Forças Armadas. A partir do entendimento de que compõem um extrato diferenciado, eles não mais precisariam disputar seus interesses na arena política. Assim, criam-se condições para que os militares substituam a noção civil e coletiva de interesses por aquela formulada pela própria corporação. Em momentos extremos, isso pode levar os militares a tentar impor seu entendimento para o restante do Estado. Por outro lado, o corporativismo também pode dificultar intervenções militares na política, servindo como um fator de inibição, seja por causa do medo da divisão interna da corporação, seja por causa temor da perda de capacidade ofensiva resultada por dissidências (ibid, p.71).

Em síntese, Finer (2002) contribui com o estabelecimento das relações entre o nível de cultura política (madura, desenvolvida, baixa e mínima) e os tipos de regime político desses Estados, baseado na análise do nível de intervenção política dos militares, que varia entre influência, chantagem, substituição de um governo civil por outro governo civil[4] e suplantação do governo civil por um governo militar. Em todos os casos, podem-se considerar as Forças Armadas como profissionais.[5]

Quem reconhece e aprofunda a relação entre profissionalização, o senso de identidade de grupo e o corporativismo é Amos Perlmutter (1977), que defende que a orientação do comportamento político objetivo e subjetivo dos militares não provém do processo de profissionalização, e sim do sentimento corporativo. Sob esse ponto de vista, as pessoas são autônomas antes da entrada nas escolas iniciais de formação de militares, que se dá de forma voluntária, porém, após esse momento, elas passam a estar confinadas a uma estrutura burocrático-hierárquica. Por servirem ao Estado, os soldados nunca poderão ser neutros, pois eles fazem política ao pensar e implementar a política de segurança nacional. Dessa forma, o controle civil deveria se dar do ponto de vista burocrático – por meio da hierarquia de comando – e profissional – pela obediência ao Estado (ibid.).

O autor também dissocia a questão da profissionalização da não intervenção na política. Mais profissionalização é exigência da complexificação da tecnologia de guerra, que, por sua vez, só é possível com o financiamento estatal. Já a intervenção dos militares na política deve ser analisada a partir da relação civil-militar estabelecida num Estado, podendo tomar a forma de um soldado profissional, um soldado pretoriano ou um soldado revolucionário (tema que será

---

4 No Brasil, a ideia de que as Forças Armadas atuavam como um poder moderador ficou conhecida a partir da formulação de Alfred Stepan (1975). Essa formulação será objeto de discussão no Capítulo 2.

5 Ver quadro elaborado por Finer (2002, p.168).

A PROFISSIONALIZAÇÃO DAS FORÇAS ARMADAS

37

discutido a seguir). Por enquanto, importante é demarcar que a profissionalização depende do estabelecimento de:

(1) padrões universais, isto é, critérios objetivos com os quais se possa julgar casos específicos; (2) uma expertise profissional específica, mas sem pretensão de uma sabedoria geral; (3) afirmação de autoridade – a confiança do subordinado na experiência do profissional; (4) neutralidade afetiva na relação entre os sujeitos, isto é, impessoalidade no tratamento; (5) julgamento de desempenho segundo os princípios estabelecidos pelos próprios colegas profissionais; (6) proteção do sujeito não baseada em interesses próprios, mas é um fim em si mesma, garantindo proteção para indivíduos ainda dependentes e vulneráveis. (Ibid., p.1)

Esse é o conceito-base utilizado neste trabalho, a partir do qual as ampliações necessárias a partir de um olhar democrático e popular serão feitas. Como se pode observar, o conceito de profissionalização militar, embora estreitamente vinculado ao tema da educação militar, é mais amplo. Ao longo deste estudo, serão tecidas algumas reflexões gerais sobre as consequências da profissionalização, como o *esprit de corps* e o comportamento político. O principal enfoque será dado à discussão sobre o caráter do sistema educacional militar, entendido como um componente-chave para o processo de profissionalização.

1.2 Características gerais de Forças Armadas profissionais e suas relações com o Estado e a sociedade

Na seção anterior, foi discutido o conceito de profissionalização com base em Huntington (1996), Finer (2002) e Perlmutter (1977). No item que segue, as Forças Armadas serão discutidas como burocracia, corporação e instituição total, a partir de características desenvolvidas no processo de profissionalização. Por fim, serão levantados elementos de debate para se pensar a relação entre militares, civis e Estado.

Perlmutter (1977) oferece uma síntese do processo de surgimento e consolidação da profissionalização em cinco momentos, que poderão ser observados. O primeiro deles tem relação com as vitórias de Napoleão, das quais nasceu a ideia de nação em armas e de que o recrutamento universal não é apenas fonte de futuros militares, mas instrumento de civilização. A segunda fase estrutural é vinculada às guerras pós-independência, lutadas por exércitos pequenos, disciplinados e divididos em unidades militares, o que possibilitou o surgimento de um novo profissional, que já vinha treinando nas academias modernas. A terceira fase desenvolveu a importância da especialização, reforçando as características adquiridas na segunda fase, em detrimento daquelas que ainda restavam da primeira fase. "Na quarta e mais longa fase, profissionalismo, treinamento e especialização, foram incorporados às academias. Normas de conduta militar foram institucionalizadas" (ibid., p.31, tradução nossa),[6] e ficou conhecida como revolução profissional. A quinta e última fase abrange o desenvolvimento de uma doutrina estratégica.

1.2.1 As Forças Armadas como corporação e burocracia

Segundo Finer (2002), o *esprit de corps* é uma unidade simbólica e emocional ao redor da corporação, que muitas vezes se expressa por símbolos, tradições e cultura própria da instituição. A profissionalização reforça esse espírito.

O processo de construção da própria identidade é algo bastante complexo, pois ao mesmo tempo em que se afirma identidade de um grupo, também se identifica o que é externo a ela, o diferente, o leigo.

---

6 Em inglês: "In the fourth and longest phase, professionalism, training and expertise were incorporated into the academies. Norms of military conduct were now institutionalized".

Em outras palavras, a autoidentidade é construída mediante a diferenciação com o outro. No escopo deste trabalho, isso significa que o militar se reconhece na diferenciação com o civil, por meio da atribuição de escalas de importância às características próprias e às dos demais, assim como de padrões de como devem se dar as relações entre os dois grupos. Ao longo do processo educativo, a identidade militar é forjada a partir de profundos eventos de demarcação de fronteiras com os civis (Florez, 2010, p.137).

O sociólogo francês Émile Durkheim formulou os conceitos de solidariedade orgânica e solidariedade mecânica para explicar os fatores que mantêm a sociedade coesa. Simplificadamente, a solidariedade orgânica é fruto da sociedade complexa e da divisão social do trabalho, cuja solidariedade vem do sentimento de complementaridade entre os seus diversos componentes. Por sua vez, a solidariedade mecânica, mais primitiva, é forjada a partir do sentimento de igualdade entre as partes, seja a partir de características psicológicas, sociais ou mesmo físicas. A sociologia de grupos aplicada ao estudo das Forças Armadas pode ser percebida nas reflexões de Andreski (1968), para quem é necessário haver o sentimento de solidariedade intenso num grupo, em que as pessoas precisem sacrificar até mesmo as suas vidas. Porém, quanto mais solidariedade interna houver, maior o sentimento de hostilidade para com os *outsiders*.

Para Perlmutter (1977), esse processo é tão intenso que é possível falar em ideologia militar, seja a partir da perspectiva organizacional (comunidade de soldados), seja a partir da perspectiva ideológica (burocracia militar cumprindo papel político), ou mesmo sob os dois pontos de vista.

A honra é a base do sistema de crenças[7] dentro da instituição militar, funcionando como meio e fim, desde antes da profissionalização,

---

7 Destaca-se que mensurar as crenças militares é algo bastante difícil, pois, por causa dos regulamentos oficiais, pode haver uma distância entre o que efetivamente se pensa e o que se diz publicamente. Essa diferença existe em qualquer ambiente,

ou seja, o militar é sempre aquele que está lutando com e pela honra. Com o passar dos anos, a honra adquiriu diferentes significados para se adaptar às mudanças sociais, mantendo-se como ponto estável em uma sociedade de transição. Por exemplo, manteve-se a ideia cavalheiresca de que a motivação para a profissão militar deveria vir da honra que ela proporciona, e não do dinheiro.

Além da honra, há dois valores ético-morais básicos da profissão que tanto alimentam o *esprit de corps* quanto têm utilidade organizativa prática: a hierarquia e a disciplina.[8] Em uma profissão em que a direção vem da cúpula e cujas decisões atravessam vários escalões de poder, hierarquia e disciplina garantem a obediência dos subordinados. A origem desse pilar vem das necessidades profissionais durante o exercício da guerra, como lealdade e obediência, que viam a lealdade às tradições da Força – e até mesmo da arma a que se pertencia – e aos companheiros como simultânea ao ideal de bom soldado. Embora atualmente a lealdade ao comandante tenha se tornado mais impessoal, continuou o sentimento de pertença a uma fraternidade, uma corporação, com suas tradições e códigos próprios de convivência, como o ato de prestar continência para um superior (Janowitz, 1964).

Em outros termos, os padrões morais que constituem o *esprit de corps* não foram simplesmente "inventados", e sim expressavam necessidades que surgiram a partir da natureza da função militar e do exercício profissional (Huntington, 1996). Por isso, podem ser objetos de ensino-aprendizagem, como será visto ao final deste capítulo.

Exemplo da influência do ambiente nas características que as Forças Armadas desenvolvem são as implicações que uma situação

---

porém em uma corporação com as características da militar, essa distância tende a ser maior.

8 Antes da profissionalização, esses não eram os principais valores. "O corpo de oficiais do século XVIII subordinava os valores militares de especialização, disciplina e responsabilidade aos valores aristocráticos de luxo, coragem e individualismo" (Huntington, 1996, p.45).

de guerra traz para a hierarquia e a disciplina militares. Com exércitos maiores, a coordenação dos esforços de guerra só pode ser conseguida com base na subordinação e na construção de um comando unitário: quanto mais combativa a força – não do ponto de vista da subjetividade dos seus soldados, e sim da entrada em combate em si –, maior a centralização e coesão[9] de comando existente. Por outro lado, há mais igualdade interna durante a guerra do que em tempos de paz, uma vez que preocupações maiores (a própria sobrevivência) fortalecem o sentimento de solidariedade e se impõem às disputas simbólicas, com maior distribuição de pequenos privilégios. Além disso, a mobilidade entre as patentes é maior em forças combatentes, pois muitos elementos podem ser valorizados[10] (Andreski, 1968).

Para Janowitz (1964), em um ambiente de paz, o *esprit de corps* precisa ser ainda mais fortalecido por meio do cultivo ao espírito marcial (nos protocolos comportamentais e cerimônias-rituais), de forma a materializar que aquela não é uma profissão como as outras. Essas características devem ser mantidas tanto no ambiente público de exercício profissional quanto no privado e doméstico. Nesse sentido, a percepção que os militares formam sobre si próprios só seria comparável à dos padres ou monges, com quem têm quatro características em comum: consideram-se aristocratas; têm noção de missão, são vocacionados; participam de estruturas hierárquicas rígidas; e são preocupados com sua formação (ibid.).

O efeito combinado de todos esses sentimentos – o reconhecimento da sua missão única na sociedade, a complacência com suas virtudes de autossacrifício e a consciência de seu poder – fornece a base para a crença

---

9 Ressalta-se que coesão é diferente de subordinação. É possível existir um Exército coeso com uma cadeia hierárquica mais flexível, mas é impossível um Exército ser altamente subordinado sem ser simultaneamente muito coeso (Andreski, 1968, p.73).

10 Em tempos de guerra, a mobilidade entre os diversos estratos sociais também é maior na sociedade em geral (Andreski, 1968, p.102).

na "confiança sagrada" ou dever de intervenção do Exército para "salvar a nação".[11] (Finer, 2002, p.34, tradução nossa)

A relação entre os militares e o Estado será debatida posteriormente. No momento, é importante destacar que a ideia de ser um profissional vocacionado é comum a outras profissões, assim como a necessidade de obedecer a uma hierarquia e disciplina, porém, em termos comparativos a outras categorias profissionais (como médicos ou advogados), os militares exibem grandes diferenças. Os oficiais são formados exclusivamente para prestarem serviço ao Estado, não tendo a opção de escolher entre atuar no setor público ou privado, e precisam servir compulsoriamente na região do país que lhes for designada. Sendo assim, esses militares têm um único "cliente", o Estado (após irem para a reserva, esse leque de possibilidades se amplia). Sua formação profissional se dá com reserva de mercado, o que significa que todos os cadetes formados serão empregados dentro do próprio Estado, pois foi ele quem abriu essas vagas. Na Força, os militares competirão entre si por melhores classificações, sem o risco de ficarem fora do "mercado de trabalho".

Enquanto um médico ou advogado é chamado para o exercício de sua profissão pelo cidadão usuário e tem sua capacidade julgada pelos membros da própria corporação e pelo usuário, os militares só são chamados para exercício profissional pelo Estado e têm sua eficácia julgada pela própria corporação. Em caso de insucesso, não apenas um indivíduo usuário é lesado, mas toda a sociedade é atingida. Por isso, mais do que ter sua profissão regulamentada pelo Estado, têm sua profissão (administração do uso legítimo da força) monopolizada pelo Estado (Weber, 2003).

---

11 Em inglês: "The combined effect of all these sentiments – recognition of its unique mission in society, complacency with its self-sacrificial virtues and consciousness of its power – provides the basis for its belief in its 'sacred trust'. The duty of the Army to intervene and save the nation".

Em síntese, para Weber (2003), a profissão militar corresponde a uma burocracia especializada na administração da violência e é responsável pela segurança do Estado. Ela não é uma burocracia como as outras, possui estilo de vida, *status* social e organização interna próprios. Deve-se ficar atento, entretanto, à possibilidade de um conflito horizontal entre a burocracia militar e as demais burocracias do Estado, pois uma vez que os militares têm autonomia frente aos civis, eles podem imprimir uma orientação política para o seu trabalho diferente das demais (Perlmutter, 1977, p.4).

A ideia de formar um grupo de pressão para que os interesses gerais coincidam com os seus próprios é comum a outras profissões. Os militares, porém, estão mais bem posicionados para fazê-lo, pois, em primeiro lugar, eles supostamente estão fora dos partidos políticos, tendo como única finalidade a defesa do próprio Estado. Em segundo, porque suas reivindicações se apresentam apoiadas pelo público nas virtudes militares. Em terceiro lugar, os militares são doutrinados com o nacionalismo, o que conforma uma ideologia distinta da dos demais e alimenta o *esprit de corps* (ibid.).

1.2.2 A relação entre Forças Armadas, Estado e sociedade

A teoria das elites tentou explicar as relações entre militares e civis. Mills (1962) ressalta que as elites são um estrato social que detém em suas mãos as decisões de grandes consequências para o mundo, pois comandam as principais organizações da sociedade nos domínios econômico, político e militar; instituições, como a família, a Igreja e a mídia, estão subordinadas a elas. As elites têm consciência de sua interdependência e trocam entre si poder, riqueza e prestígio, construindo condições para seguir acumulando tudo isso. Também sabem que pertencem a uma elite – embora não admitam claramente – com cultura e padrões sociais específicos, só se relacionando entre si.

Mills (1962), ao abordar os militares como uma elite, oferece um enfoque específico nas escolas de formação. Segundo ele, os militares compõem a elite por causa da honra e de sua renúncia ao poder político, o que faz a seleção para as escolas militares ser tão rigorosa, pois se trata, na realidade, de selecionar mais um membro para a elite.

> O mundo militar seleciona e forma os que se tornam uma parte profissional dele. A iniciação é severa em West Point ou na Academia Naval. [...] É uma tentativa de romper a sensibilidade adquirida que determina a "domesticação" do recruta e a atribuição, a ele, de uma posição muito inferior no mundo militar. Ele deve perder grande parte da sua identidade anterior para que então se torne consciente de sua personalidade em termos do seu papel militar. Deve ser isolado da sua antiga vida civil para que atribua, sem demora, o maior valor à conformidade com a realidade militar, a uma profunda aceitação das perspectivas militares e à orgulhosa consecução do sucesso dentro da sua hierarquia e de seus termos. (Ibid., p.234)

A classificação, feita por Mills, dos militares como uma elite é baseada na observação do caso norte-americano. Já em relação aos militares brasileiros, por exemplo, durante a maior parte da sua existência, as Forças Armadas desfrutaram de menos prestígio que outras instituições de defesa, como a Guarda Nacional (ver Capítulo 2). Isso mostra que o prestígio que as Forças Armadas desfrutam varia conforme a sociedade.

Algumas questões fortalecem o *status* dos militares diante da sociedade, e outras o prejudicam. Atuando favoravelmente ao fortalecimento, Finer (2002) aborda as tradições e os simbolismos herdados do período aristocrático, que, segundo ele, contribuem para dar aos militares um aspecto de mistério e *glamour* aos olhos civis, atraindo simpatia. Criam a imagem do militar guerreiro, vencendo um inimigo muitas vezes mais numeroso no confronto direto, mas que não precisa necessariamente corresponder à realidade. Por exemplo, a depender do país, é possível que muitos militares passem toda a carreira sem frequentar um teatro de guerra, exercendo apenas funções administrativas. No entanto, da mesma maneira, sua imagem corresponderá à de um guerreiro.

Outros elementos enfraquecem o *status* dos militares, em especial diante da elite civil. Janowitz (1964) identifica alguns deles: a manutenção da maior parte do efetivo das Forças Armadas em pontos remotos do país ou as mudanças frequentes de endereço dificultam a criação de relações permanentes dos militares com indivíduos externos à corporação; além disso, quando estão no meio rural, dificilmente os militares entram em contato com as elites políticas, o que aumenta a distância entre os estratos civil e militar. Aqueles que se encontram nas capitais políticas são mais bem absorvidos nos círculos sociais.

Esse distanciamento abre espaço para que os militares se sintam pouco reconhecidos[12] pelos serviços prestados, vendo-se, inclusive, como vítimas da sociedade, responsáveis por corrigir, por meio das guerras, equívocos políticos cometidos pelos civis (Huntington, 1996, p.80). Outro efeito é o corporativismo, já discutido anteriormente, em que os militares se atribuem uma espécie de prestígio moral e desenvolvem um conjunto de valores específicos. Nesse caso, a sociedade é considerada algo insignificante, incapaz de entender a cultura militar ou de desenvolver um verdadeiro compromisso com o país.

Autores de referência sobre as Forças Armadas costumam classificar de hobbesiana a visão dos militares sobre a natureza humana. Na teoria de Hobbes (2013), os homens, em seu estado natural, disputam entre si os escassos recursos da natureza todo o tempo, vivendo em uma constante guerra de todos contra todos em um ambiente em que todos detêm poder. Ou seja, o conflito não é algo difícil ou ruim, mas sim parte da natureza humana. Andreski (1968) sustenta visão semelhante, ressaltando que, embora a modernidade – em virtude do desenvolvimento cultural e técnico – pareça cada dia

---

12 O conceito de orfandade política e institucional dado por Coelho (2000) será tratado no Capítulo 2.

mais violenta, na realidade a violência sempre existiu, pois é uma ferramenta para o exercício da própria vontade.

Segundo Huntington (1996), essa visão de mundo sobre a natureza humana é a mesma que o militar tende a projetar para outros campos da vida. Nas relações internacionais, ela toma a forma realista. Nesse caso, ainda que entenda a importância da diplomacia, o militar nunca confia plenamente nessa ferramenta, pois ela é baseada em intenções de natureza política e, por isso, mutável. A visão realista prefere, ao contrário, analisar as possibilidades que outros Estados têm de ataque – ainda que isso seja pouco provável – e trabalhar o preparo da Força Armada com o pior cenário possível. Em síntese, a visão militar:

> (1) considera o Estado como a unidade básica da organização política; (2) salienta a natureza contínua das ameaças à segurança militar do Estado, bem como a contínua probabilidade de guerra; (3) enfatiza a magnitude e a iminência das ameaças à segurança; (4) favorece a manutenção de Forças Armadas fortes, diversificadas e prontas; (5) opõe-se à extensão de compromissos e envolvimentos bélicos do Estado, a menos que a vitória seja certa. (Ibid., p.83)

Andreski (1968) sugere que há estreita relação entre o regime político existente no Estado e a profissionalização dos seus militares. Sob esse ponto de vista, ambientes democráticos são mais estáveis politicamente e por isso os militares poderiam ter um comportamento mais profissional.[13] Essa é uma relação dialética. O autor acrescenta que, da mesma forma que as Forças Armadas são influenciadas pela organização do Estado que defendem, elas também o influenciam, dependendo: a) do tamanho do seu efetivo (quanto

---

13 Embora o conceito de democracia não seja algo secundário, ele não será objeto de discussão neste trabalho. O termo foi empregado da mesma forma que estava presente nos autores citados.

maior o efetivo, mais influência); b) de sua organização mais ou menos autônoma do restante da sociedade, com *status* similar ou superior a outros grupos (quanto mais autônoma e com mais *status*, mais influência); c) do entorno estratégico e vulnerabilidade (quanto maior a possibilidade de o país ser vítima de uma invasão externa, mais influência do estrato militar); d) da Força analisada (a Marinha e a Aeronáutica tendem a ter menos influência que o Exército); e) da homogeneidade da sociedade (quanto maior a distribuição de poder do ponto de vista religioso, étnico e social, menor a influência das Forças Armadas); f) da prosperidade econômica (que leva à diminuição da pressão demográfica e a menor influência militar); g) e da proporção da energia empregada para a guerra ou para a sua possibilidade em relação à energia total da sociedade (quanto mais energia despendida, mais a estrutura social é influenciada pela forma de organização militar).

Andreski (1968) propõe três variáveis que darão origem a seis[14] ideais de sociedade que combinam a organização militar com os tipos de estrutura social. Essas variáveis são: a Military Participation Ratio (MPR [relação entre a participação militar e a dos demais estratos da sociedade]);[15] o maior ou menor grau de subordinação (cadeia hierárquica); e coesão (unidade, independentemente do critério territorial).

Todas as circunstâncias militares que promovem monocracia tendem a moldar a estratificação de uma maneira especial: em uma sociedade

---

14 Para saber mais a respeito dos tipos ideais, ver Costa e Blower (2013, p.70-1).
15 Segundo Costa e Blower (2013, p.66), "a primeira variável, denominada *Military Participation Ratio* (MPR), é definida como sendo a razão entre o número de indivíduos utilizados para os fins militares e o total da população. Isso não significa simplesmente um percentual de soldados *versus* a população masculina ativa. Muito mais do que isso, a MPR identifica um *quantum* de adesão social às demandas próprias à atividade militar: recrutamento, tecnologia aplicada ao desenvolvimento de armamento (mas não só), segurança externa, entre tantas outras".

oligárquica, anteriormente eles tendem a achatá-la em uma sociedade democrática e igualitária; anteriormente, eles tendem a aumentá-la, em ambos os casos eles tendem a aumentar a mobilidade interestratos.[16] (Ibid., p.102, tradução nossa)

Por fim, Andreski (1968) ainda chama a atenção para o vazio de legitimidade que acomete as Forças Armadas e faz que elas não possam perpetuar-se por muito tempo no poder, pois a autoridade do governo não pode emanar mais da força bruta que da lealdade entre os sujeitos. Nas situações em que as Forças Armadas são o pilar da autoridade do Estado, elas são propensas a ocupar uma posição de "árbitro" das disputas políticas. Para Giddens (2008, p.244), essa é uma situação que não condiz mais com o momento atual.

No Estado-Nação, enquanto os militares, sob certas circunstâncias, podem assumir o controle político, o poder militar não é mais a base necessária da autoridade estatal administrada internamente. Mas o outro lado disso é que os militares não podem mais "optar" pelo sistema político ou atuar isoladamente da ampla comunidade soberana, como os Exércitos podiam fazer em tipos anteriores de sociedade.

Os Estados mais sujeitos à atuação das Forças Armadas como árbitros da política são aqueles onde não há uma governança central cristalizada e consensualmente aceita, onde há dúvidas sobre quem pode exercer legitimamente o poder e que tipo de ordens está autorizado a emanar. Nesse caso, os militares tornam-se forças pretorianas, garantindo o governo a partir da força e reservando para si privilégios. Não necessariamente o pretorianismo precisa estar associado a

---

16 Em inglês: "All military circumstances which foster monocracy tend to shape the stratification in a particular way: in a previously oligarchic society they tend to flatten it; in a previously democratic and egalitarian society they tend to heighten it; in both cases they tend to enhance interstratic mobility".

uma ideologia, algumas vezes ele pode estar relacionado a um comportamento estritamente mercenário. Além disso, quanto mais desigualdade houver entre os diferentes estratos de uma sociedade, mais necessidade haverá de aqueles que estão no topo da pirâmide social utilizarem aparelhos coercitivos para garantir seu lugar, dando mais poder aos militares (Andreski, 1968).

Para Perlmutter (1977, p.96, tradução nossa), as condições sociais que facilitam o aparecimento do pretorianismo são "fraqueza estrutural e desorganização; a existência de classes fratricidas, incluindo uma classe média politicamente impotente; baixos níveis de ação social e baixos níveis de mobilização de recursos materiais".[17]

Andreski (1968) e Perlmutter (1977) acreditam que a classificação de Forças Armadas pretorianas pode ser aplicada a muitas corporações latino-americanas, e realçam que após as guerras de independência, as Forças Armadas teriam servido mais como reformadoras sociais do que como agências da nova ordem estabelecida. O maior sinal dessa postura é o número de intervenções diretas dos militares na política,[18] não por meio dos canais institucionais, mas sim por golpes de Estado. Importante pontuar também que as intervenções sempre foram praticadas por forças regulares, e não por conscritos ou milicianos. Para Perlmutter (1977), os militares latino-americanos são conservadores na defesa da corporação, porém reformistas na política interna. É uma situação diferente dos países centrais, onde os militares são expansionistas na política externa e conservadores na política interna. O autor também destaca a responsabilidade do efetivo regular e profissional pelas intervenções, que algumas vezes foram justificadas, inclusive, com o objetivo de defender a própria corporação. Enfim, pelas lentes de Perlmutter,

---

17 Em inglês: "Structural weakness or disorganization; the existence of fratricidal classes, including a politically impotent middle class; and low levels of social action and of mobilization of material resources".

18 As intervenções não ocorrem somente por motivos ideológicos, podem ocorrer por motivos exclusivamente financeiros.

um comportamento pretoriano diante do Estado não significa um comportamento não profissional.

Na América Latina, a profissionalização deu-se mediante influência externa e, simultaneamente, com várias intervenções políticas nos moldes pretorianos, quando as Forças Armadas atuaram como árbitro político, dando suporte à estabilidade institucional dos governos. No Brasil, esse período ocupou a primeira metade do século XX, período em que os militares criaram estruturas próprias e autônomas, direcionadas para a modernização sob a influência de duas ideologias: o positivismo e o corporativismo. O resultado disso é que:

> O profissionalismo, que antes era direcionado para a defesa externa e os militares usados como um instrumento de política internacional, foi abandonado a favor de um novo profissionalismo, preocupado com a segurança interna e com o desenvolvimento nacional.[19] (Perlmutter, 1977, p.167, tradução nossa)

Ou seja, nesse novo profissionalismo, o comportamento politicamente ativo dos militares pode, inclusive, ser valorizado. As Forças Armadas passam a ser vistas não apenas como guardiãs da sociedade no presente, mas também do futuro, pois caso a sociedade se esfacele, por deter em si uma complexidade organizativa e administrativa semelhantes a uma cidade, elas podem reorganizar uma nova sociedade. Nesses casos, o sistema político é alterado para permitir o papel ativo dos militares e seus sucessos administrativos passam a ser supervalorizados em detrimento das técnicas que eles utilizaram para fazer suas pressões (Janowitz, 1964).

---

19 Em inglês: "The professionalism, which was directed toward external defense and the use of the military as an instrument of foreign policy, was abandoned in favor of the new professionalism, which was concerned with internal security and national development".

Para melhor visualização dos principais autores-referência mencionados até aqui e das variáveis por eles trabalhadas, veja o Quadro 1.1.

QUADRO 1.1 – SÍNTESE DOS TIPOS DE OFICIAIS A PARTIR DE DIFERENTES VARIÁVEIS

Autor	Tipo de oficial	Variável determinante
Huntington (1996)	Soldado profissional	Profissionalização
Finer (2002)	Soldado que influencia, chantageia, substitui ou derruba governantes	Cultura política
Perlmutter (1977)	Soldado profissional Soldado pretoriano Soldado revolucionário	Corporativismo

Fonte: elaboração da autora.

1.2.3 As Forças Armadas como instituições totais

Há uma intensa discussão sobre quão fechados os militares são como corporação e quão permeáveis estão às influências externas – para autores como Huntington (1996), Forças Armadas muito permeáveis a opiniões civis são pouco profissionais. O sociólogo Erving Goffman (1999) propõe um conceito para caracterizar manicômios, prisões e conventos, que serviu de referência para pensar essa tentativa de isolamento da corporação militar, o conceito de instituição total.

O aspecto central das instituições totais pode ser descrito com a ruptura das barreiras que comumente separam essas três esferas da vida (dormir, brincar e trabalhar). Em primeiro lugar, todos os aspectos da vida são realizados em um mesmo local e sob uma única autoridade. Em segundo lugar, cada fase da atividade diária do participante é realizada na companhia imediata de um grupo relativamente grande de outras pessoas, todas elas tratadas da mesma forma e obrigadas a fazer as mesmas coisas em conjunto. Em terceiro lugar, todas as atividades diárias são rigorosamente estabelecidas em horários, pois uma atividade leva, em tempo predeterminado, à seguinte, e toda a sequência de atividades é imposta de cima, por um sistema de regras formais explícitas e um grupo de funcionários. Finalmente, as várias atividades obrigatórias são reunidas num plano racional único, supostamente planejado para atender aos objetivos oficiais da instituição. (Ibid., p.17-18)

José Murilo de Carvalho (2005) e Alexandre Barros (1978) classificam as academias como instituições totais, mesma opinião de Goffman, para quem as instituições totais funcionam como "estufas para mudar as pessoas" (Castro, 1990, p.37). Os autores que vêm sendo discutidos ao longo deste trabalho não acreditam que seja possível uma corporação como a militar permanecer alheia às demais disputas sociais e políticas em seu entorno. Embora discuta o poder da corporação, Perlmutter (1977) não chega a classificar as Forças Armadas como instituições totais, pois, ainda que em alguns momentos elas tenham se aproximado dessa totalidade, com o crescimento da importância das atividades no preparo para a guerra, as estruturas civis e as estruturas militares se tornaram cada vez mais interdependentes, e apesar das dificuldades para coordenar as relações entre civis e militares, essas duas esferas hoje inevitavelmente se influenciam na guerra, na estratégia e na diplomacia.

Perlmutter (1977) discute ainda a dupla identidade do oficial em virtude das diversas relações que mantém com o Estado: é um profissional, ou seja, um *expert* em uma área específica do conhecimento, a administração da violência; é também um burocrata, responsável por administrar a Força, disciplinando pessoas e procedimentos de trabalho. Como profissional, ele se vê como um funcionário da burocracia do Estado, um servidor público; porém, como burocrata, ele se vê como protetor do Estado, muitas vezes sendo chamado a intervir na sua gestão.

Janowitz (1964) também não considera as Forças Armadas como instituições totais e, assim como Perlmutter, destaca que seus laços com outras instituições vêm se ampliando. O autor identifica na corporação militar características delimitadas por Goffman (1999) como a inexistência de clara separação entre as esferas da vida e do trabalho dos militares, algo diferente de quase todas as profissões. Manter os militares como uma comunidade fechada teria sido muito importante, pois, mais que uma profissão, era necessário promover um estilo de vida diferente, um estilo que incorporasse valores, como a necessidade de sacrificar a própria vida por uma missão. Talvez mais que um estilo, era preciso que essas atitudes fossem considera-das "naturais", o que só seria conseguido com um intenso processo de ressocialização nas escolas (Janowitz, 1964).

Com a ampliação dos laços com outras instituições, ainda que mantendo aparência de tradição, algumas ações vêm sendo ressig-nificadas; em outras palavras, mantendo-se a forma, mudanças de conteúdo vêm ocorrendo dentro das Forças Armadas, distancian-do-as ainda mais da ideia de uma instituição total. Permaneceram a desaprovação à desordem e à falta de autoridade do mundo civil, assim como ao seu hedonismo e consumismo, pois esses compor-tamentos confrontam seus valores. Também têm continuidade a defesa da intervenção governamental e a reivindicação por mais investimentos em segurança e defesa nacional. Por outro lado, embora permaneçam as críticas ao fato de que os filhos das eli-tes civis quase nunca desejem seguir uma carreira militar, aumenta a percepção de que as elites dependem umas das outras, e concei-tos administrativo-gerenciais, como eficiência e eficácia, têm sido incorporados no cotidiano militar. O planejamento, por exemplo, já é feito pensando qual o mínimo de recursos necessário para se atin-gir o máximo de eficiência na destruição do inimigo (ibid., 1964).

Em síntese, o exercício profissional das Forças Armadas atuais exige um trabalho comum com os civis. Segundo essa leitura, a cor-poração tenderia a se tornar mais permeável à entrada de membros não pertencentes a ela e menos próxima de uma instituição total. Ainda não está claro qual reflexo essa reaproximação trará para a profissionalização, ou até mesmo se é possível profissionalizar sem gerar o sentimento de corporação. A linha entre ser uma corporação distinta de todas aquelas que atuam no Estado e ser uma corporação separada, insulada, distanciada e autônoma das demais – aproximando-se, portanto, de uma instituição total – é bastante tênue, embora seja fundamental para a segurança do Estado.

Essa é uma discussão particularmente importante para se analisar estabelecimentos de ensino militar, uma vez que, entre todas as etapas da carreira, as escolas militares são os espaços que mais se aproximam da definição de instituição total.

> O cotidiano previamente estabelecido de realizar tarefas em grupo, em um sistema de internato, cujas próprias instalações físicas traduzem os objetivos comportamentais a serem incorporados pelos alunos, além dos aspectos típicos das relações entre os militares, zelosos da hierarquia e disciplina, também corrobora a afirmação de uma instituição de ensino castrense, tal como as Escolas de Formação de oficiais militares brasileiros das Forças Armadas podem ser consideradas enquanto uma instituição total. (Godoy, 2004, p.92)

Florez (2010) também considera as escolas de formação militar instituições totais, pois elas "absorvem o tempo e o interesse dos seus membros, proporcionando-lhes um mundo próprio no interior da instituição, que se separa [...] do mundo exterior alheio à instituição total"[20] (ibid., p.135, tradução nossa). Nesse sentido, durante a ressocialização nas escolas, o estudante apropria-se das ferramentas sociais e culturais necessárias ao seu exercício profissional, transcendendo o ambiente do quartel e absorvendo a vida cotidiana do militar em seus diversos âmbitos.

---

20 Em espanhol: "Absorben el tiempo y el interés de sus miembros, proporcionándoles un mundo propio al interior de la institución, el cual se separa [...] de un mundo exterior ajeno a la institución total".

Ainda assim, para o autor, a classificação de instituição total tem ressalvas. Os alunos passam apenas um período dentro das escolas e, posteriormente, desenvolvem suas atividades na sociedade. Por esse motivo, a ressocialização dentro da escola não tem como objetivo apenas adaptá-los à dinâmica interna da academia, mas também treinar os indivíduos com as habilidades que a instituição castrense precisa (ibid.).

Quem discorda da ideia de que as escolas militares sejam instituições totais é Castro (1990), em sua etnografia sobre a Aman. Para o autor, em uma academia militar inexiste divisão rígida entre a equipe dirigente e os "internados". Da mesma forma, a academia não busca criar uma tensão persistente entre o mundo de dentro e o de fora, mas sim uma vitória cultural sobre aqueles que depois sairão da academia, entendida como um estágio a ser superado. Por fim, uma diferença relevante pontuada pelo autor que ainda será discutida é a participação voluntária, e não compulsória, nas escolas. Uma vez que o cadete pode desistir da instituição, ela não pode ser classificada como total.

1.3 O ensino militar: breve histórico e importância

O ensino é visto como variável relevante para se pensar uma profissionalização que aumente a segurança militar da própria sociedade; essa afirmação é perceptível nos trabalhos de Huntington (1996) e dos seus críticos, como visto anteriormente. De acordo com Florez (2010), entende-se que analisar a educação militar implica contextualizá-la nas relações entre Estado, sociedade e Forças Armadas, pois é dentro dessas relações que a instituição militar constrói sua identidade, referência para a formação militar.

1.3.1 As origens da profissionalização e sua relação com o ensino militar

Antes do surgimento do oficialato como profissão, os guerreiros dividiam-se entre mercenários e aristocratas. Para os primeiros, a guerra era vista como fonte de renda da qual era possível extrair o lucro. Para os segundos, a guerra era uma atividade da qual se extraíam honra e aventura. Em comum, em ambos os casos não havia escolas preparatórias de formação militar, pois a aprendizagem se dava por repetição.

Dois fatores contribuíam para essa situação. Inicialmente, deve-se levar em conta o estado primitivo das ciências militares. A Revolução Científica[21] não havia atingido o campo militar, portanto ainda não existia um conjunto sistematizado de conhecimentos empíricos, teóricos e práticos que fosse objeto de ensino escolar, e as obras que existiam a respeito da guerra eram mais históricas e descritivas do que analíticas. Outro fator era a concepção de guerra ser entendida como arte; o comando militar era visto como um talento inato (gênio natural), e não como objeto de ensino e aprendizagem; era produto de fatores subjetivos e individuais, e não sofria influência do ambiente. Em resumo, o primeiro fator tornava impraticável a formação militar, enquanto o segundo tornava a educação desnecessária (Huntington, 1996).

As primeiras escolas preparatórias militares[22] foram fundadas na França e na Prússia e eram exclusivas para os nobres e, no currículo escolar, assuntos estritamente militares tinham pouca importância. Existiam também escolas para a formação da burguesia nas armas técnicas, cujas vagas eram preferencialmente vendidas. Nos dois

---

21 Revolução Científica é o período que se inicia no século XVI e prossegue até o XVIII. A partir desse período, a ciência, até então atrelada à filosofia, assume um aspecto mais estruturado e prático.

22 Alguns historiadores revelam que as primeiras instituições preparatórias militares surgiram na Ásia – mais especificamente no Vietnã do século XIV –, porém, elas não tiveram influência na experiência europeia, fonte do processo de profissionalização na América Latina (Rial Roade, 2010).

casos, não havia critérios de seleção dos alunos, de avaliação dos conhecimentos ou mesmo de atividades práticas de aperfeiçoamento. Ainda não havia surgido o Estado-Maior e também não havia escolas separadas para a formação dos comandantes.

As profissões civis mais tradicionais, como a medicina, já haviam sido criadas com o Estado Moderno e o capitalismo. Contudo, para Huntington (1996), o oficial de carreira como uma figura social só surgiu realmente nas Guerras Napoleônicas, quando passou a sistematizar uma técnica especializada capaz de distingui-lo de um leigo, assim como um conjunto de valores e padrões característicos da profissão. Também datam dessa época o recrutamento em massa, a ascensão política dos militares e o surgimento do Estado-Maior.[23] Essas mudanças são frutos das transformações da própria guerra, que cada dia exigia mais pessoas e especialidades não só para o campo de batalha, mas também para as atividades de apoio (ibid).

A centralização do Estado permitiu a centralização dos avanços técnicos para travar a guerra e, por sua vez, melhor controle das Forças Armadas, contribuindo para a profissionalização. Antes, por exemplo, existiam muitas formas de se efetuar o pagamento aos guerreiros, assim como cabia a eles garantir a qualidade dos seus próprios uniformes e armamentos. Uma administração centralizada na burocracia do Estado permitiu a centralização dos pagamentos aos soldados, assim como sua homogeneização em termos de equipamentos, criando uma demanda produtiva que passou a ser gerenciada pelo Estado (Andreski, 1968).

A revolução militar também forçou a aceleração da profissionalização e da formação dos oficiais. Moran (2005) chama de revolução militar o surgimento dos exércitos de massa, quando a infantaria cresceu em importância frente à cavalaria, as armas de

---

23 Estado-Maior é um órgão – composto majoritariamente por oficiais – de informação, estudo, concepção e planejamento para apoio às decisões do comando militar, assim como para garantir o fluxo de informação entre o comandante e as unidades.

fogo foram amplamente adotadas e ocorreram mudanças na engenharia das fortificações para resistir ao aperfeiçoamento da artilharia. Os exércitos cresciam e se diversificavam, e assim as tarefas de
combate, comando, apoio e administração especializavam-se cada
vez mais, gerando também a especialização na educação. A mesma
coisa aconteceu na hierarquia, quando conhecimentos diferentes passaram a ser necessários para o exercício das funções de cada
posto. Por fim, para a engenharia e artilharia, uma educação anterior e sistemática ao seu exercício era imprescindível, logo, não era
mais possível relegar o debate educacional ao segundo plano.[24] Os
oficiais de origem nobre que desejassem manter seus postos precisariam se qualificar (ibid.).

Outro elemento que acelerou a profissionalização e possibilitou
a criação das escolas militares foi a sistematização dos conhecimentos sobre o uso da força como um meio de atender aos interesses políticos, sociais, econômicos, culturais ou ideológicos de uma
comunidade em conflito com outras (ibid.). Já existiam obras docu-
mentando batalhas históricas, porém dois autores marcaram uma
mudança qualitativa nessas formulações. O primeiro deles foi
Antoine-Henri Jomini, principal intérprete das Guerras Napoleônicas, que defendeu que a guerra deveria, sim, ter princípios fixos,
invariáveis e universais.[25] O segundo autor foi Carl von Clausewitz,
que, em vez de escrever um livro sobre a história da guerra, tomou o
fenômeno da guerra como um objeto em si, discriminando sua dupla
natureza como uma ciência autônoma – com método e objetivos – e
uma ciência condicionada – na medida em que seus propósitos vêm
de fora. Clausewitz também mencionou o primado da política sobre

||||||||||||

24 Para mais informações a respeito do industrialismo na guerra, ver Antony Giddens
(2008). Algumas instituições, como a Royal Military Academy inglesa, permaneceram como escolas de engenharia e artilharia até a Segunda Guerra Mundial.

25 O princípio de Jomini é que apenas um exército indivisível, movimentando-se numa
única linha de operações, a mais curta e segura possível, pode evitar a derrota (Shy,
2001b).

a guerra, que deveria determinar tanto a natureza quanto a extensão da aplicação da violência. Para o escopo deste trabalho, mais do que o entendimento aprofundado da teoria de Jomini e Clausewitz, é preciso demarcar que essa mudança qualitativa fortaleceu a educação militar, pois "tornou a instrução mais fácil, a avaliação operacional mais realista e os erros menos frequentes" (Shy, 2001a, p.208).

Na medida em que há especialização do trabalho, há o conhecimento historicamente acumulado sobre o exercício da função militar, assim como um determinado nível de exclusividade para aqueles que detêm esse conhecimento sistematizado. A herança de todas as mudanças descritas é a preocupação dos Estados com a formação profissional dos seus futuros quadros militares e sua consequência prática: o surgimento das escolas militares preparatórias. O pensamento que imperava na época já diferia bastante do anterior.

> A habilidade do oficial não é uma técnica (fundamentalmente mecânica) nem uma arte (que exige talento peculiar e intransferível). É, em vez disso, uma habilidade intelectual extraordinariamente complexa que requer estudo e treinamento abrangente a partir de livros, da prática e da experiência. [...] A essência intelectual da profissão militar exige que o moderno oficial dedique cerca de um terço de sua vida profissional à escolaridade formal. (Huntington, 1996, p.31)

A primeira grande escola de formação na ciência da guerra seria a Academia de Guerra (*Kriegsakademie*) da Prússia, fundada em Berlim em 1810, que contava com professores militares e civis, assim como matérias científicas e estritamente militares. Criticava a memorização e apostava no desenvolvimento da cultura geral e de vasta capacidade teórica. Porém, tão importante para o desenvolvimento do sistema educacional quanto a criação da escola foi a reorganização do processo de seleção dos alunos – eliminando pré-requisitos aristocráticos e de promoção dos oficiais – e a inclusão do ensino prévio e especialização como variáveis relevantes para a ascensão na carreira.

Era exigido, inclusive, um mínimo de educação geral que houvesse sido ministrada em instituições não militares (ibid.).

A primazia da Prússia no processo de criação das escolas militares pode ser explicada por características do Estado prussiano, como a presença de uma autoridade legítima e estável no poder, sua riqueza material e uma cultura que valorizava a especialização tecnológica e adotava o nacionalismo competitivo. Em seus conflitos com a França, como não possuíam um gênio político e militar como Napoleão, a Prússia enfrentou suas dificuldades com trabalho em grupo, treinamento sistemático, organização e disciplina. Em outras palavras, focou no aprimoramento do indivíduo comum a partir da formação, organização e experiência, submetendo-o ao coletivo e dando-lhe liberdade de ação dentro de um esfera de responsabilidade (ibid.).

Huntington (1996) oferece uma síntese das reformas educacionais propostas na Prússia, extraída do livro de Henry Bernard, *Military Schools and Courses of Instruction in the Science and Art of War* (1862).

1. A profissão militar, como qualquer outra, requer uma educação geral sistematizada, normalmente destinada a cultivar a inteligência, e diferente da subsequente educação especial e profissional para a qual aquela é a base necessária. A primeira é posta à prova nos exames para alferes, a última nos exames para oficial.

2. A educação preparatória exigida para um candidato a alferes é função das escolas convencionais do país [...].

3. A indispensável instrução prévia não apenas dá ao candidato um embasamento mais seguro para sua posterior educação militar, mas também por ser a base indispensável a todas as profissões, colocando-o a partir daí com liberdade para desenvolver os conhecimentos especiais necessários a qualquer outra profissão que venha a escolher.

4. As escolas divisionárias são liberadas de ministrar cursos variados de instrução em ciências escolásticas, tarefa que ultrapassa sua capacidade; o resultado disso era que a maioria dos estudantes se mostrava pouco aplicada em educação formal e geral e só superficialmente preparada nos elementos das

ciências profissionais, embora passassem anos sendo adestrados para os exames, em vez de serem educados para a vida.

5. Quando as escolas divisionárias dispõem de um bom quadro de professores militares, elas podem ministrar uma boa educação profissional.

6. Pela carga de educação liberal exigida para alferes, os amigos daqueles destinados à profissão militar são advertidos a lhes ministrar uma educação igual àquela recebida pelos membros de outras profissões. (Bernard apud Huntington, 1996, p.59)

Quatro questões foram polêmicas naquele momento e permanecem sendo controversas até os dias atuais, pois suas respostas não são estritamente objetivas, e sim frutos de opções políticas que dependem dos contextos históricos. A primeira questão é a divisão entre ensino geral e profissional. Quais conteúdos são gerais, devendo ser de domínio de qualquer oficial, e quais conteúdos são particulares, não precisando ser objeto de ensino coletivo, ficando alocados setorialmente nas Armas ou mesmo em outros momentos da formação na carreira. Em alguns momentos da história, essa divisão gerou, inclusive, uma espécie de disputa interna entre os oficiais, entre aqueles que eram melhores em um ou outro conhecimento.

De fato, é possível dividir a educação profissional, não apenas militar, em duas áreas: uma mais ampla e de lastro cultural, e outra responsável por transmitir as habilidades e conhecimentos especializados da profissão. Isso não significa que uma dessas áreas tenha precedência sobre a outra. Na Academia de Guerra, os conteúdos eram em parte comuns a todos os estudantes e em parte eletivos, assim como gerais e também voltados para uma formação mais técnica. Eram ensinados tática, história militar, emprego das armas, fortificações permanentes e de campanha, administração militar e política, economia, matemática, artilharia, geografia especial e geologia, estratégia e jurisprudência militar. As disciplinas eletivas compunham metade do currículo e poderiam ser escolhidas entre história geral, geografia universal, lógica, física, química, literatura, geodésia superior, matemática superior, francês e russo (Huntington, 1996).

A segunda grande polêmica foi sobre quais requisitos eram básicos para o acompanhamento das escolas. Antes de os exames eliminatórios serem adotados, a aptidão para a profissão era julgada a partir da exigência de que os alunos servissem por algum período primeiro nas fileiras, e só depois fossem de fato declarados formados. Para ingressar na *Kriegsakademie*, por exemplo, era exigido que os oficiais já tivessem exercido a carreira por cinco anos. Eles também precisavam apresentar atestado de desempenho das suas funções, emitido diretamente pelos seus comandantes, assim como serem aprovados em exames especiais.

Pode-se considerar o debate entre teoria e prática a terceira grande polêmica. Havia a preocupação de que o ensino fosse excessivamente bacharelesco, formando oficiais pouco aptos à atuação militar. Para evitar a distância entre o pensar e a prática, eram feitos exercícios de teatros de guerra possíveis, de forma a dar aos estudantes a oportunidade de "experimentar" a profissão.

Por fim, a quarta questão bastante debatida é o grau de autonomia de que as Forças Armadas devem dispor para a gestão da sua própria educação, sendo esta algumas vezes regida por legislação própria, como no Brasil.

1.3.2 A importância da educação na formação do futuro general

Entende-se o ensino militar como um dos pilares institucionais mais importantes de uma política de defesa, pois ele atua como um veículo de transmissão de valores, procedimentos e doutrinas. Além disso, é uma área cujos resultados só serão vistos a médio e longo prazo, o que significa que o ensino atual é a semente das Forças Armadas de amanhã (Besio, 2010).

O ensino profissional para o meio militar vai muito além do ensino profissionalizante de outras categorias profissionais, em especial pelos aspectos corporativos discutidos anteriormente, que também são ensinados na escola. Ou seja, por se direcionar a formação da corporação militar, o ensino assume características específicas, diferentemente de outros ensinos profissionalizantes. Dialeticamente, crenças e sentimentos comuns que compõem o *esprit de corps* são ensinados segundo um planejamento, não nascendo naturalmente dentro da corporação. Isso ocorre, em primeiro lugar, pela separação dos discentes do restante do mundo, em segundo lugar a partir da atribuição ao cadete de uma nova identidade, tanto externa quanto internamente, e em terceiro lugar com base no desenvolvimento de um senso de solidariedade.

A educação é um fenômeno social responsável pela manutenção e perpetuação das sociedades a partir da transposição às gerações que se seguem, dos modos culturais de ser, estar e agir necessários à convivência e ao ajustamento de um membro no seu grupo ou sociedade. É, assim, uma área extremamente sensível, por ser um veículo de transmissão de ideias, formadora de consciência social e política. No ambiente castrense, essa afirmação não é diferente, a educação militar pode contribuir para melhorar ou piorar a relação entre civis, militares e o Estado. Em pesquisa desenvolvida pela Rede de Segurança e Defesa da América Latina (Resdal), foi detectada correlação direta entre as reformas no ensino militar promovidas nos governos civis redemocratizados e a subordinação castrense ao regime político (Mathias, 2010).

É importante também diferenciar ensino de educação. A educação militar, para Florez (2010, p.133, tradução nossa), "é um processo de ressocialização que busca dotar o indivíduo militar para além de capacidades técnicas e operativas, de um conjunto de valores e normas que lhe permitam 'viver' a rusticidade e abnegação da vida militar".[26]

---

26 Em espanhol: "Es un proceso de (re)socialización que busca dotar al individuo militar, más allá de capacidades técnicas y operativas, de un conjunto de valores y normas que le permitan 'vivir' la rudeza y abnegación de la vida militar".

FIGURA 1.1 – PROCESSOS DE FORMAÇÃO BÁSICA MILITAR

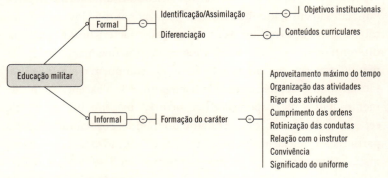

Fonte: Florez (2010, p.138).

Ela ocorre a partir de momentos formais e informais, como exposto na Figura 1.1.

Pode-se observar um componente formal e oficial, composto de planos de estudos, currículos, horários e perfis, cujo processo de aprendizagem se dá essencialmente na sala de aula – esse é um processo de ensino algo mais restrito que a educação. Também há um componente informal, composto, por exemplo, de exposição permanente a situações com forte carga simbólica, de relação com colegas da mesma patente, submissão às ordens de superiores, entre outros; referências menos concretas, porém igualmente efetivas. Os dois eixos são complementares no processo de formação militar e compõem a base para o processo de ressocialização a que os cadetes serão submetidos durante seus anos de estudo. Nesse processo, o estudante adquire ferramentas técnicas para a administração da violência e valores para viver toda uma vida militar (ibid.).

Finer (2002) relata que as intervenções militares na política ocorrem quando há combinação entre a oportunidade e a disposição (entendida como motivo e motivação). Neste trabalho, infere-se que a educação militar tem relação com a disposição para intervir, pois também atua na esfera de valores. A questão da oportunidade relaciona-se, em sua maioria, a características particulares da formação de cada país, como sua origem colonial, matriz produtiva ou grau de organização das instituições políticas. Foge, portanto, do aspecto educacional. No âmbito da disposição, por causa da carga ideológica que carrega, a educação pode contribuir estimulando o surgimento de motivos e motivações que levem as Forças Armadas a intervir. Por exemplo, é dentro das academias militares que se constrói a concepção sobre a essência da própria profissão. Ao ensinar que a profissão militar é superior a outras profissões civis, a escola contribui com a disposição das Forças Armadas para intervir. Em virtude disso, há trabalhos recentes que debatem como formar um oficial democrático.

Para Ludwig (1998), as escolas de formação de oficiais cumprem uma dupla função: inculcar nos alunos a ideologia arbitrária da corporação e, simultaneamente, a ideologia da classe hegemônica. Exemplo desse processo é a internalização do anticomunismo pelos oficiais brasileiros que fizeram estágios militares nos Estados Unidos e, posteriormente, trouxeram essa preocupação para o Exército brasileiro. Nesse caso, segundo o autor, essa introjeção de valores teria sido tão forte que seus resquícios poderiam ser percebidos até os dias atuais, como na tendência a considerar manifestações como um resultado de atos subversivos que colocam em risco a segurança interna. Essa visão expressa uma cosmovisão determinista--funcionalista de mundo, em que a sociedade é estável e harmoniosa.

Neste trabalho, acredita-se que essa visão é apenas parcialmente verdadeira. É possível constatar facilmente o papel que o anticomunismo exerceu para a unificação da corporação, assim como sua influência na adesão à doutrina da segurança interna. Da mesma forma, também é possível perceber, nos currículos das escolas de formação, na Constituição brasileira e no emprego do Exército em missões de Garantia da Lei e da Ordem (GLO), que ainda está presente a doutrina da segurança interna ou mesmo a visão de uma sociedade com "ordem e progresso". No entanto, já ocorreram episódios no país em que grandes massas populares saíram às ruas sem que houvesse intervenção das Forças Armadas na política.[27]

Neste estudo, considerou-se que em países democráticos e com economias dependentes, como é o caso do Brasil, a educação militar deve ter dois objetivos. O primeiro é garantir formação profissional e técnica compatível com as necessidades de defesa e segurança do Estado, assim como com as diversas possibilidades de emprego militar no cenário atual. Em segundo lugar, o ensino deve assegurar a identificação das Forças Armadas com os povos e o país, promovendo uma cultura política democrática e voltada para a garantia da paz. Por fim, há ainda um terceiro objetivo levantado pelos militares, a manutenção da cultura institucional da própria força (ou autorreprodução), como expresso em Luchetti (2006, p.102): "A ação pedagógica deve ser vista como sendo o instrumento capaz de garantir a reprodução dos valores da instituição".

A educação brasileira está presente na Constituição de 1988 como um direito de todos os cidadãos, sendo dever do Estado e da família promovê-la, devendo ser incentivada a colaboração da sociedade (Brasil, 1988). O artigo 83 da Lei de Diretrizes e Bases para o Ensino (Lei n.9.394/96), por sua vez, estabelece que "o ensino militar é regulado por lei específica, admitida a equivalência de estudos, de acordo com as normas fixadas pelos sistemas de ensino" (Brasil, 1996b). A partir desse artigo, as Forças Armadas receberam autonomia para a elaboração de sua política educacional. Isso não necessariamente significa que a educação militar vai divergir da educação da sociedade em geral, mas sim que constitui uma excepcionalidade. O entendimento expresso por essa lei é que "o tipo de preparo militar não depende do regime político, mas do problema de defesa que exista" (Fázio, 2008, p.133). Assim, o que determina como devem ser formadas as Forças Armadas é o tipo

---

27 Para o aprofundamento dessa discussão, ver Penido Oliveira (2019).

de ameaças que a sociedade sofre, seja ela uma monarquia, ditadura ou democracia.

Entretanto, uma política educacional reveste-se, como seu próprio nome expressa, de caráter político, social e econômico. "Político porque é traçada pelo órgão diretor que orienta a realização de determinados objetivos; social, porque atinge setores específicos da sociedade; e econômico, porque seus resultados interferem nas condições de trabalho" (Luchetti, 2006, p.119). Enfim, a definição de temas, currículos e orientações carrega em si visões de mundo.

No Brasil, conhece-se pouco sobre a formação militar por causa da autonomia das Forças Armadas, que chega ao nível mais alto quando elas impedem que civis ministrem cursos nas academias militares e quando são inibidos os estudos sobre doutrinas de segurança. A autonomia mantém-se em um nível baixo quando são exigidos dos oficiais que façam cursos fora dos quartéis e "quando os civis executam e definem as doutrinas centrais de defesa e segurança" (Fázio, 2008, p.47). Embora essa seja uma área muito valorizada pelos militares, pois é a base das suas especificidades corporativas e da geração de valores profissionais, o fato de ser tratada como uma excepcionalidade dificulta a participação civil nas discussões.

Há dúvidas se as políticas civis e militares estão em sintonia atualmente. Essa não é uma problemática exclusivamente brasileira. Em particular nos países de passado autoritário, a preocupação sobre como formar um oficial democrático deve estar em voga. Mathias (2010), baseado no caso espanhol, propõe um modelo[28] que, a partir da discussão sobre a educação militar, mede o grau de autoritarismo e de democracia dos países, permitindo uma análise específica do quão democrático é cada país e uma análise comparativa entre diversos países (Quadro 1.2).

---

28 Para a proposição do modelo, Mathias (2010, p.128) construiu uma matriz a partir de quatro quadrantes: relacional, interno, educacional e do sistema de ensino.

QUADRO 1.2 – MODELO DE ANÁLISE

Variável	Autoritário	Democrático
Quadrante relacional		
Definição do inimigo	Localizado, interno ou externo ao Estado Definido pelas FFAAs[*]	Guerra ou conflitos definido pela autoridade civil
Relação com outros grupos (especialmente em situações de conflito)	Não existe ou é superficial	Diálogo e cooperativa
Objeto de defesa	Estado	Paz e região
Área de atuação/responsabilidade profissional	Segurança interna e externa	Defesa externa Atuação interna somente em casos de catástrofe
Função constitucional × política de defesa	Quando existe, é de competição	Conjunta e cooperativa
Quadrante interno		
Operações	Cada força atua autonomamente, sem a participação de outros países	Atuação conjunta em cooperação com outros países
Sistema de promoção	Exclusivamente militar Tempo de serviço	Valorização dos cursos civis Exclusivamente por mérito
Serviço militar	Obrigatório Conscrição	Voluntário
Interesses profissionais	Corporativos	Competitivos

Variável	Autoritário	Democrático
Quadrante educacional		
Ensino militar	Autônomo	Subordinado
Relação entre as FFAAs[*] nacionais	Autônoma Cerimonial	Cooperação Complementar
Sistema de ensino	Singular (por força, 4 ou 2 sistemas independentes)	Único (para civis e militares)
Quadrante do sistema de ensino		
Carga horária para diferentes disciplinas	Carga horária concentrada em disciplinas de instrução e doutrina	Carga horária equilibrada, com mais ênfase em disciplinas básicas e, entre estas, nas humanidades
Conteúdo programático das disciplinas	Estudos estratégicos e táticos (como fazer a guerra)	Ênfase em direitos humanos e em uma formação multidisciplinar
Composição do corpo docente	Instrutores, parte da função de um oficial militar	Especialistas, professores formados e contratados como tal, sejam eles militares ou civis
Regime escolar	Interno	Aberto ou misto

* FFAAs: Forças Armadas.
Fonte: Mathias (2010, p.129-130, tradução nossa).

Neste trabalho, não será feito estudo do caso brasileiro a partir do modelo proposto por Mathias, porém, as variáveis por ele levantadas para a construção do modelo contribuíram para a análise da educação militar brasileira.

Considerações parciais

Este capítulo apresentou o debate teórico sobre o conceito de profissionalização militar e discutiu os reflexos que o processo de profissionalização traz para as Forças Armadas, como a constituição de um *esprit de corps*, sua conformação como uma burocracia do Estado ou como uma instituição total, o desenvolvimento do corporativismo, entre outros.

A primeira consideração importante é sobre o conceito de profissionalização. A maioria dos autores dá foco ao processo de organização interno da Força e ao seu treinamento para atender as funções que lhes são atribuídas como o determinante para se afirmar que uma força armada é profissionalizada. Nesse sentido, há exércitos altamente profissionais que intervêm na política. Mesmo a concepção de controle civil subjetivo de Huntington, a mais restrita delas, não ocorre no Brasil, sendo a lealdade das Forças Armadas direcionada em larga medida a elas mesmas. Ao final do livro, serão abordados autores mais recentes, que trazem uma concepção mais ampla de profissionalização, capaz de explicar melhor o caso brasileiro.

Os autores clássicos – Huntington (1996), Finer (2002) e Perlmutter (1977) – destacam o peso enorme de um dos frutos e sementes do processo de profissionalização: *o esprit de corps,* pelo qual ocorre o isolamento e o sentimento de autossuficiência do estrato militar. Existe uma ideia de que a profissão militar é distinta das demais; essa diferenciação acontece em relação aos civis, e não na diferenciação com militares de outros Estados. Além disso, são atribuídas escalas de importância às características próprias e às dos "outros", o que leva ao reforço das fronteiras civis militares.

Alguns autores apontam que, mesmo com os militares contando com boa aprovação da população, eles não se sentem parte da "elite", sentindo-se até pouco reconhecidos pelos serviços prestados. Mesmo assim, têm um sentimento de superioridade, pelo qual a sociedade é entendida como uma reserva de forças materiais para os interesses castrenses, e os militares se percebem como autossuficientes na condução do país. Esse sentimento corporativo pode, inclusive, ser prejudicial à segurança do Estado, pois pode levar a uma confusão sobre o que são interesses de governo, interesses nacionais e interesses das próprias Forças Armadas, que passam a ser identificados como interesses permanentes do Estado. Esse fenômeno não é lealdade ou solidariedade, mas corporativismo. A linha entre ser uma corporação distinta e ser uma corporação separada, insulada, distanciada e autônoma das demais – aproximando-se, portanto, de uma instituição total – é bastante tênue, embora seja fundamental para a segurança do Estado.

A segunda questão que deve ser ressaltada é a cultura política dos países onde ocorrem intervenções militares, em suas mais variadas formas tipificadas pelos autores. Quanto menor a cultura política, maiores e mais longas as intervenções, o que aprofunda o problema, pois mantém a cultura baixa. A atuação como árbitros também não é positiva. Nesse caso, os militares tornam-se forças pretorianas – mas não menos profissionais –, garantindo o governo a partir da força e reservando para si privilégios, seja por identificação ideológica ou mesmo adotando um comportamento estritamente mercenário. Cabe esclarecer que uma alta cultura política é resultado de conflitos e instabilidades políticas, como é próprio da democracia, ainda que, quando consolidada, sejam criados canais institucionais mais regulares para captar as demandas populares. Nesse sentido, democracia é conflito e perturbação da ordem, algo que as Forças Armadas costumam recusar.

Os autores apontam que as intervenções sempre foram praticadas por forças regulares, e não por conscritos ou milicianos, seja para conservar a própria corporação, seja para promover reformas internas. Atualmente, há dúvidas sobre como a relação entre as diversas forças de segurança, inclusive as privadas, se desenvolve.

A terceira questão que merece destaque tem relação mais direta com a educação militar. Na medida em que há especialização do trabalho, há o conhecimento historicamente acumulado sobre o exercício da função militar, assim como um determinado nível de exclusividade para os que detêm esse conhecimento sistematizado, que deve ser adquirido nas escolas, o momento mais próximo de uma instituição total que um militar viverá ao longo da carreira. As quatro questões polêmicas apontadas desde o surgimento das escolas permanecem atuais. A primeira, a divisão entre ensino geral e profissional: quais conteúdos são gerais, devendo ser de domínio de qualquer oficial, e quais conteúdos são particulares, não precisando ser objeto de ensino coletivo. Acrescenta-se que, no Brasil, como será apresentado, tanto os conteúdos do ensino geral quanto do profissional são dados separadamente dos da sociedade civil, diferente de outros países, em que apenas os conteúdos do ensino profissional são ministrados exclusivamente entre os militares. A segunda polêmica gira em torno de quais requisitos são básicos para o acompanhamento das escolas. Aponta-se que a seleção no Brasil é tratada como um concurso público, e não como a escolha de uma carreira, como acontece nos demais cursos de ensino superior, cujo acesso se dá pelo Exame Nacional do Ensino Médio (Enem). Pode-se considerar o debate entre teoria e prática a terceira grande polêmica, e é muito pertinente a preocupação com evitar a distância entre o pensar e o fazer, não só nessa mas em qualquer carreira. Por fim, a quarta questão bastante debatida é o grau de autonomia de que as Forças Armadas devem dispor para a gestão da sua própria educação, sendo algumas vezes regida por legislação própria, como no Brasil, onde na verdade existem quatro sistemas de ensino.

A quarta e última consideração parcial que merece atenção é como a educação militar é importante para a política de defesa, pois ela atua como veículo de transmissão de valores, procedimentos e doutrinas, ou seja, vai além de capacidades técnicas e operacionais, e se conforma como um processo de ressocialização. Não foca apenas o componente formal, que é objeto do ensino, composto por planos de estudos, horários, ementas etc., também o componente informal, que precisa ser igualmente analisado, quando o cadete é exposto de forma permanente a situações com forte carga simbólica, na relação com colegas da mesma patente, submissão às ordens de superiores, entre outros.

Para isso, considerou-se que em países democráticos e com economias dependentes, como é o caso do Brasil, a educação militar deve ter dois objetivos. O primeiro deles é garantir formação profissional e técnica compatível com as necessidades de defesa e segurança dos Estados, assim como com as diversas possibilidades de emprego militar no cenário atual. Em segundo lugar, o ensino deve assegurar a identificação das Forças Armadas com o povo e o país, promovendo uma cultura política democrática e voltada para a garantia da paz. Por fim, há um terceiro objetivo levantado pelos militares, que é a manutenção da cultura institucional da própria Força (ou autorreprodução simbólica) – neste livro, este terceiro objetivo não é considerado salutar para a democracia. Para atender aos dois primeiros objetivos, o conceito inicialmente apresentado de profissionalização deve ser ampliado.

2. PROFISSIONALIZAÇÃO À BRASILEIRA

No capítulo anterior, foi apresentado um debate teórico sobre o significado da profissionalização militar e alguns dos seus reflexos, por exemplo, no comportamento político da corporação. Também foi discutida a importância da educação militar, entendida como componente central do processo de profissionalização. Entretanto, a profissionalização não ocorre sempre da mesma forma em qualquer lugar do mundo e em qualquer momento da história. O objetivo deste capítulo é discutir as características específicas da profissionalização à brasileira, ou como a história do Brasil, a cultura política do povo, as relações entre civis e militares, entre outras questões, influenciaram e influenciam a profissionalização das Forças Armadas brasileiras em geral e nas suas instituições de ensino em particular.

2.1 O processo de profissionalização e as intervenções políticas

2.1.1 Um breve histórico

Andreski (1968), Huntington (1996), Janowitz (1967), Finer (2002) e Perlmutter (1977) apresentaram suas discussões a respeito da profissionalização militar a partir das experiências da Europa Ocidental e dos Estados Unidos. Em suas obras, pode-se perceber o quanto o processo de organização dos Estados Nacionais foi importante para a profissionalização, gerando a necessidade dos exércitos se reformularem e oferecerem condições, inclusive financeiras, para que as mudanças ocorressem. Nesses trabalhos, é evidente a preocupação com o controle civil sobre as Forças Armadas.

Entretanto, em países de passado colonial, o processo de institucionalização da política deu-se junto do pluralismo cultural (Perlmutter, 1977). As Forças Armadas contribuíram diretamente para o surgimento do futuro Estado, seja por meio de guerras de libertação colonial, seja como elemento integrador das diferentes regiões e populações daquele território. Embora não diferencie entre países que foram fruto de colônias de povoamento ou de exploração, Perlmutter (1977) deixa claro que, em ambos os casos, as Forças Armadas desempenharam papel-chave na transformação das colônias em Estados. Nesses países, em vez de o Estado criar as Forças Armadas, elas foram se consolidando à medida que contribuíram para a instituição do Estado, intervindo politicamente na sociedade.

Pode-se perceber na história do Brasil a ampla participação política das Forças Armadas,[1] sob matrizes ideológicas e políticas bastante diferentes, indo desde a condenação aberta da escravidão até a derrubada de governos. Comparativamente com as colônias

---

1 Em sua origem, elas eram, inclusive, partidarizadas (Caxias pertenceu ao Partido Conservador, e Osório ao Partido Liberal), sem que isso fosse um problema (Sodré, 1979).

espanholas, as Forças Armadas brasileiras não se envolveram tão diretamente no governo imperial. Entretanto, seu envolvimento na formação e posterior consolidação da República foi determinante, sendo que foi nesse processo de transição que surgiu e tomou corpo o desejo de profissionalização dos militares.

O baixo grau de profissionalização do Exército brasileiro só foi sentido de fato quando foi declarada a Guerra do Paraguai (1864-1870). Ainda que o contingente militar tenha aumentado rapidamente, assim como foram envolvidos todos os esforços nacionais – inclusive convocando os alunos das escolas de formação de oficiais –, a guerra explicitou as deficiências do Exército e despertou amplo desejo de aperfeiçoamento de sua classe. Finda a guerra e com a vitória do Brasil, essa ansiedade não encontrou a receptividade desejada no Estado e na pessoa do imperador. Os investimentos na profissionalização do Exército continuavam baixos, seja em termos de recursos para as escolas, seja na aquisição de novos equipamentos. Mesmo uma reivindicação antiga, o recrutamento universal, ainda não era uma realidade. Permanecia na elite civil a ideia da inutilidade de uma Força Armada profissional, visto que os corpos de voluntários empregados na guerra haviam resolvido a questão com menos necessidade de recursos (Coelho, 2000). O resultado prático é que, mesmo com a vitória no Paraguai, sem a profissionalização, os aprendizados em batalha não foram incorporados à formação dos militares.

Além de não encontrar respaldo do imperador, a vontade de profissionalização dos militares também encontrou por muito tempo resistência das elites civis. De fato, a centralização do Estado é fundamental para a profissionalização do Exército, uma vez que permite a identificação de um comando hierárquico e possibilita altos investimentos estatais para a manutenção de uma força permanente. Entretanto, a centralização era um grande medo das elites civis liberais do Império provenientes das oligarquias regionais, uma vez que ela implicaria a perda de poder sobre as regiões e, talvez, até mesmo abrisse espaço para o retorno do domínio colonial. Também havia o temor de que os militares profissionais interviessem politicamente a favor de Portugal.

> O certo é que a classe política do Império – sobretudo os liberais – jamais se acomodou com a existência de uma força militar permanente, disciplinada e profissional, ou seja, com a existência de um Exército nacional. A sua preferência sempre fora por uma milícia civil, uma força de cidadãos-soldados sob o comando regional. (Ibid., p.54)

Enfim, era decisiva a percepção de que um exército profissional seria um exército mais forte e unificado, o que imporia mais dificuldades para o controle civil sobre as Forças Armadas. Sem esse avanço qualitativo, os resultados do Exército permaneceram frágeis, como se percebe no combate a Canudos (1896-1897),[2] desagradando os militares (Motta, 2001).

O país vivia um momento de ebulição, em que parte dos civis defendia ideias que interessavam aos militares, como a necessidade de modernizar o Estado e a economia, superando o agrarismo e impulsionando a produção industrial. Para as Forças Armadas, estava clara a "ligação entre indústria pesada e armamento e, consequentemente, entre país desenvolvido industrialmente e forças armadas organizadas e eficientes" (Sodré, 1979, p.142). A esse contexto, somaram-se as insatisfações castrenses, acelerando uma intervenção mais incisiva dos militares na política – o golpe militar dado pelo marechal Deodoro da Fonseca, em 1889, que derrubou a

---

2 "O despreparo profissional das tropas em campo de batalha, a ausência de uma base logística e a inépcia dos comandantes em conduzir seus soldados com armas de fogo na luta contra uma população armada majoritariamente de facões, sendo necessárias quatro campanhas para exterminar Belo Monte, denotam que o direcionamento da formação dos oficiais e sua aplicação na liderança e no preparo das tropas subordinadas com base em conteúdos mais escolásticos e menos vinculados ao emprego militar surtiam efeito desastroso no teatro de operações" (Carneiro apud Godoy, 2004, p.32).

monarquia e implantou a República, ação que foi assistida e apoiada pelos alunos da escola militar que se juntaram ao professor Benjamin Constant.

Embora ainda não tenha dado início à profissionalização, a intervenção militar resolveu alguns problemas há muito pendentes, como a questão do recrutamento de soldados.[3] No entanto, o golpe confirmou a hipótese da elite política de que um exército mais coeso e organizado tenderia a intervir mais politicamente. Nos primeiros anos da República, multiplicaram-se os levantes das duas escolas formadoras de oficiais (Realengo e Praia Vermelha), que, para muitos deles, exercer cargos burocráticos na capital soava mais interessante que comandar tropas. As elites civis da República Velha não se incomodavam com essas intervenções, desde que elas fossem favoráveis aos seus interesses.[4] Dessa maneira, a politização aumentou (Coelho, 2000).

Perlmutter (1977) considerou o Brasil desse período como um dos países adeptos ao pretorianismo na América Latina, justificado pelos esforços por melhor profissionalização dos oficiais terem ocorrido simultaneamente a intervenções diretas dos militares na política. Apenas quando a República Velha chegava ao fim e o poder dos caudilhos,[5] ou coronéis, começou a se enfraquecer é que de fato começou a profissionalização. Esse momento pode ser sintetizado, tendo base a América Latina, em três iniciativas: a) contratação de missões estrangeiras da França e da Prússia, importando, inclusive, suas tradições; b) criação de escolas e academias militares nacionais;

----

3 A Constituição de 1891 aboliu o recrutamento militar obrigatório e instituiu no seu lugar o alistamento voluntário e o sorteio. Porém, por causa das resistências das oligarquias, essas políticas só foram aplicadas em 1917.

4 Embora minoritária, permaneceu existindo uma corrente civil ligada ao movimento ruralista, cujo principal nome era Alberto Torres, que continuava preferindo as milícias cívicas ao Exército.

5 O caudilhismo era um sistema político tradicional e patrimonial, sem continuidade, sem sustentação política e organizado hierarquicamente (Perlmutter, 1977, p.171).

c) centralização da autoridade (ibid.). Por fim, cabe demarcar que esse processo ocorreu no Brasil aproximadamente um século depois que na Europa. Seu auge se deu na Revolução de 1930, com a chegada de Góes Monteiro[6] ao Ministério da Guerra.

A fase que se estendeu da Questão Militar até a Revolução de 1930 é chamada por Coelho (2000) de fase de ativação das Forças Armadas diante da política de cooptação praticada pelas elites civis. Nesse período, o Exército moldou plenamente o seu *esprit de corps*, ou seja, tomou consciência de si, assim como das suas diferenças em relação a outros grupos sociais. Tendo noção da sua força, os militares encontravam-se em condições igualitárias de negociar o poder com a elite política civil, uma vez que nenhum dos dois lados tinha condições de impor sua vontade. Por sua vez, a sociedade brasileira passou a ser mais dependente das decisões do extrato castrense (ibid.).

A iniciativa de modernização e profissionalização partiu dos militares, e não das elites políticas ou de outro setor da burocracia estatal. Para além do extrato militar apoiar a Revolução de 1930, um setor dos militares, representado por Góes Monteiro, enxergou a oportunidade para profissionalizar as Forças Armadas, fortalecendo-as conforme as necessidades do país.[7] Para conquistar esse objetivo, era necessário "organizá-las, livrá-las das incursões do partidarismo político, aparelhá-las, discipliná-las intelectualmente para seu imenso e árduo labor técnico" (ibid., p.114). Nas palavras do próprio Góes Monteiro:

---

6 O general Góes Monteiro tinha um viés legalista e combateu a Revolta dos 18 do Forte, o Tenentismo e a Coluna Prestes. Apoiou Getúlio Vargas na Revolução de 1930 e no Estado Novo. Exerceu o cargo de ministro da Guerra, quando elaborou a Doutrina da Segurança Nacional, que inspirou a doutrina tanto da Era Vargas quanto no regime militar de 1964.

7 Cabe ressaltar que a Revolução de 1930, no Brasil, ocorreu exatamente entre a Primeira e a Segunda Guerra Mundial.

> Sendo o Exército um instrumento essencialmente político, a consciência coletiva deve-se criar no sentido de se fazer a política do Exército, e não a política no Exército [...] A política do Exército é a preparação para a guerra, e esta preparação interessa e envolve todas as manifestações e atividades da vida nacional, no campo material – no que se refere à economia, à produção e aos recursos de toda natureza – e no campo moral, sobretudo no que concerne à educação do povo e à formação de uma mentalidade que sobreponha a tudo os interesses da Pátria. (Góes Monteiro apud Coelho, 2000, p.115)

A partir da década de 1930, o processo de profissionalização continuou seu crescimento, com contribuição especial da missão militar francesa, não tendo parado nem mesmo com o golpe de Estado de 1964. Em vez de a profissionalização gerar menos intervenção na política, ela foi transformada para atender ao novo ambiente com mais militares no poder. Exemplo disso é que, em 1967, durante o regime autoritário, foi estabelecido o prazo máximo de dois anos de afastamento de um militar da ativa das fileiras das Forças Armadas. Essa medida tinha o objetivo de promover a circularidade dos oficiais que eventualmente ocupassem cargos eletivos.

Como apresentado até aqui, simultaneamente com a profissionalização, as intervenções militares na política brasileira assumiram as diversas formas sistematizadas por Finer (2002) e discutidas no capítulo anterior: influência, chantagem, substituição de um governante civil por um escolhido pela corporação e a derrubada do governo civil. Também é possível perceber no Brasil os dois comportamentos militares propostos por Perlmutter (1977): "árbitros" e "legisladores".

Já a proposta de Huntington (1996), que prevê a profissionalização como forma de neutralização política das Forças Armadas, não pode se aplicar à realidade brasileira. Formulada a partir dos casos da Prússia, França e Inglaterra no século XVIII e XIX, ela só chegou de fato ao Brasil em meados de 1930 e encontrou um país que importava tecnologia de ponta, sofria restrições internacionais à sua incipiente indústria e mantinha uma matriz produtiva hegemonicamente agroexportadora. No tocante aos conflitos internacionais, a profissionalização veio após a Primeira e a Segunda Guerras Mundiais, sob um aspecto predominantemente técnico e logístico. Ou seja, a demanda por profissionalização atingiu um país que apresentava um âmbito interno e externo muito diferente do momento em que essa ideia havia sido formulada. Portanto, é preciso refletir sobre a profissionalização que ocorreu no Brasil e a que o país ainda necessita.

Coelho (2000, p.26) enfatiza que, para pensar o Brasil, "seria mais prudente admitir que nada há de natural na subordinação dos militares e que, tal como ocorre nos países de democracia consolidada, [...] o controle civil é sempre problemático". Para o autor, o mais aplicável ao país é o aumento do diálogo entre civis e militares, integrando o soldado na sociedade e o monitoramento permanente da margem de autonomia militar.

Quanto a isso, é importante deixar claro que há uma distinção entre o militar existir politicamente e o militar intervir politicamente no Estado. A esse respeito, Godoy (2004, p.43) afirma:

> O conhecimento do comandante nos assuntos pertinentes à esfera política e a participação dos militares no jogo político de interesses intrínsecos à defesa não tornam menos profissional o militar. As aventuras na tomada do poder é que devem ser inibidas aos militares, pois o braço armado do Estado deve atuar em favor da causa pública, mas não acumular as funções.

Por fim, também é preciso mencionar que as motivações que podem levar às intervenções militares têm uma consequência em comum: o enfraquecimento das instituições políticas e da cultura política do país, pois apesar de ter aumentado o número de burocratas, não aumentou a eficiência da burocracia (Perlmutter, 1977). Isto é, as intervenções diretas dos militares na política não contribuíram para o fortalecimento do Estado, e sim para o seu enfraquecimento, visto que mantiveram a esfera política infantil e dependente. Além disso, os militares no governo adotam comportamentos políticos, o que enfraquece sua profissionalização, constituindo um duplo fracasso.

2.1.2 Explicações para as intervenções políticas

Alfred Stepan (1975), Edmundo Campos Coelho (2000) e José Murilo de Carvalho (2005), entre outros, levantam diversas hipóteses para explicar por que no Brasil as intervenções militares na política são a regra geral, e não exceções. A hipótese desses autores gira ao redor do denso contexto criado pela instabilidade das instituições políticas; da falta de diretrizes para as Forças Armadas e a dificuldade na relação entre as elites políticas e militares; da falta de amadurecimento da cultura política brasileira; e da percepção dos militares sobre si próprios como os guardiões dos interesses nacionais. Embora o enfoque deste trabalho não seja especificamente entender por que os militares intervêm na política, é importante conhecer algumas dessas motivações para entrar na discussão sobre a profissionalização.

a) Função moderadora e tutelar

Stepan (1975) propõe uma tese bastante debatida no Brasil até os dias atuais. Para ele, os militares atuariam no Brasil como um "poder moderador", não só no ambiente externo, mas também intervindo continuamente no espaço doméstico. Essa tese também guarda a ideia de neutralidade, uma vez que, em um ambiente de conflito, os militares conseguiriam manter equidistância de ambas as partes e arbitrar os problemas. A instituição militar seria um subsistema do sistema político, ou seja, seria dotada da diversidade encontrada no cenário social e sujeita às mesmas influências políticas que sofrem os demais atores políticos. Em outras palavras, a diversidade geográfica, regional, ideológica, entre outras características, tornam as Forças Armadas menos homogêneas do que se supõe, podendo-se discutir a coesão dos militares em torno do comando.

Coelho (2000) critica o conceito de função moderadora, considerado por ele tão elástico que, por sua ambiguidade, serviu menos para explicar o fenômeno do que como justificativa política de grupos intervencionistas com propósitos diferentes. A expressão teria surgido nos últimos anos da monarquia, sendo usada por chefes militares e civis republicanos. "Os primeiros para legitimar sua insubordinação frente ao poder civil, os segundos para estimular os primeiros e garantir para os seus propósitos o respaldo do Exército" (ibid., p.83).

A explicação para a realidade defendida por Coelho se baseava no papel ativo das elites civis na cooptação dos militares, seja na Proclamação da República, seja na Revolução de 1930. Os militares tinham consciência da postura civil de utilizá-los a serviço da facção no poder ou de suas oposições. Ao mesmo tempo, o estrato castrense tinha seus interesses corporativos, como formular uma doutrina compatível com a importância que se atribuíam. Dessa forma, ambos se estabilizavam – de forma consciente ou não – em uma situação que favorecia os dois grupos (ibid). É uma posição semelhante à de Peixoto (1980, p.37), para quem a visão moderadora reduz os militares à passividade, como "simples espectadores que são chamados a intervir de tempos em tempos no desenrolar do jogo", enquanto, na realidade, eles tentam mudar as regras do jogo a seu favor, fazendo coligações com civis quando os interesses dos dois estratos convergem.

Outra crítica levantada por Coelho (1985) a Stepan diz respeito à suposta heterogeneidade das Forças Armadas, que é incompatível com a função moderadora, pois implica admitir que a "instituição militar tem interesses embutidos, seja na manutenção do *status quo,* seja na sua mudança e, assim, é parte do conflito" (ibid., p.7).

Ainda que existisse o desejo de profissionalização (isolando-se da política), a instabilidade das instituições deixava espaço para que as Forças Armadas detivessem um papel tutelar diante do Estado.

Legitimava-se assim a influência e, num ou noutro assunto mais susce-tível de ser vinculado ao macro e difuso conceito de segurança nacional, a tutela castrense na vida política brasileira. [...] Legitimava-se o uso do Exér-cito e, secundária e complementarmente, do Corpo de Fuzileiros Navais, como força de segurança interna, destinada a enfrentar um inimigo impre-ciso e presente em todos os campos da vida nacional. (Flores, 1992, p.69)

É a mesma tese defendida por Godoy (2004, p.22), para quem a "concepção de Forças Armadas como promotoras da ordem social e política do país sempre esteve na pauta das definições de um papel institucional tutelar dos profissionais de farda no Brasil". Essa con-cepção ganhou força, pois não confrontava os interesses da classe dominante conservadora nacional, mesmo em detrimento do con-trole militar e do seu poder exclusivo na gestão do Estado. Em sín-tese, a tese da função moderadora deve ser vista como uma retórica construída sobre o acordo entre as elites civis e militares, como um discurso para justificar as intervenções.

b) Passividade e o desinteresse do brasileiro

O Brasil poucas vezes se envolveu diretamente em conflitos externos, só o fazendo em casos extremos, como a Primeira e a Segunda Guerras Mundiais. Em virtude disso, o povo brasileiro é em geral considerado pacífico e, como tal, não teria motivações para se interessar por assuntos de defesa. Esse mito é bastante arraigado na sociedade brasileira, servindo de base para formulações acadêmi-cas. No entanto, é preciso examinar melhor essa afirmação.

O fato de um povo não estar em guerra com outro país não o torna automaticamente um povo pacífico. A hipótese inversa tam-bém está correta. O fato de um Estado estar muitas vezes em guerra não torna o povo do país belicoso.[8] A história do Brasil está repleta

---

8 O outro lado dessa formulação é abordada por Godoy. Por causa da postura dos Esta-dos Unidos de interferir em todo o mundo, inclusive na América Latina, assim como

de levantes de todos os tipos. O período de conquista do território não foi pacífico para os povos indígenas que aqui já estavam, e a consolidação da Coroa se deu com o sangue de muitos negros escravizados da África. As rebeliões contra os governantes, algumas protagonizadas pelas elites, outras de origem popular, pontuaram a história do país. Em muitos desses levantes houve a participação direta dos militares, sendo que, normalmente, farta repressão sucedia esses episódios.

De maneira desordenada, a violência continua a marcar principalmente os grandes centros urbanos, onde os cidadãos convivem com altas taxas de homicídio. Essa violência é resultado das contradições que permanecem desde o início da nossa colonização, quando os produtos produzidos na colônia eram escoados para fora do país e cuja riqueza foi altamente concentrada e pouco investida na resolução dos problemas estruturais brasileiros.

A ideia de "povo pacífico", embora não tenha sustentação na realidade, tem grande utilidade ideológica e tem fins políticos. Ela busca abafar questionamentos à ordem social ou política, desestimular rupturas – ainda que em vários momentos elas tenham sido necessárias – e foi usada em diversos momentos, como nos documentos que justificaram um Estado de Segurança Nacional.

Flores (1992) apresenta uma visão mais atual da questão, dividindo a sociedade em três partes. A primeira deseja as Forças Armadas, consideradas úteis à manutenção da ordem conservadora que as beneficia. A segunda parte não gosta das Forças Armadas,

---

de sua forte indústria armamentista e representativa organização militar, pode-se inferir que o povo norte-americano tem afinidade com a guerra e a violência. Essa generalização, para a autora, não condiz com a realidade, pois os norte-americanos – assim como outros povos do mundo (franceses, alemães, japoneses, brasileiros etc.) – "preferem a existência confortável de um mundo pacífico e organizado, sem percalços que possam comprometer seus afazeres diários ou sua integridade física, moral e psíquica" (Godoy, 2004, p.33). Em síntese, não necessariamente o povo brasileiro é pacífico e o povo norte-americano é guerreiro. A grande maioria das pessoas prefere a paz, ainda que não esteja satisfeita plenamente com a situação em que se encontra.

pelo argumento diametralmente oposto, pois desejam mudar a ordem. E a terceira parte, talvez a maior delas, "pouco ou nada se preocupa com a Defesa Nacional, vê as Forças com apatia, mas as admite para encargos subsidiários auxiliares, parapoliciais e não militares" (ibid., p.67).

Além de sua suposta passividade, outros argumentos foram levantados para explicar o desinteresse dos civis nos assuntos de defesa. Segundo autores como Fernandes (1982), esse distanciamento remonta a 1964 e ao "trauma histórico" que esse período significou. Godoy também busca explicações nesse período, pois os problemas do regime militar, como o autoritarismo, a repressão política, as torturas e mesmo o desaparecimento de elementos da intelectualidade brasileira durante os governos militares, suscitaram uma postura de "rejeição e até horror aos assuntos de defesa nacionais por parte do meio acadêmico civil e de representantes políticos" (Godoy, 2004, p.54). Oliveira e Soares (2010), por sua vez, identificam como justificativa para esse desinteresse a remota possibilidade de ameaça externa, ou seja, o desinteresse deve-se menos à passividade da população do que a uma postura pragmática na seleção das suas prioridades.

Flores (1992) concorda com esses elementos e acrescenta que a ausência de lideranças políticas civis interessadas nos temas de defesa e segurança deve-se também:

> à já citada ausência de preocupações externas (ao meio militar), ao despreparo das lideranças nacionais para esse tema (em parte justificado por tal ausência), ao afastamento civil nos eclipses autoritários e ao preconceito decorrente das intervenções militares, além de uma razão eleitoral: as Forças Armadas constituem assunto com baixo potencial de voto num país que se supõe seguro e é apático à Defesa Nacional. (Ibid. p.68)

Esse baixo interesse, embora recentemente tenha dado alguns sinais de melhora, é exemplificado pela ausência de envolvimento dos parlamentares nas discussões sobre o Livro Branco da Defesa Nacional (ainda que sua participação seja exigida na definição e regulamentação da Política Nacional de Defesa). Oliveira (1994) chama a atenção para a falta de doutrinas nos partidos políticos sobre essa temática, um forte indicador de que os militares continuam a exercer um monopólio intelectual sobre os assuntos de defesa, "menos por vontade deles do que pela incúria e imprevidência da sociedade civil" (ibid., p.98). Algumas possibilidades de melhora nessa relação ainda serão discutidas ao longo deste trabalho.

c) Sentimentos de superioridade ou inferioridade dos militares diante dos civis

Durante a maior parte do período imperial e em diversos momentos da República, o Exército não gozou de prestígio social entre as elites brasileiras. Em um primeiro momento, a instituição, inclusive, nem detinha o monopólio do uso da força, que era compartilhado com a Guarda Nacional,[9] e adotava o recrutamento compulsório entre as camadas mais baixas da sociedade. Mesmo com a Guerra do Paraguai e posteriormente com a Proclamação da República, o Exército não desfrutava de alto prestígio social entre as elites brasileiras, em particular as agrárias. Essa diferença de *status* podia ser vista nas escolas militares. Segundo Castro (1995, p.20):

> A mocidade militar com estudos superiores sofria, portanto, dupla marginalização: como parte do Exército dentro de uma ordem monárquica dominada pelos bacharéis em Direito e como um grupo de oficiais com estudos superiores dentro de um Exército que não se modernizava.

---

9 Criada em 1831, a Guarda Nacional foi uma alternativa federativa, civil e liberal, cujos membros eram recrutados entre os cidadãos eleitores e seus filhos, num contexto em que o voto era condicionado à renda. A Guarda não tinha formação profissional – não era mantida pelo Estado, não ficava alojada nos quartéis, não tinha preparação técnica especializada –, porém, por ser formada pelas elites locais, desfrutava de alto *status* na sociedade. Também tinha autonomia diante do Exército, com quem eventualmente entrava em conflito.

O isolamento e o ressentimento daí resultantes possibilitariam o desenvolvimento de características ideológicas distintas e em grande parte contrárias às da elite civil.

É importante ressaltar que esse sentimento de isolamento dava-se em relação à elite civil, pois quando analisada a opinião da sociedade geral, o período do pós-Guerra do Paraguai, entre 1870 e 1900, ficou marcado pelo aumento de popularidade do Exército, identificado com os anseios do povo por uma organização social e política mais democrática, ainda que sofrendo as consequências da manutenção do recrutamento forçado. O maior exemplo disso é a campanha abolicionista, que mobilizou a escola militar, inclusive dando origem a grupos internamente, e a carta do Clube Militar para a princesa Isabel condenando o emprego de soldados na busca de escravos fugitivos (Carvalho, 2005).[10]

Buscando explicar o sentimento das Forças Armadas em relação à sociedade e preocupado com as consequências desse baixo prestígio, Coelho (2000) propõe o conceito de orfandade. Para ele, as Forças Armadas sofrem de uma secular "orfandade funcional e institucional", um sentimento de que a elite política não se interessa por eles. Isso levaria o extrato castrense a uma cultura protagônica, definindo e implantando autonomamente seus objetivos para o Estado.

|||||||||||

10 "Os oficiais membros do Clube Militar esperam que o Governo Imperial não consinta que nos destacamentos do Exército que seguem para o interior com o fim, sem dúvida, de manter a ordem, tranquilizar a população e garantir a inviolabilidade das famílias, os soldados sejam encarregados da captura de pobres negros que fogem à escravidão ou porque vivam cansados de sofrer-lhes os horrores ou porque um raio de luz da liberdade lhes tenha aquecido o coração e iluminado a alma. Senhora! A liberdade é o bem maior que possuímos sobre a terra, e uma vez violada o direito que tem a personalidade de agir, o homem, para reconquistá-la, é capaz de tudo. Em todos os tempos os meios violentos de perseguição, que felizmente entre nós ainda não foram postos em prática, não produziram nunca o desejado efeito. Por isso, os membros do Clube Militar esperam que o Governo Imperial não consinta que os oficiais e praças do Exército sejam desviados de sua nobre missão" (discurso de Benjamin Constant, 2 fev. 1887).

Orfandade funcional é o sentimento militar de que "a sociedade e sua elite política não lhes tem qualquer apreço, considerando-os perfeitamente dispensáveis no que têm como sua destinação precípua, a função clássica de Defesa Nacional" (ibid, p.19). Orfandade institucional, por sua vez, é a convicção de que não existe interesse por parte das elites nas questões que são importantes para as próprias Forças Armadas, "quem advogue a favor dos seus pleitos, reconhecendo-lhes a pertinência e a legitimidade, quem se empenhe pelo respeito à integridade da peculiar estrutura da organização" (ibid.).

Essa preocupação também está presente em outros autores, como Perlmutter (1977), que afirma que o sentimento de ser improdutivo abala o *status* e a autoestima do profissional militar, afetando sua relação com o Estado, com o qual os militares tendem a se identificar mais – são menos inclinados a intervenções – quando detêm melhor posição na sociedade.

Finer (2002) também discute a questão da percepção dos militares sobre a sociedade e seu papel nela, e opina que um sentimento de desprestígio pode servir como motivação para a Força Armada intervir politicamente. Faz-se necessário estar atento ao lado oposto da moeda: o sentimento de superioridade militar diante dos civis. Nesse caso, pode surgir a sensação de poder ilimitado em determinado momento ou país, quando as decisões do estrato castrense não mais precisariam do diálogo com o segmento civil (ibid.).

Vários autores brasileiros sustentam a mesma preocupação. Para Oliveira (1987, p.71), os militares percebem-se "como a única elite autêntica, à qual cabe a escolha dos setores das elites civis a serem articulados no esforço de constituição da elite dirigente, com relação à qual os militares deveriam assumir esta função político-pedagógica". Mesmo argumento sustentado por Puglia (2006, p.10), que reconhece existir a percepção dos alunos da Escola Superior de Guerra, civis e militares, como os únicos "capazes de conduzir a Nação de forma apropriada e correta, ou seja, capaz de captar os anseios e necessidades da sociedade e transformá-los em realidade".

Os civis eram considerados despreparados para conduzir a nação, e suas debilidades deveriam ser superadas pela contribuição dos militares.

Para Alain Rouquié (1992), esse sentimento de superioridade militar diante dos civis deve-se à modernização dessincronizada do Estado, que fez com que os militares se sentissem pioneiros por seu processo de profissionalização, enquanto os demais seriam amadores. Nas palavras de Rouquié (1984, p.142), "o corpo de oficiais profissionalizados forma no seio do Estado um núcleo duro em um corpo mole e informe". Coelho (1985) também apresenta ideia semelhante. Para ele, nos países subdesenvolvidos ou em desenvolvimento, as instituições militares:

> São as únicas que apresentam um alto grau de coesão interna, de disciplina e organização; e por serem elas as únicas instituições modernas e verdadeiramente nacionais, pode-se esperar que constituam um instrumento fundamental no desenvolvimento e modernização daquelas regiões. (Coelho, 1985, p.3)

Sob essa interpretação, diante da incapacidade da elite política em garantir a consecução dos interesses nacionais, caberia às Forças Armadas o papel de salvaguarda final, e não aos cidadãos daquele país.

O longo período de indefinições sobre uma política de defesa no Brasil não contribuiu para minimizar a crise de identidade militar em relação ao seu papel na sociedade brasileira. Desde a redemocratização, as Forças Armadas vêm buscando demonstrar sua utilidade social para os cidadãos a partir da necessidade de reconhecimento do próprio trabalho e da obtenção de recursos na arena política democrática.

Enfim, é importante que as Forças Armadas tenham consciência de sua importância e sejam reconhecidas como cidadãs de um país. Os sentimentos de superioridade dos militares diante dos civis, mas também o sentimento de inferioridade militar diante da falta de reconhecimento civil, são prejudiciais ao Estado. O ensino militar contribuiu para a formação dessas percepções.

2.2 A trajetória das escolas militares brasileiras

Para entender a importância do processo de construção das escolas de formação de oficiais no Brasil, é preciso contextualizá-las no desenvolvimento histórico do país, que trouxe reflexos no regime escolar, critérios de seleção, conteúdos ensinados, entre outros. Em um panorama histórico superficial, construído a partir dos trabalhos de Inácio Filho (2000), Rosty (2011) e, principalmente, Motta (2001), serão apresentadas algumas características especiais que o ensino militar teve na profissionalização à brasileira.

2.2.1 formavam formação para múltiplas funções

O ensino militar estabeleceu-se de fato em 1810, mas desde meados do século XVII ocorreram iniciativas nacionais com vistas à formação de engenheiros capazes de projetar fortificações para a defesa e o controle do território da colônia e de criar tecnologias de extração dos recursos naturais.[11] Nesse período, não havia objetivos nacionais brasileiros que orientassem o ensino, cujas instruções se davam segundo as necessidades da Coroa portuguesa (Moreira, 2011).

Essa característica foi herdada pela Real Academia Militar, criada em 1810, que tinha o duplo caráter civil-militar, sendo escola

---

11 O engenheiro holandês Miguel Timmermans foi contratado entre 1648 e 1650 para formar 24 alunos como engenheiros. Em 1699, foi criado o Curso Prático de Fortificação, com o objetivo de formar engenheiros para projetar e construir fortificações na costa litorânea a fim de defender a colônia contra invasões estrangeiras. O primeiro curso prático-teórico foi criado em 1738, no Rio de Janeiro, e ficou conhecido como Terço da Artilharia (Luchetti, 2006, p.64-65).

militar e de engenharia.[12] Em outros termos, as escolas superiores militares nasceram antes das instituições de formação civis e arcaram com parte do ônus da formação de profissionais de que o país necessitava (engenheiros, por exemplo). Ressalta-se, para além dos aspectos pedagógicos e didáticos,[13] que a escola com dupla destinação – formação de civis e militares – tem relação com o envolvimento do militar na resolução dos problemas nacionais desde cedo. Na ausência de uma elite voltada para a preocupação nacional, o Exército exerceu esse papel. As escolas também representavam a possibilidade de brasileiros natos ocuparem funções de comando, e por isso não contou com o apoio português (Luchetti, 2006).

Na tentativa de dar conta dos objetivos da academia, ocorreram muitas reformas que afetaram mais o regime escolar que o currículo em si. Seu eixo principal de disputa era entre uma educação mais militar ou mais matemática, uma vez que precisava formar profissionais para a guerra (oficiais), mas também para a paz (engenheiros). Mesmo que esse modelo escolar tenha trazido grandes problemas na época, uma vez que era impossível abranger em um só currículo e num só regime ensinos diversos, mantêm-se ainda hoje práticas similares. Outro eixo de disputa deriva do personalismo. A cada novo ministro da Guerra uma reforma acontecia, de modo que se pode perceber a ausência de consensos e de uma política comum para o Exército e para as academias. Isso também ocorre atualmente,

12 O duplo caráter da Real Academia Militar levou a alguns problemas, como identificados por Motta (2001): dificuldade na estruturação do currículo e na definição do regime escolar, por exemplo. Mesmo assim, a academia formou grandes nomes brasileiros, como Deodoro da Fonseca e Floriano Peixoto, além de outras personalidades militares pouco conhecidas pelos civis, como "Duque de Caxias (1819/22), Mal Mallet (1823/25), Cel Vilagran Cabrita (1840/47); Mal Machado Bitencourt (1859/61), respectivamente, patronos do Exército, da Artilharia, da Engenharia e da Intendência" (Rosty, 2011, p.24).

13 A esse respeito ver a excelente obra de Motta (2001), que trata do ensino no Exército de 1810 a 1945, muitas vezes detalhando currículos, métodos pedagógicos, entre outros assuntos pertinentes às escolas. Aspectos políticos da obra serão explorados diversas vezes neste trabalho para enriquecimento das considerações históricas.

quando é sabido que cada novo comandante tem uma forma diferente de atuar nas escolas (Motta, 2001).

A partir da década de 1850, pode-se observar a primeira tentativa de modernizar o Brasil, que foi acompanhada pelo aumento na demanda por engenheiros. As cidades desenvolveram-se e consolidaram-se, trazendo consigo uma vida política mais intensa. O tráfico de escravos foi abolido, o café se tornou o principal produto da pauta de exportações, e investimentos em infraestrutura foram feitos (por exemplo, construção de estradas de ferro para escoar a produção). Esses ares renovadores atingiram também o Exército, que tinha efetivo reduzido, não profissional, e tinham grandes dificuldades para recrutar, uma vez que, além dos soldos baixos, o código disciplinar mantinha os castigos corporais.

Em 1851, a Academia Militar foi dividida em duas: Escola de Aplicação, a princípio situada na Fortaleza de São João e, depois, na Praia Vermelha; e Escola Central, herdeira das instalações da antiga escola no Largo do São Francisco. A primeira escola era dedicada ao ensino militar, enquanto a segunda, ao ensino das ciências, com os alunos transitando entre ambas por tempo variável, dependendo da arma escolhida. Motta (ibid.) revela que essa foi uma divisão equivocada, pois teoria e prática são dois aspectos indissociáveis do processo de aprendizagem.[14] Essa disputa ainda se arrastaria por muitos anos, até que, em 1874, a Escola Central deixou definitivamente de ter ligações com o mundo militar e tornou-se a Escola Politécnica, direcionada à formação de engenheiros civis. Uma dificuldade gerada a partir dessa decisão foi o desestímulo pela formação do oficial, pois poucos se interessavam pelos estudos para seguir a carreira militar. No entanto, alguns militares consideravam a escola bacharelesca e desnecessária, e defendiam o aprendizado exclusivamente prático das batalhas (ibid.). No Exército, começou a surgir

---

14 Na mesma página e nas seguintes é possível encontrar o currículo completo de cada uma das escolas.

uma disputa interna que adentrou a República e da qual há traços até hoje: a disputa entre os que estudaram mais e aqueles que têm melhor desempenho nas atividades físicas, ou seja, a disputa entre os bacharéis e os tarimbeiros.

Atualmente, o sistema de ensino das Forças Armadas tem se especificado não somente com divisões entre as Forças, mas também entre as armas que compõem cada Força. Mesmo assim, ainda se exige das escolas a formação de oficiais para diversas funções. No Capítulo 4, esse assunto será aprofundado.

2.2.2 A influência do positivismo nas escolas

O positivismo é uma doutrina filosófica, política e sociológica fundada por Auguste Comte na crise da Idade Moderna, combinada com o desenvolvimento do Iluminismo e com o nascimento da sociedade industrial. Sua essência é a valorização dos avanços e métodos científicos – considerado o único conhecimento verdadeiro – em detrimento da metafísica, para, dessa maneira, proporcionar o progresso da humanidade.

Na prática, uma sociedade desenvolvida era aquela industrializada, algo muito distante do Brasil do fim do século XIX. Na França, o positivismo foi concebido com uma destinação conservadora – combater as manifestações do movimento operário, quase meio século antes de chegar ao Brasil. Em terras brasileiras, as ideias de Comte assumem conotações revolucionárias: "Aqui ajudaram a burguesia nascente a formular suas teses contra os elementos retrógrados ligados ao feudalismo agrário e ao imobilismo social e cultural" (ibid., p.156).

Segundo Bellintani (2009, p.2), Comte considerava o espírito científico antagônico ao espírito militar e que, a partir do Racionalismo, o ser humano conseguiria se desfazer da sua natureza bélica.

Comte acredita que, quando o homem pensar cientificamente, deixará de fazer a guerra, aqui entendida como a luta de um homem contra outro homem, abrindo espaço, então, para a luta pela exploração dos meios naturais, com a finalidade de obtenção do produto industrializado. A reforma social implicaria, assim, outra de caráter intelectual, valorizada pelo estudo da Matemática, Astronomia, Física, Química e Biologia. Os cientistas substituiriam os sacerdotes; e as indústrias, os militares.

O estágio máximo de desenvolvimento da humanidade seria o estado positivo, em que vigoraria a paz e a industrialização. Nesse caso, os exércitos perderiam sua finalidade e razão de existir.

O positivismo influenciou o Exército brasileiro desde o período imperial, em particular a partir das escolas militares e dos mestres Benjamin Constant[15] e marechal Trompowsky.[16] Eles ganharam espaço no contexto das crises na Escola Militar da Praia Vermelha, quando propuseram uma série de reformas educacionais, "disseminando entre os oficiais a teoria que preconiza a ordem e o progresso, fundada no desenvolvimento científico, na ética, na paz e no fim dos exércitos" (ibid., p.4).

Essas reformas representaram um divisor de águas no sistema de promoções na carreira, que se acentuou após os anos 1870, garantindo a possibilidade, pelo mérito, de que o recrutamento fosse feito fora da elite dominante brasileira (Castro, 1995). Dessa época,

---

15 Benjamin Constant Botelho de Magalhães nasceu no Rio de Janeiro em 1837. Foi militar, engenheiro, professor e estadista. Participou da Guerra do Paraguai (1864-1870), ocupou diversos ministérios e foi um dos principais articuladores do levante militar que implantou a República no Brasil, sendo considerado um dos seus pais. Lecionou em diversas instituições militares, onde difundiu as ideias positivistas com as quais comungava. Era um pacifista que defendia que as Forças Armadas tinham o dever de atuação policial para manutenção da ordem pública. Mesmo sendo um pacifista convicto, sua atuação na escola deixava claro que conhecia a necessidade de ter um Exército organizado e eficiente (Sodré, 1979).

16 O marechal Trompowsky foi professor e comandante da Escola Militar da Praia Vermelha, para a qual também produziu livros didáticos. Extremamente dedicado ao ensino militar, atualmente é considerado o patrono do magistério do Exército.

também data a adoção de currículos com base mais científica – em especial, com enfoque na matemática – e de um regime de internato. A melhor materialização do que eram os preceitos do positivismo para a doutrina das escolas é o Regulamento de 1890,[17] elaborado logo depois da Proclamação da República por Benjamin Constant quando ministro da Guerra. Destacam-se dois de seus itens:

1º) O soldado, elemento de força, deve ser de hoje em diante o cidadão armado, corporificação da honra nacional e importante cooperador do progresso, como garantia da ordem e da paz públicas, apoio inteligente e bem intencionado às instituições republicanas, jamais instrumento servil e maleável por uma obediência passiva e inconsciente que rebaixa o caráter, aniquila o estímulo e abate o moral.

2º) O militar precisa de uma suculenta e bem dirigida educação científica que, preparando-o para tirar toda a vantagem e utilidade dos estudos especiais de sua profissão, o habilite, pela formação do coração, pelo desenvolvimento dos sentimentos afetivos, pela expansão de sua inteligência, a bem conhecer os seus deveres, não só militares, como, principalmente, sociais. (Motta, 2001, p.172)

Os oficiais "científicos" defendiam a ideia do soldado cidadão, com o direito de livre manifestação de pensamento e de crítica. Essa argumentação foi extremamente mal recebida pelos generais do início do século XX, seus contemporâneos que, segundo Coelho (2000), consideravam o soldado cidadão uma ameaça à disciplina e hierarquia, uma vez que nivelava diferentes patentes como cidadãos, permitindo às patentes mais baixas contrapor seus superiores em assuntos polêmicos.

---

17 O Decreto n.330, de 12 de abril de 1890, foi duramente atacado pelos positivistas ortodoxos, que o consideravam militarista, e pelos meios militares, que o viam como um regulamento paisanista (Motta, 2001, p.172).

O positivismo acelerou a politização dos militares. Também se somaram a isso os baixos soldos, o desaparelhamento e os maus desempenhos na guerra civil do Sul (1892-1893), na Revolta da Armada (1892), na Guerra de Canudos (1896-1897) e na Revolta da Vacina (1904). Esse período "transcorreu num ambiente militar misto de apatia e insatisfação, com um Exército desaparelhado, envelhecido em suas formas de organização e de trabalho e, por fim, voltado para as agitações sociais e políticas" (ibid., p.151).

Até a década de 1930, o positivismo foi a principal influência do Exército. A esse respeito, Coelho (2000) informa que, antes da chegada das missões internacionais, o Exército brasileiro não tinha uma doutrina própria e, embora fosse uma organização, ainda não poderia ser considerado uma instituição.

Concluindo, foram levantadas muitas críticas à Escola Militar da Praia Vermelha, algumas delas atribuídas à influência positivista. Elementos desse positivismo, como visão ordenada e organizada da sociedade, ainda podem ser percebidos. Há uma contradição que o Exército precisa vivenciar todos os dias. Apesar de serem os profissionais da violência, bastante acostumados a cenários de conflito, a Doutrina de Segurança Nacional, que formou boa parte da oficialidade brasileira nas mais altas patentes, desejava uma sociedade sem conflitos. Aqueles que partiam para o conflito de classe, etnia, gênero ou concepção política eram vistos como subversivos e agentes da desordem. "Essa concepção de organização social e de Nação apresenta a influência marcante da filosofia positivista, associada às considerações de tradição e de organização militar transferidas para a política" (Proença; Diniz apud Godoy, 2004, p.31). A contradição reside no fato de que o regime democrático prima exatamente pelo conflito e disputa de ideias, desde que dentro das normas institucionalizadas e das instituições políticas, gerando participação política.

2.2.3 Aspectos diversos da organização escolar

O regime escolar, os critérios de recrutamento, a metodologia das aulas e os conteúdos a serem ensinados foram objeto de debate e mudanças ao longo do processo de profissionalização e de consolidação das escolas militares brasileiras.

A principal falha identificada por Motta (2001) na Real Academia Militar era o regime escolar, cujo sistema era semelhante ao ensino civil, baseado no externato e com poucas regras disciplinares. Para o autor, isso não contribuía para a aprendizagem dos hábitos e atitudes militares nem para o desenvolvimento de um espírito de corporação.[18]

Além disso, duas questões principais orientaram as discussões sobre a escola naquela época e permanecem sendo pontos fundamentais até os dias atuais: qual a base comum de conhecimentos de que todo oficial militar deve dispor, e como integrar os ensinamentos teóricos à prática profissional. Quanto à questão de conteúdo, o desafio era equacionar a área civil e a militar. Por isso, as disciplinas da academia eram organizadas em duas áreas, a matemática e a militar, e os alunos permaneciam diferente número de anos na escola, a depender da função que escolhessem, sendo exigido apenas que os artilheiros e engenheiros[19] cursassem os sete anos totais, o que tornou essas armas mais prestigiadas. Por exemplo, os militares que faziam parte das armas de infantaria e cavalaria necessitavam realizar somente o primeiro ano (aritmética, álgebra, geometria, trigonometria e desenho) e quinto ano (tática, estratégia, castramentação, fortificação de campanha, reconhecimento de terreno e química) da grade curricular

---

18 Esse fenômeno chega ao extremo de substituir os títulos indicativos dos postos hierárquicos pelo de oficial-doutor na reforma de 1845. Posteriormente, na reforma de 1849, passaram a ser considerados oficiais apenas os que passaram pela escola, os demais eram chamados tarimbeiros (Luchetti, 2006).

19 Como vimos no Capítulo 1, essas duas armas eram consideradas técnicas. Apenas no século XX a infantaria e a cavalaria, com equipamento e emprego tático complexificados, passariam a ter seu preparo anterior considerado igualmente necessário.

da instituição de ensino. Diferentemente dos dias atuais, nos quais as armas são vistas como especialidades, a separação era percebida naquele período em termos de nível – básico ou superior, sendo que todo engenheiro e artilheiro necessariamente haviam estudado o que o infante estudou, o que lhe conferia mais prestígio. Estavam ausentes do currículo disciplinas como língua portuguesa, geografia e história militar (ibid.). Em relação ao debate entre a teoria e a prática:

> Duas teses sempre se defrontaram, nesse século e meio de lucubrações curriculares: a dos "culturalistas", ou "cientificistas", que supervalorizam os estudos gerais, científicos, impropriamente chamados "estudos teóricos", e a dos "profissionalistas", para quem só conta o saber eminentemente aplicativo e diretamente funcional. É evidente que a solução certa estará em fugir de qualquer posição extremada, em proveito de uma que evite, do mesmo passo, o doutor fardado, mas ignorante da processualística militar, e o oficial vazio de conhecimentos científicos gerais, espécie de suboficial agaloado, senhor de meras destrezas elementares, incapaz de visionar causas, acompanhar evoluções e preparar progressos. (Ibid., p. 175)

Além das críticas ao conteúdo da antiga escola, considerada bacharelesca e pouco militar (fruto da dupla missão civil-militar), a Real Academia Militar ainda teve problemas para a seleção de professores (eles mal existiam no Brasil), para o recrutamento dos alunos, para a confecção de materiais didáticos (eram cópias dos franceses) e de alta evasão dos discentes (nem os próprios militares consideravam importante a frequência às escolas preparatórias, uma vez que elas não eram obrigatórias para a ascensão na carreira). Para Motta (2001), os problemas que surgiam não eram apenas da academia, mas também do Exército, cujos chefes pouco se preocupavam com a capacitação técnica, e do país, agrícola e escravista, mal necessitando de engenheiros.

Alguns desses problemas começaram a ser resolvidos em 1850, quando o ensino se tornou obrigatório para promoções. Também foram relevantes a separação das escolas civil e militar em 1851 e o estabelecimento de cursos preparatórios para a entrada nas escolas a partir de 1863, tanto para qualificar os futuros alunos quanto para garantir os estudos dos filhos dos militares (deve-se levar em conta que, no Brasil daquela época, o analfabetismo era uma regra geral). Todas essas medidas criaram um ambiente favorável à profissionalização e ampliaram a importância das escolas de formação na carreira dos oficiais.

Por outro lado, alguns problemas se aprofundaram, como a distância entre a cavalaria e a infantaria (consideradas não científicas) e as demais armas. Isso só mudaria em 1913, com a estruturação de um curso fundamental, com duração de dois anos, para os membros de todas as armas, que seria seguido por instruções específicas de cada área, com duração variada (um ano para cavalaria e infantaria e dois anos para artilharia e engenharia). A disposição entre uma área básica comum e as áreas especializadas foi uma ruptura com toda a tradição anterior e é o que se mantém até os dias atuais. "Já agora as quatro Armas eram quatro linhas específicas de estudos, traduzindo diversificação de conhecimentos e destrezas, e não apenas diferentes graus ou níveis de estudos militares" (ibid., p.243).

O conteúdo escolar também foi um problema que permaneceu, pois embora as escolas não precisassem mais formar engenheiros civis, persistia a necessidade da formação de engenheiros militares, o que com o tempo trouxe para a Praia Vermelha os mesmos problemas da antiga escola. Outro problema de difícil resolução era a preparação dos professores, seja em termos de conteúdos ou de métodos didáticos. Esse tipo de preocupação só surgiria com a missão francesa, em 1920, já na Escola Militar do Realengo, antecessora da Aman.

Entre 1874 e 1904, o número de estudantes mais que duplicou, tanto pelo aumento do prestígio do Exército quanto pela ampliação da classe média, leito de recrutamento dos oficiais. Porém, muitos alunos que frequentavam as escolas ainda não desejavam necessariamente seguir carreira militar. Uma das explicações para esse baixo interesse era a manutenção do regime escolar. Sob o aspecto pedagógico, ainda não havia se firmado o pilar disciplina e hierarquia, e o ensino militar acabava por seguir os princípios do ensino civil (Fázio, 2008).

A partir do envolvimento de militares na Revolta da Vacina e na Primeira Guerra Mundial, intensificou-se o debate sobre a necessidade de mudanças. Alguns oficiais atribuíram a participação dos alunos na revolta como fruto da "prosmiscuidade" entre cadetes e paisanos, pois embora os estudantes passassem o dia inteiro na escola, dormiam em repúblicas ou pensões, onde se relacionavam com civis (Castro, 1990).

Em 1911, foi criada a Escola Militar do Realengo, com um corpo de cadetes em regime de internato e com o objetivo de formar uma elite militar homogênea, que seria o berço da profissionalização e da futura Academia Militar das Agulhas Negras. Criada em um cenário de grandes incertezas, contava com uma estrutura física simples, porém em seu leito se deram as mudanças propostas pela missão militar francesa, o que será discutido na próxima seção.

Essas transformações não impediram o envolvimento dos militares em política, como comprovam as manifestações tenentistas de 1922. Uma das explicações encontradas pelo alto escalão da época é que, mesmo com a mudança do regime escolar, os cadetes continuavam misturados aos civis, uma vez que as escolas se encontravam no Rio de Janeiro, capital federal e centro da efervescência política. A necessidade de isolar geograficamente os cadetes das atribulações políticas foi um dos motivos para a extinção da Escola do Realengo, em 1944, e para a construção da Academia Militar de Resende, que herdou o regime militar de internato e as escolas preparatórias para a seleção dos estudantes.

Podem-se definir três períodos importantes em Realengo: "O primeiro, áureo, das Reformas de Ensino (1911-21); o segundo, crítico, das Revoltas Militares (1922-30); e o terceiro, das novas instalações, formando toda a geração de oficiais que foram para a Segunda Guerra Mundial" (Rosty, 2011, p.27).

O primeiro período (1911-1921) foi marcado pelas reformas e ideias do marechal Mallet, com enfoque na instrução contínua, gradual e intensiva; nas práticas nas linhas de tiro (com manobras anuais para o adestramento e teste de equipamento); no reforço disciplinar e hierárquico; e na adoção da didática do fazer para aprender, com a eliminação do ensino oral. Chegou-se a subdividir a escola em quatro instituições (Escola de Guerra, Escola de Aplicação de Infantaria e Cavalaria, Escola de Artilharia e Engenharia e Escola de Aplicação de Artilharia e Engenharia),[20] mas, por limitação de recursos, duas delas foram extintas, e as restantes permaneceram em Realengo, funcionando como praticamente uma. Também foram revistos os programas das disciplinas, antes consideradas de competência exclusiva dos seus instrutores. Até esse momento, as iniciativas de mudança haviam se concentrado apenas nos regulamentos.

Ao finalizar o curso, o aluno passava a ser declarado aspirante-a-oficial e incluído na tropa, prática que, com algumas mudanças, ainda se mantém.

> Esse sistema se revelaria utilíssimo; de um lado, ao aspirante se concedia um interregno, entre os estudos e o oficialato, em que viveria o ambiente militar autêntico, que só o serviço arregimentado propicia; do outro lado, nos corpos de tropa, anualmente, a instrução recebia o influxo ardente dos moços egressos das lides escolares. (Motta, 2001, p.238)

O segundo período foi marcado pelo tenentismo[21] e pelas confabulações que levaram à Revolução de 1930. Nesse período, também

---

20 Para mais informações sobre cada uma das escolas, ver Motta (2001, p.233).
21 Tenentismo foi um movimento da jovem oficialidade do Exército, iniciado em 1922 com a Revolta dos 18 do Forte de Copacabana. O movimento acusava a cúpula do Exército de estar a serviço das oligarquias e da corrupção em troca de cargos e

QUADRO 2.1 – HISTÓRICO INSTITUCIONAL

Período	Escola
1811-1822	Academia Real Militar
1823-1831	Imperial Academia Militar
1832-1838	Academia Militar da Corte
1839-1857	Escola Militar
1855-1858	Escola de Aplicação do Exército
1858-1866	Escola Central
1860-1879	Escola Militar
1881-1888	Escola Militar da Corte
1889-1897	Escola Militar da Capital Federal
1898-1904	Escola Militar do Brasil
1906-1911	Escola de Guerra
1912-1944	Escola Militar do Realengo
1944-1951	Escola Militar de Resende
1951-	Academia Militar das Agulhas Negras

Fonte: Argolo (2011, p.18-19).

foram fortes as influências alemã e francesa. Enfim, o terceiro período teve mudanças na estrutura física, menos relevantes. Outras mudanças se verificaram na Aman e serão comentadas no próximo capítulo. O Quadro 2.1 mostra o histórico das escolas militares.

2.3 A influência externa na profissionalização

O Exército, assim como as demais instituições que nasceram no Brasil Colônia, teve influência portuguesa, apesar de Portugal não ter tradição[22] no preparo dos seus exércitos, embora necessitasse

||||||||||

vantagens, e desejava uma força moderna e dinâmica, menos burocratizada e com um comando mais próximo das tropas.

22 Moreira chama a atenção para a falta de tradição e para o pragmatismo português, que contratou um holandês (inimigo na época, uma vez que ocupava parte do

deles em virtude das ameaças que sofria na Europa, em particular da Espanha. A reorganização do Exército português só ocorreu no final do século XVIII; tarefas como o treinamento da tropa e a preparação dos oficiais foram feitas por terceiros, mais precisamente pelo alemão Conde de Lippe, baseado nas mudanças que ocorriam na Prússia (Motta, 2001). Durante o período colonial, enquanto os oficiais eram de origem portuguesa, a maioria da tropa era formada por brasileiros, e nem oficiais nem tropa tinham qualquer qualificação profissional, mesmo assim Portugal assumiu a tarefa de defesa do Atlântico, a fim de garantir o escoamento das safras e o monopólio comercial (Luchetti, 2006). Resumindo, os objetivos do Exército não eram definidos pela colônia, e sim pela metrópole portuguesa.

A documentação oficial (Brasil, 1998) data as origens do Exército brasileiro na Insurreição Pernambucana (1645-1654), mais especificamente na Batalha dos Guararapes (1648-1649), quando as tropas "nacionais" expulsaram os invasores holandeses do território. Cabe questionar se essa ação tinha vínculos de fato com o Brasil, uma vez que nem mesmo uma identidade de povo ou de nação já havia se constituído, ou se na verdade era mais uma ação pautada pelos interesses da metrópole portuguesa e suas elites associadas para garantir seu domínio no território (Godoy, 2004).

Em virtude desse passado colonial, é difícil demarcar o nascedouro do Exército brasileiro, embora seja fácil identificar a herança portuguesa. Na América Latina, muitos países marcam o nascimento dos seus exércitos nacionais nas guerras de independência contra as metrópoles europeias. Já os militares brasileiros não tiveram envolvimento na guerra de independência quando da ruptura da administração portuguesa.[23] Carvalho (2005) chega ao extremo de afirmar que

Nordeste) supostamente competente para construir o Curso Prático de Fortificação (Moreira, 2011).

23 Exemplo disso é que, como não ocorreram lutas no processo de emancipação do Brasil, o Exército não tem representantes heroicos da causa da libertação nacional, ao contrário de outros países latino-americanos.

os militares da Marinha[24] e do Exército que serviam no Reino do Brasil, em 1822, "dormiram servindo a metrópole e acordaram servindo o Brasil independente" (Carvalho, 2005, p.189). Embora essa afirmação seja excessivamente severa, de fato, mesmo com a independência, mantiveram-se as estruturas militares portuguesas. Apenas com a consolidação do Estado brasileiro e suas instituições políticas é que se fortaleceram as Forças Armadas também brasileiras, seja do ponto de vista da sua inteira constituição seja dos interesses a que serviam.

Assim como seu surgimento, o processo de profissionalização dos militares brasileiros se deu largamente por influência estrangeira. As primeiras experiências de profissionalização militar ocorreram na Europa, que, em alguma medida, se tornaram as fontes dos processos que vieram posteriormente. Entretanto, contextos diferentes – como o do Brasil e da Prússia – transformaram as ideias recebidas, muitas vezes até mesmo dando a elas sentido inverso. Um exemplo é oferecido por Carvalho (2005) ao comentar o conceito de soldado cidadão, surgido durante a Revolução Francesa. Na França, esse conceito surgiu fora do Exército e com o objetivo de democratizar a instituição, retirando o controle da nobreza sobre as Forças Armadas. No Brasil, a ideia de cidadão soldado surgiu dentro do Exército por influência positivista, em contraposição às elites civis agrárias, reafirmando que o soldado não era um cidadão de segunda categoria. Ele, na realidade, era um cidadão armado, com direito à plena cidadania e, por isso, frente ao desprezo das elites, eles deveriam intervir mais politicamente. Assim, "a ideia de soldado-cidadão se destinava a promover a abertura da sociedade ao Exército, e não vice-versa, como na França" (ibid., p.61).

Não foi a primeira vez que o país e as Forças Armadas copiariam ideias desenvolvidas em outros países de formação social diferente

---

24 Os oficiais da Marinha puderam, inclusive, escolher se desejavam ser leais a Portugal e voltar ao continente europeu, ou se seriam fiéis ao novo imperador brasileiro (Sodré, 1979, p.138).

que, ao serem aplicadas no Brasil, tomariam conotações "às avessas". Também não seria a última vez. Na realidade, as posteriores iniciativas de profissionalização teriam forte influência externa, com êxitos e dificuldades variadas, com destaque para as transformações influenciadas pelos chamados "jovens turcos" (1906-1910) e pelas missões francesa (1919-1940) e norte-americana (1934). Para Sodré (1979, p.233), essa dependência externa era reflexo do subdesenvolvimento nacional.

> As nossas Forças Armadas são típicas de um país dito subdesenvolvido, importa material bélico ao mesmo tempo em que importa processos de combate e tende à cópia de tudo o que se refere ao aparelho militar, que alguns ingênuos almejam seja tão perfeito, tão organizado e tão eficiente quanto os modelos externos, e se desesperam quando isso não é alcançado. A solução parece, a certa altura, a vinda de missões militares estrangeiras, oriundas de países em que o aparelho militar se aproxima da sonhada perfeição e que encontram ambiente de surda resistência e cuja herança, por tudo isso, é reduzida, não ultrapassando as cúpulas militares. (Ibid., p.233)

Após a herança portuguesa, a primeira influência externa que marcou o Exército brasileiro foi a alemã, a partir dos jovens turcos, no período de 1906 a 1910. *Jovens turcos* é a expressão pela qual ficaram conhecidas turmas de oficiais brasileiros enviadas, em 1906, 1908 e 1910, para receber treinamento na Alemanha, que, como apresentado no capítulo anterior, havia começado o processo de profissionalização militar. De volta ao Brasil, fundaram a revista *A Defesa Nacional*,[25] em 1913, e dedicaram-se à luta por reformas para a modernização do Exército brasileiro, difundindo o sistema bélico,

---

25 Antes de *A Defesa Nacional*, a primeira publicação técnica militar brasileira foi a *Revista do Exército Brasileiro*, lançada em 1882, que tratava de assuntos como organização e administração militares, tática e estratégia, engenharia e história militares, entre outros.

práticas e costumes alemães, além da sua indústria bélica, chegando, inclusive, a defender a militarização da sociedade que observaram na Alemanha pré-guerra. Na síntese de Coelho (2000, p.92):

> A ideia básica do movimento era a de que a função primordial do Exército consistia na defesa externa e que esta só poderia ser efetiva pela existência de uma força militar profissional, treinada, equipada e excluída das lutas político-partidárias, por um lado, e pela capacidade do país em mobilizar o seu potencial de guerra, por outro.

Foram muito bem aceitas as ideias de profissionalização que os jovens turcos propunham, porém se considerava que seria possível promover as reformas no aperfeiçoamento sem alterar as regras do jogo político da época. Essa afirmação, sob um olhar superficial da história brasileira, é um óbvio idealismo, principalmente quando se observa que os jovens turcos, que debatiam a importância da neutralidade política, participaram posteriormente de conspirações políticas. Também apresenta falhas por desconsiderar os frutos do poder que as intervenções militares geraram para uma camada da sociedade, pouco disposta a abrir mão desse instrumento. Em síntese, a ideia de um Exército apolítico era "de uma organização desvinculada de seu contexto societal, idealizada na identificação dos seus interesses com os interesses nacionais, impermeável aos conflitos no seu meio ambiente" (ibid., p.95).

Mesmo assim, os jovens turcos continuavam com sua campanha pela profissionalização, seguindo o modelo alemão, e durante os anos 1920 intensificaram a profissionalização do Exército. Eles também receberam o valioso apoio de Olavo Bilac na defesa da tese do recrutamento universal para todos os brasileiros do sexo masculino. Para isso, contribuíram:

> Em primeiro lugar, o conflito mundial e as inovações que revelou na arte da guerra despertaram um natural interesse na área militar. [...] Em segundo

lugar, a atividade dos "jovens turcos" se havia imposto à consciência profissional dos militares. Em terceiro lugar, por causa das regras do jogo político, e não a despeito delas, o governo acolheu de bom grado a tese da relação entre a profissionalização e o apolitismo militar. Não é necessário sublinhar aqui o quanto pesou nessa acolhida a fluidez dos limites entre as duas concepções: a de um Exército politicamente neutro, isto é, obediente ao poder civil dentro dos limites da lei, e a de um Exército pretoriano, isto é, a serviço dos interesses políticos dos governantes. (Ibid., p.96)

Com a Primeira Grande Guerra e a entrada do Brasil na Tríplice Entente, o convênio com a Alemanha acabou. Da mesma forma, a derrota do país na guerra causou o fim dos desejos de setores militares de contratar uma missão militar alemã. Mas, em termos práticos, deixou como herança pedagógica: o aumento na grade curricular das disciplinas relacionadas ao ensino profissional, a valorização dos coeficientes nas notas das disciplinas militares, o enquadramento militar das escolas e a subordinação didática ao Estado-Maior do Exército (Luchetti, 2006).

A principal escola desse período é a da Praia Vermelha, fechada em 1904 depois do envolvimento dos cadetes na Revolta da Vacina. Funcionou como escola de guerra no Rio Grande do Sul e só retornou para o Rio de Janeiro em 1918, ano da extinção da Guarda Nacional, mas dessa vez locada em Realengo.

Em Realengo, a principal hegemonia externa recebida pelo Exército brasileiro foi a da missão militar francesa. Não era novo o debate sobre a necessidade de contratar uma missão estrangeira, e a discussão sobre quando isso aconteceria e qual seria o país de origem da missão terminou apenas com o fim da Primeira Grande Guerra e a vitória da Entente. O general Alberto Cardoso de Aguiar assinou o compromisso com a missão militar francesa em 1919,[26] levada a

---

26 Nesse ponto, uma ressalva se faz necessária. O estado de São Paulo, na tentativa de fortalecer as polícias militares estaduais como exércitos regionais vinculados às

cabo pelo ministro Pandiá Calógeras.[27] A missão durou vinte anos e teve impactos profundos. Se nas décadas de 1920 e 1930 as escolas eram palco de debates ferrenhos entre múltiplas tendências de pensamento – revelando nomes como os dos generais Nelson Werneck Sodré e Golbery do Couto e Silva –, as escolas profissionais teriam outro perfil, mais próximo do atual. Esse é o leito histórico da Aman, objeto de discussão no terceiro capítulo deste livro.

No início, a missão foi chefiada pelo general Gamelin, acompanhado de vinte oficiais franceses. Sua tarefa era reorganizar todo o Exército, atualizando-o e incorporando nele os ensinamentos provenientes da vitória na Primeira Guerra Mundial, como a aviação e a importância das armas automáticas. A estrutura organizacional da Força também deveria ser atualizada com a criação da Escola de Comando e Estado-Maior do Exército, que representou um salto qualitativo na formação dos oficiais superiores, pois estes passaram a receber preparação específica para exercer atividades de comando (Bastos Filho, 1994). O ensino foi reorganizado, da preparação até os cursos de Estado-Maior, e é basicamente esse formato que ainda permanece em vigor, o da formação militar continuada. Quanto aos currículos, foram inseridas disciplinas das ciências humanas, como sociologia e economia política. Também ocorreram mudanças nos regulamentos militares, assim como se aprofundaram os estudos sobre como aprimorar a defesa do Brasil. Nem todas essas mudanças eram sugeridas pela primeira vez, mas só com a missão francesa, diferentemente das experiências anteriores, as modificações foram efetivadas.

---

oligarquias, já havia contratado uma missão francesa em 1905, contrariando o ministro das Relações Exteriores na época, o Barão do Rio Branco, um germanófilo. A aviação firmou um acordo semelhante em 1921 e a Marinha de Guerra, em 1922 (Luchetti, 2006).

27 João Pandiá Calógeras (1870-1934) foi engenheiro, geólogo e político brasileiro. Foi o primeiro civil a exercer o cargo de ministro da Guerra na história republicana brasileira, no governo de Epitácio Pessoa, de 1919 a 1922, quando fundou a Escola de Aperfeiçoamento de Oficiais do Exército brasileiro.

A missão proporcionou o encontro entre oficiais com duas aspirações bem diferentes, atendendo aos seus desejos e produzindo uma síntese comum que ampliou o poder do Exército. De um lado, engajavam-se os militares que desejavam a profissionalização, com foco no desenvolvimento técnico-especializado, na não participação política e na atitude legalista. De outro lado, concentravam-se os militares que desejavam reformas profundas para o país, como os do movimento tenentista. Enfim, à reforma do Exército foi adicionada a reforma da Nação, inspirações explicitadas na Revolução de 1930. O general Pessoa, comandante da Escola Militar do Realengo em 1931, pronunciou uma frase clássica do período.

> A república está salva, resta salvar a Nação. Redimir a República foi o meio, engrandecer a Nação é o único e verdadeiro fim. [...] O Exército, como instituição democrática por excelência, como verdadeira ossatura da nacionalidade é, por sua natureza, a instituição que primeiro e mais rapidamente se deve recompor. (Apud Castro, 2002, p.39)

Assim como ocorreu com a ideia do positivismo, muitas doutrinas francesas chegaram ao Brasil durante a missão militar francesa e foram incorporadas, mesmo em um panorama diferente, por exemplo a concepção de inimigo interno. Embora revoltas populares já fossem combatidas desde o período monárquico, é somente a partir desse período que a missão do Exército de intervir internamente toma a forma de doutrina. Segundo Godoy (2004), foi adotada a doutrina do exército imperial colonial – formulada para responder aos desafios do império francês em suas colônias para conter possíveis movimentos de contestação à dominação europeia em territórios da África e Indochina –, que levava em consideração a remota possibilidade de confronto direto do Brasil com seus vizinhos na América Latina. Além disso, como "a sociedade conservadora brasileira sempre considerou sua população, umas vezes mais outras vezes menos, como possível inimiga" (ibid., p.223), a missão de defesa da Nação foi redirecionada para a contenção de possíveis conflitos internos, devendo o Exército ser empregado com esse fim.

A missão trouxe impactos organizativos e de doutrina fundamentais para o Exército, tendo efeitos, inclusive, no *esprit de corps* dos oficiais da época. A intenção dos franceses era acentuar um sentido de elite entre os ingressantes nas escolas de oficiais e os alunos de outras escolas. Para isso, os estudantes deveriam ser chamados de cadetes, assim como deveria ser reforçada a disciplina escolar a partir do regulamento próprio e da criação do corpo de cadetes (Castro, 2002). Como exemplo desse período, podem-se observar, entre os anos de 1931 e 1935, muitas mudanças na Escola Militar do Realengo. Os alunos deveriam deixar o perfil tenentista para trás, e o profissional formado deveria ter um pensamento uniforme, minimizando as características personalistas e o envolvimento na política.

A missão francesa saiu do Brasil em 1938, época em que a influência norte-americana começava a ser sentida e às vésperas da Segunda Guerra Mundial, mas sua herança pode ser percebida até os dias atuais. A Segunda Guerra Mundial, uma guerra altamente tecnológica e industrial, foi o batismo de fogo do Exército brasileiro no teatro europeu, quando a Força Expedicionária Brasileira (FEB), já profissional do ponto de vista técnico, teve atuação mais ampla que na Primeira Guerra Mundial. Com o início da Guerra Fria e o alinhamento brasileiro aos Estados Unidos, manteve-se a mesma concepção doutrinária francesa, agora voltada pala neutralizar a infiltração do "inimigo comunista" na sociedade brasileira. A influência norte-americana não nega a contribuição francesa, e sim se apropria e avança em suas bases.

> A primeira [missão], ainda nos primórdios do século, decorreu do contato dos nossos oficiais com a Missão Francesa, que trouxe para cá a experiência de um exército colonial, isto é, um exército especializado em atuar como "força de ocupação"; a segunda, datada do pós-Segunda Guerra e de origem norte-americana, impunha aos exércitos de menor capacidade

tecnológica o secundário papel de força de combate à "guerra subversiva", confirmando assim o caráter de operações internas. (Rodrigues apud Godoy, 2004, p.29)

A ideia de um inimigo comum foi fundamental para a profissionalização, unificando tendências de pensamento internas na corporação e dando coesão a diversos escalões. Até a Intentona Comunista, em 1935, ainda não era consensual qual seria esse inimigo, estando essa formulação bastante difusa num mal-estar anticomunista. Após o evento, amplificado pela influência norte-americana, foi legitimado o inimigo interno comunista e, por consequência, a necessidade de intervenção dos militares para a defesa da Pátria. Mais que uma ameaça ao Exército, o anticomunismo foi uma grande arma utilizada habilmente por ele: além de possibilitar a coesão interna da corporação, o anticomunismo também favoreceu a coesão com outros setores conservadores da sociedade. Essa parceria só teria se enfraquecido no fim dos anos 1980, junto do esmaecimento da via comunista na Europa e no mundo (Flores, 1992).

A retórica anticomunista marcou fortemente a área militar, adquirindo tons de dramatização. Coelho (2000, p.122) salienta que "foi uma estratégia de comunicação particularmente eficaz para unir os componentes da organização em torno de uma mesma definição da situação". Criou-se, assim, o ambiente para a aplicação de medidas de exceção e para o estabelecimento do Estado Novo. Essas mesmas questões foram levantadas em 1964 para justificar o golpe militar, coerindo ideias de civis e militares conservadores.

Outras doutrinas mais ofensivas do que defensivas tentaram ser incorporadas até a década de 1940, por influência da Primeira Guerra, mas a estrutura agrária, rural e subdesenvolvida do país não permitia essas mudanças – nem precisava delas – para conformar uma máquina de guerra similar à dos países europeus. Com isso, "a preparação da FEB sofreu as consequências do Estado Novo e teve uma gestão lenta, laboriosa, desordenada e difícil, que se refletiu, inevitavelmente, em sua deficiência no início de suas operações" (Sodré, 1979, p.286).

A influência norte-americana também foi significativa no reequipamento das Forças, assim como na estruturação das escolas. Quanto aos seus programas curriculares, eles eram influenciados pela "escola ativa", com o tempo de formação encurtado e baseado nos seguintes princípios:

> a) o ensino não pode ser especulativo, mas objetivo, porque se destina à formação de oficiais, homens de ação;
>
> b) a eficiência do ensino não depende da quantidade de matéria dos programas, senão da sua qualidade e do modo como é ministrado;
>
> c) os programas de aulas afins devem ser organizados segundo um critério de cooperação didática, de modo a evitar a perda de tempo com repetições dispensáveis;
>
> d) os programas devem constituir um todo orgânico, com planos de trabalho que devem ser realizáveis em condições predeterminadas de tempo. (Motta, 2001, p.91)

O marco do período de influência norte-americana é a criação da Escola Militar de Resende, futura Academia Militar das Agulhas Negras, foco do próximo capítulo. Por fim, cabe pontuar que apenas no Processo de Modernização do Ensino do Exército (1998), já no período democrático atual, as experiências estrangeiras passaram a ser consideradas parâmetros para discussões, e não mais modelos a serem copiados, necessitando de mediações com os interesses do Estado brasileiro e com as instituições políticas da República.

2.4 Uma nova etapa da profissionalização à brasileira

Como discutido até aqui, antes da chegada da missão militar francesa, o Exército brasileiro não era profissional nem dispunha de um conjunto doutrinário sistematizado, tampouco a sociedade civil tinha uma definição clara e coerente sobre o papel das Forças Armadas. Com o Estado Novo, a Doutrina de Segurança Nacional e o regime autoritário de 1964, ocorreu a profissionalização, porém os militares definiram autonomamente o seu papel, sem a participação dos civis (Coelho, 2000).

Essa autonomia completa começaria a sofrer mudanças com a redemocratização, mas não sem resistências. A atuação da corporação militar na Assembleia Constituinte de 1988 foi direcionada para a manutenção das suas antigas prerrogativas e autonomia, objetivo em que tiveram êxito (Zaverrucha, 1994). Em 1990, o então presidente Fernando Collor de Mello extinguiu o Serviço Nacional de Informações. Outras pequenas iniciativas foram tomadas, mas a institucionalização da área de defesa só ocorreu em 1996, com a formulação da Política Nacional de Defesa (Brasil, 1996a). Depois disso, as iniciativas multiplicaram-se, com destaque para a criação do Ministério da Defesa e para a publicação de uma série de documentos, em especial da Estratégia Nacional de Defesa (END). Alguns desses documentos indicam elementos para a discussão da profissionalização e do ensino militar no período mais recente e serão objeto de breve análise a seguir.

O primeiro documento divulgado foi a Política Nacional de Defesa (PND). Em 1996, a Presidência da República organizou uma comissão composta de oficiais generais das três Forças, representantes do Estado-Maior das Forças Armadas (EMFA), da Casa Civil e da Casa Militar, com o objetivo de formular uma política de defesa para o Brasil. Produzida em dois meses, tratou-se principalmente da sistematização de pontos consensuais entre as três forças, não trazendo grandes inovações (Alsina JR., 2003).

Esse documento tinha como objetivo responder aos desafios do novo panorama político internacional pós-Guerra Fria, assim como ao novo momento democrático brasileiro. Sua mais importante afirmação parte da Constituição Federal e expressa uma posição como nação que defende a "solução pacífica de controvérsias, o fortalecimento da paz e da segurança internacionais, o reforço do multilateralismo e a integração sul-americana" (Brasil, 1996a, p.1). O documento ainda ressalta que "a presente política é centrada em uma ativa diplomacia voltada para a paz e em uma postura estratégica dissuasória de caráter defensivo". Entretanto, essa não é uma postura pacifista ingênua.

> O caráter defensivo não implica que, em caso de conflito, as Forças Armadas tenham que se limitar estritamente à realização de operações defensivas. No contexto de um plano mais amplo de defesa, e a fim de repelir uma eventual agressão armada, o país empregará todo o poderio militar necessário, com vistas à decisão do conflito no prazo mais curto possível e com o mínimo de danos à integridade e aos interesses nacionais, impondo condições favoráveis ao restabelecimento da paz. (Ibid., p.3-4)

A PND apresenta uma visão de mundo do período, que conta com uma nova organização fundada na multipolaridade e não mais na bipolaridade, em que os desafios para a defesa e segurança seriam muito diferentes da relativa previsibilidade estratégica dos tempos de confronto nuclear, considerando pouco provável um conflito nos moldes das grandes guerras mundiais. Não identifica ameaças em seus países fronteiriços, entretanto, manifesta preocupações com, por exemplo, o crime organizado internacional na região Amazônica. Uma das principais limitações desse documento é que ele "não evidencia precisamente as ameaças ao país nem dá orientação, atribuição ou parâmetros de como as Forças Armadas devem atuar" (Proença; Diniz apud Godoy, 2004, p.67).

Para esses novos desafios, reafirma a importância das Forças Armadas como "um instrumento para o exercício do direito de autodefesa, direito esse, aliás, inscrito na Carta da Organização das Nações Unidas" (Brasil, 1996a, p.2). O documento também conceitua a defesa nacional como "um conjunto de medidas e ações do Estado, com ênfase no campo militar, para a defesa do território, da soberania e dos interesses nacionais contra ameaças preponderantemente externas, potenciais ou manifestas" (ibid, p.2). Além disso, conceitua os seguintes objetivos da defesa nacional:

> I – a garantia da soberania, do patrimônio nacional e da integridade territorial; II – a defesa dos interesses nacionais e das pessoas, dos bens e dos recursos brasileiros no exterior; III – a contribuição para a preservação da coesão e da unidade nacionais; IV – a promoção da estabilidade regional; V – a contribuição para a manutenção da paz e da segurança internacionais; e VI – a projeção do Brasil no concerto das nações e sua maior inserção em processos decisórios internacionais. (Ibid., p.14-15)

Por fim, a PND aborda assuntos relevantes para o fortalecimento das Forças Armadas, como a questão industrial, o desenvolvimento técnico-científico, entre outros. Oferece também pistas do propósito de contribuir mais no cenário internacional, tanto no processo decisório quanto nas missões de paz que atualmente ocupam parte relevante da agenda do Exército brasileiro. No entanto, deixa ambíguo o papel a ser exercido pelos militares no ambiente doméstico.

Esse processo foi amplamente discutido por Castro e D'Araújo (2001) e Alsina Jr. (2003). O documento é considerado pela maioria dos pesquisadores ainda falho, com algumas indefinições, mais parecido com uma declaração do que efetivamente com uma política que deva nortear toda a área de defesa nacional. Também fica patente a desarticulação entre a política de defesa e a política externa. Outra ressalva negativa é quanto ao seu processo de tramitação: a PND foi aprovado pelo presidente Fernando Henrique Cardoso sem a participação do Poder Legislativo.

> Trata-se de um círculo vicioso, como se vê: a falta de uma questão perceptível de Defesa Nacional (inexistência de risco iminente) desobriga o sistema político a pensar mais do que em termos imediatos. Porém, este círculo vicioso simboliza também que a percepção que os militares têm da sua

própria missão externa (a defesa do país contra um inimigo estrangeiro) é mal percebida e cuja dimensão da missão interna (a defesa do país contra o inimigo interno) é mal acolhida, embora estimulada em situações de crise política. [...] O Poder Legislativo foi mantido alheio de qualquer participação efetiva e formal. (Oliveira; Soares, 2010, p.109-110)

Seu principal ponto positivo, para Alsina Jr. (2003), é a participação de civis na elaboração de assuntos que antes eram considerados monopólio militar, assim como seu caráter não sigiloso. Dessa forma, contribuiu para a criação do Ministério da Defesa, embora não o cite em momento algum: "Ao prever a necessidade de integração com a política externa e de interoperabilidade das forças singulares, a PND deixou aberta a porta para a justificação técnica e política do Ministério da Defesa" (ibid., 2003, p.78).

Para o escopo deste estudo, duas limitações são fundamentais. A primeira diz respeito à inexistência de clara delimitação sobre quais ameaças as Forças Armadas brasileiras devem estar aptas para enfrentar. A profissionalização varia segundo os pontos discutidos anteriormente – como cultura política, contexto histórico e formação social –, variando também segundo as ameaças identificadas, ou seja, a profissionalização se dá em função do que ou de quem se deseja manter seguro. Essa indefinição leva ao segundo grave problema. Sem saber para que se deve estar preparado, não é possível organizar uma política educacional militar eficiente. Exemplo disso é que esse documento praticamente nada menciona sobre como o preparo, o adestramento e o ensino militar deveriam ser organizados, à exceção de uma breve orientação sobre a necessidade de assegurar recursos para permitir o preparo das Forças Armadas (Brasil, 1996a, p.9). Isso reforça a imagem do documento como uma peça declaratória importante, porém pouco apto a concretizar suas afirmações em diretrizes políticas, inclusive para o preparo castrense.

O segundo passo importante para a institucionalização foi a criação do Ministério da Defesa, que esteve na pauta do governo Itamar

Franco (1992-1994) e na campanha eleitoral de 1994. Sua criação efetivou-se apenas durante o governo do presidente Fernando Henrique Cardoso, em 10 de junho de 1999. Comandado por um ministro civil, ele incorporou os ministérios da Marinha, da Aeronáutica e do Exército, além do Estado-Maior das Forças Armadas, em uma única pasta, padrão já existente na maioria das nações democráticas.

Esse intervalo de três anos desde a elaboração da política de defesa deve-se: ao rompimento do rodízio entre as forças no comando do EMFA; às outras prioridades do governo FHC; ao medo de que o ministério fosse resultado de pressão norte-americana; e ao receio dos oficiais generais da Marinha e da Aeronáutica de que a junção obscurecesse sua relevância, uma vez que o Exército era a força mais numerosa e mais forte politicamente durante o regime militar. A princípio, o maior problema para a criação do Ministério da Defesa não se deu na relação entre civis e militares, e sim na relação entre as três forças, traço que permanece em alguma medida até os dias atuais. Castro e D'Araújo (2001) mostram que houve competição entre elas após o fim do regime militar, o que dificultou a consolidação do Ministério da Defesa nesse arbitramento. Essa concorrência se expressa em todas as esferas, inclusive a do ensino militar. Atualmente, cada força organiza seu ensino autonomamente, fomentando mudanças de acordo com as necessidades institucionais e não mantendo sintonia nem entre si.

> A integração das operações também impõe a necessidade de oportunizar, desde a formação da liderança até o treinamento de soldados, as instruções combinadas. Mas a integração operacional, justificativa da organização do Ministério da Defesa, não se efetiva, pelo menos no que diz respeito à formação acadêmica de sua liderança entre as respectivas Escolas das Forças. (Godoy, 2004, p.65)

Além disso, havia resistências corporativas e o receio de "simplesmente colocar os militares sob maior controle civil (e, em particular, que a perda do *status* de ministros colocasse os futuros chefes das Forças em situação vulnerável diante de eventuais ações na Justiça)" (Castro; D'Araújo, 2001, p.37-38).

No entanto, segundo Oliveira e Soares (2010), o Ministério da Defesa não representou mudanças na estrutura organizacional do aparato militar. Mesmo após sua criação, muitos militares pronunciaram--se publicamente, afirmando que não havia necessidade do ministério. Pode-se perceber que até os dias atuais ainda permanecem algumas resistências. Nesse cenário, a importância do ministério é diminuída ou mesmo não são referendadas iniciativas tomadas por ele que contrariem o estrato militar, como a criação do Instituto Pandiá Calógeras, em 2013, considerado pelos militares um contraponto à Escola Superior de Guerra. Permanecem também as reclamações quanto à necessidade de a sociedade definir mais claramente seu papel institucional.

Mesmo com as resistências militares, o Ministério da Defesa tinha dois objetivos principais cujas sementes já estavam presentes na PND. O primeiro era aprimorar a "interação das Forças Armadas, em seu preparo e emprego, bem como na racionalização das atividades afins"; e o segundo determinava ser necessário "sensibilizar e esclarecer a opinião pública, com vistas a criar e conservar uma mentalidade de Defesa Nacional por meio do incentivo ao civismo e à dedicação à Pátria" (Brasil, 1996a, p.4-5).

Para o debate sobre a profissionalização, o Ministério da Defesa teve uma contribuição fundamental. Ao institucionalizar uma burocracia do Estado com civis e militares discutindo assuntos de defesa, o Ministério retirou alguns temas de seu escopo, como o ensino militar, que fica sob competência exclusiva de cada uma das Forças Armadas, incentivando a comunicação entre elas e a comunicação delas com o mundo civil. Ainda que leve tempo para que essa interação de fato se torne profunda e permanente, é inegável a importância desse primeiro passo.

O Ministério da Defesa abriu espaço para a formulação de uma END. Em setembro de 2007, oito anos após a criação do Ministério da Defesa, o então presidente Luiz Inácio Lula da Silva (2003-2011) deu o pontapé inicial para articular os esforços das três forças sob uma única estratégia de defesa, pensada para atender aos interesses nacionais. Um ano depois, o grupo interministerial, composto pelo então ministro da Defesa, Nelson Jobim, e pelo ministro-chefe da Secretaria de Assuntos Estratégicos da Presidência da República, Roberto Mangabeira Unger, apresentou ao presidente a END, formulada em conjunto com os comandos militares e promulgada por meio do Decreto n.6.703, de 18 de dezembro de 2008 (Brasil, 2008).

A promulgação da END pode ser considerada um avanço na institucionalização, porém pouco aborda a questão de educação para a defesa, do ensino militar ou do adestramento. Sua principal contribuição é tornar coerentes três questões institucionais diferentes e historicamente tratadas em separado: as atividades desenvolvidas desde a criação do Ministério da Defesa, o Plano de Desenvolvimento Nacional implantado pelo governo Lula e a política externa de busca da autonomia em nível internacional.

Para Oliveira (2009, p.75), é possível afirmar, a partir da END, que o Ministério da Defesa e a Secretaria de Assuntos Estratégicos "promovem um processo de modernização (otimização das atuais capacidades em vista de missões habituais) e de transformação (desenvolvimento de novas capacidades e estrutura das Forças Armadas)", e que a END sofre da "síndrome da primeira vez", não incorporando, nem mesmo citando, questões que haviam aparecido na primeira versão da Política Nacional de Defesa, como os objetivos da defesa nacional. Por outro lado, ela incorpora debates que já estavam em curso, como a importância da defesa da Amazônia e a distensão nas relações com a Argentina. Ambos, END e PND, são documentos propositivos, mas o primeiro vai além ao agregar um diagnóstico da situação da defesa e sugerir a posição de um país que deseja ser potência regional (ibid.).

O âmbito interno e externo que a estratégia encontra é diferente do anterior, pois não havia mais a hegemonia neoliberal no continente latinoamericano. Pelo contrário, havia diversos governos que, como o Brasil, desejavam ampliar as relações entre os países do subcontinente. Essa percepção está presente já na introdução da END: "País em desenvolvimento, o Brasil ascenderá ao primeiro plano no mundo sem exercer hegemonia ou dominação. O povo brasileiro não deseja exercer mando sobre outros povos. Quer que o Brasil se engrandeça sem imperar" (Brasil, 2008, p.1).

Na Estratégia, fica expressa a premissa de que o país deseja ser "independente", ter autonomia na sua capacidade de projetar poder e controlar seus setores estratégicos. Ela está totalmente em acordo com a estratégia neodesenvolvimentista que o governo brasileiro adotou durante dez anos, reinserindo as Forças Armadas na agenda nacional e o papel do setor de defesa nesse progresso. Assim, vai além da reestruturação da segurança, tratando também do serviço militar obrigatório, do fortalecimento da indústria de defesa, do preparo e ensino militar etc.

Entre os documentos aqui citados, a END é o que trata mais diretamente da profissionalização em geral e da educação e preparo militar em particular, propondo algumas diretrizes que se refletirão no sistema de ensino. São elas: estruturar o potencial estratégico em torno de capacidades, a dissuasão, a reorganização das Forças Armadas, a distribuição territorial dos contingentes militares, as capacidades e habilidades dos militares, hipóteses de emprego, a missão do Brasil e a necessidade de cooperação militar e integração da América do Sul. Especificamente sobre o ensino militar, ela trata apenas de duas questões: a inclusão das disciplinas de direito constitucional e direitos humanos no currículo, e a necessidade de uma formação integrada entre as três forças.

Com vistas a reduzir o distanciamento entre a educação militar e a opinião da sociedade civil, a END aborda a necessidade de identificar as Forças Armadas com o povo brasileiro, propondo:

As instituições de ensino das três Forças ampliarão nos seus currículos de formação militar disciplinas relativas a noções de Direito Constitucional e de Direitos Humanos, indispensáveis para consolidar a identificação das Forças Armadas com o povo brasileiro. (Brasil, 2008, p.59)

Cabem dúvidas, porém, sobre como essas disciplinas estão sendo ministradas, assim como se essa é uma resposta eficaz ou meramente burocrática para promover a reaproximação entre Forças Armadas e sociedade. No próximo capítulo, essa questão será abordada durante a análise do currículo da Aman.

Quanto à necessidade de formação conjunta entre todas as Forças Armadas, a END determina que é preciso "atualizar o planejamento operacional e adestrar em conjunto" (Brasil, 2008). Há críticas que propõem a existência não de um sistema de formação militar, mas sim de três sistemas de ensino totalmente autônomos e distintos, cada um sob responsabilidade de cada uma das forças. Se isso se justifica a partir da necessidade de conformação de um corpo de militares especializado, ao mesmo tempo gera dificuldades para as atuações cotidianas, uma vez que em vários projetos as três forças são chamadas a atuar conjuntamente. Em 2004, o ministro da Defesa estabeleceu uma portaria cujo objetivo seria buscar a harmonização dos currículos nas escolas de formação das três forças em seus diversos níveis, inclusive a Escola Superior de Guerra (ESG):

Art. 1º Instituir a Comissão Permanente de Interação de Estudos Militares (CPIEM), com as seguintes finalidades:

I – propor diretrizes gerais para a interação ou harmonização de atividades acadêmico-militares, observadas as peculiaridades de cada Força;

II – propor medidas que permitam o estabelecimento de equivalência entre cursos de mesma natureza;

III – levantar e acompanhar as atividades de interesse comum referentes a cursos das Forças e da ESG, buscando, sempre que possível, harmonizá-las;

IV – Propor intercâmbio e cooperação com organismos públicos e privados em assuntos de interesse de mais de uma Força; e

V – propor programas de cooperação e fomento em assuntos ligados à Defesa, do interesse do MD [Ministério da Defesa] e das Forças Singulares. (Brasil, 2004).

Também há críticas sobre os cadetes não se encontrarem em praticamente nenhum momento durante sua formação acadêmica, com exceção de pontuais jogos esportivos militares, os chamados Navamaer,[28] que mantêm a mesma separação das três forças e estimulam o espírito de competição entre elas. Durante os jogos, já ocorreram algumas iniciativas para discutir outros conteúdos que fossem de interesse para a corporação, em que "se pôde realizar encontros entre docentes, instrutores e alguns alunos não atletas" (Godoy, 2009, p.7).

Simultaneamente, eventos como os Encontros Pedagógicos do Ensino Superior Militar, que ocorrem anualmente, demonstram iniciativas – ainda que insuficientes – para diminuir essas distâncias, convidando professores de diferentes instituições de ensino militar para o debate educacional, estando aberto a civis. É possível registrar avanços, apesar das muitas limitações.

Além de tematizar a educação dos militares, a END também traça passos para a formação de quadros de especialistas civis em assuntos relacionados à defesa nacional, por exemplo, por meio dos programas Pró-Defesa e Pró-Estratégia.

Na mais recente versão da END, enviada ao Congresso em 2012 e promulgada em 26 de setembro de 2013,[29] o ensino das Forças Armadas aparece como um dos aspectos positivos do quadro atual

---

28 Navamaer é uma competição entre as três escolas de formação de oficiais de carreira das Forças Armadas do Brasil: Escola Naval (EN), Academia Militar das Agulhas Negras (Aman) e Academia da Força Aérea (AFA).

29 Essa ainda é a versão em vigor no ano de 2019.

da defesa nacional, balanço não expresso no documento anterior. A formação foi considerada de excelência no que diz respeito à metodologia e à sua atualidade quando comparada às mais modernas táticas e estratégias de emprego de meios militares. Continua presente o desejo de promover a integração de setores civis na discussão dos temas ligados à defesa, por diversas vias, como acadêmica, governamental ou empresarial. Também permanece a obrigatoriedade das disciplinas de Direito Constitucional e Direitos Humanos, assim como o incentivo à formação conjunta das três forças. A novidade reside nas mudanças na ESG, no MD e no Instituto Pandiá Calógeras, com a constituição de corpos permanentes e especializados nos estudos da defesa.

Em suma, nesses documentos, pode-se perceber um movimento de institucionalização dos debates de defesa. Ainda que insuficientes, essas iniciativas têm o mérito de tornar públicos alguns assuntos que interferem diretamente na profissionalização, como quais ameaças o Estado brasileiro identifica, como as Forças devem organizar a sua formação em conjunto, qual estratégia as Forças Armadas brasileiras devem adotar. Por fim, também tem relevância o envolvimento de civis nessas discussões, antes consideradas exclusivas dos setores militares.

No próximo capítulo será apresentado o sistema de ensino do Exército brasileiro e sua principal iniciativa para a profissionalização atualmente, a Aman. Nessa experiência prática, aspectos da profissionalização à brasileira ficarão mais evidentes.

Considerações parciais

Este capítulo se debruçou sobre a história da profissionalização no Brasil, com destaque para o período posterior à Revolução de 1930 e às escolas militares, o que permitiu que os conceitos anteriormente trabalhados pudessem ser testados, por vezes sendo validados, outras, mostrando suas insuficiências. Verificou-se que as quatro polêmicas, apresentadas no primeiro capítulo, que envolvem a estruturação da educação militar materializam-se na história das escolas, que, no Brasil, tomou a forma da disputa entre bacharéis e tarimbeiros (teoria prática). O capítulo identificou as características que a profissionalização tomou no país, que podem ser sintetizadas da seguinte maneira:

- Ocorreu por iniciativa militar e enfrentou a resistência de civis.
- Forte retórica anticomunista.
- Forças Armadas profissionais antes de outras burocracias do Estado.
- Enfrentou baixa cultura política e desinteresse pela defesa.
- Regime escolar em forma de internato.
- Ocorreu junto das intervenções militares na política.
- Ausência de uma elite civil com preocupação nacional.
- Conteudismo × praticismo.
- Influência externa – Portugal, Alemanha, França e Estados Unidos.
- Contou com elevada autonomia, com militares definindo as próprias diretrizes e sem participação civil.
- Influência positivista e da doutrina do soldado cidadão.
- Funcionou como força modernizadora, inclusive da base econômica.
- Formação para múltiplas possibilidades de emprego externas e internas.
- Personalismo.
- Sentimento de inferioridade militar (orfandade) × sentimento de superioridade militar sobre civis (salvaguarda nacional).
- Baixa valorização do docente.

Foi decisiva a percepção de que um exército profissional seria um exército mais forte e unificado, o que imporia mais dificuldades para o controle civil sobre as Forças Armadas. As características levantadas anteriormente se retroalimentam, por exemplo, o fato de a profissionalização ter ocorrido por iniciativa militar garantiu às Forças Armadas maior autonomia para definir as diretrizes do processo.

A profissionalização teve predominantemente um viés técnico e logístico, pois durante seu processo – ainda em andamento – ocorreram intervenções militares na política de todas as formas: influência, chantagem, substituição de um governante civil por outro da preferência da corporação e a derrubada do governo civil. O capítulo apresentou algumas formulações de autores brasileiros para explicar esse fenômeno, como a postura tutelar, de poder moderador, o sentimento de orfandade, a autoidentificação como expressão máxima da nação. A principal consideração que deve ser registrada nesse momento é o duplo fracasso: as intervenções enfraquecem as instituições e a cultura política nacional, enquanto, por outro lado, os militares no governo adotam comportamentos políticos, o que enfraquece sua profissionalização.

Outra questão que deve ser pontuada e questionada é a passividade do povo brasileiro e sua falta de cultura política também na área de defesa. Essa é uma discussão bastante complexa e uma vulnerabilidade, pois só se defende aquilo que se toma como seu, e parcelas consideráveis da população brasileira não usufruem da riqueza do país por meio dos serviços públicos. Por outro lado, a discussão sobre as Forças Armadas e suas funções – ou mesmo os benefícios da carreira de forma pragmática – é presente entre a população. Isso é preocupante, pois embora uma política de defesa não mobilize o ativismo civil, as Forças Armadas, às vezes confundidas com forças de segurança, e mesmo a militarização de alguns temas – questões que deveriam estar subordinadas à primeira – atraem interesse. Cabe pontuar que essa questão está em plena modificação quando se observa o ambiente político. No início de forma lenta, foram criadas iniciativas de consolidação institucional, como a criação do Ministério da Defesa, mas elas se expandiram para formulações estratégicas, e aumentam sua velocidade.[30]

A terceira consideração que merece destaque é sobre a influência doutrinária externa na profissionalização brasileira, e como ela toma forma à brasileira para atender aos interesses das camadas dominantes da sociedade. Um exemplo é o positivismo, que tanto influenciou e influencia a visão militar de um mundo ordenado e em constante progresso. Na França, o positivismo foi concebido com uma destinação conservadora – combater as manifestações do movimento operário, quase meio século antes de chegar ao Brasil. Em terras brasileiras, mantendo as camadas mais baixas da população fora da ação política, o positivismo teve também aspectos revolucionários de ajudar uma burguesia que tentava nascer contra o coronelismo agrário. Da mesma maneira, o conceito de soldado cidadão, que surge na França com o objetivo de retirar da nobreza o controle sobre as Forças Armadas, surge no Brasil por iniciativa do Exército para se autoafirmar politicamente. O mesmo exercício caberia ainda à doutrina da *guerre révolutionnaire*, ao anticomunismo, ou tantas outras doutrinas copiadas pelo Brasil, mas formuladas por países que não têm um passado colonial e as deficiências brasileiras presentes até os dias atuais. Sem a resolução para essa questão, profissionaliza-se para atender interesses externos, e não os interesses do país.

---

30 Muitos poderiam ser os exemplos, mas apenas a título de ilustração, aponta-se a eleição de Eduardo Bolsonaro, filho do então presidente Jair Bolsonaro, para presidir a Comissão de Relações Exteriores e de Defesa Nacional da Câmara dos Deputados.

3. O SISTEMA DE ENSINO DO EXÉRCITO E A AMAN

Pode-se dizer que o desenvolvimento histórico das academias militares passou por quatro fases distintas no Brasil. A primeira começa com a fundação da Academia Real Militar (1810) e vai até a separação dos dois cursos, engenharia civil e engenharia militar, em duas instituições autônomas, a Escola Militar e a Escola Politécnica (1851). A segunda fase segue até a criação da Escola de Estado-Maior, em 1905. A terceira compreende o período de 1905 até 1930, com a vinda da missão militar francesa. Por fim, a quarta fase, a partir de 1930, teve início quando o ensino militar se desenvolveu, cresceu em número de instituições, especialização, mecanização e profissionalização. Luchetti (2006) sugere uma quinta fase, iniciada na década de 1980 e que se estende até a atualidade, caracterizada pela modernização do ensino em uma nova conjuntura nacional e mundial. A maior expressão dessa última fase é o Processo de Modernização do Ensino, elaborado em 1995 (Brasil, 1995a).

Como discutido até agora, a educação militar é o principal componente da profissionalização das Forças

Armadas modernas, sendo fundamental para o relacionamento entre civis e militares. Neste capítulo, a lente de análise focará especificamente o Exército, seu sistema de ensino, assim como as ideias que orientam o processo educacional atual que ficarão mais explícitas na análise da Aman. Foram observadas características formais (planos de estudos, currículos, horários) que regulam o processo de aprendizagem dentro da sala de aula, assim como características informais (exposição permanente a situações com forte carga simbólica, relação com colegas da mesma patente, submissão às ordens de superiores, entre outros), menos concretas porém igualmente efetivas no processo educacional.

Os dados quantitativos atuais foram baseados nos anuários estatísticos da Aman, do período de 2002 a 2012. Embora o espectro temporal desta pesquisa abranja os anos de 1995 até 2012, não foram encontrados dados para todos os assuntos referentes a esse amplo período. Portanto, optou-se por apresentar as informações coletadas, uma vez que já garantiam a identificação de algumas tendências. Nota-se pela análise que alguns dados tiveram seu método de mensuração e apresentação alterado pela academia durante esse período, por exemplo a especificação das religiões evangélicas; nesses casos, a mudança será comentada junto das tabelas. Em alguns momentos, para fins comparativos, serão citados números retirados do trabalho de Stepan (1975), que, inclusive, foram utilizados por outros estudiosos, como Carvalho (2005) e Barros (1978). Também para fins de comparação, foram utilizados quadros produzidos por Castro (1990).

3.1 O sistema de ensino do Exército

O principal objetivo exposto no sistema de ensino do Exército é formar o militar profissional, que deve ser dotado de iniciativa, criatividade e adaptabilidade, e ter capacidade para o autoaperfeiçoamento a fim de desempenhar as funções que existem no Exército brasileiro. O sistema geral de ensino é composto de cinco sistemas setoriais: militar bélico, militar científico-tecnológico, militar da saúde, militar complementar e cultural do Exército. A depender da linha de ensino e do nível de ensino, os cursos têm em seu currículo disciplinas de base humanística, filosófica, científica e tecnológica, política e estratégica, acompanhando as diversas áreas do conhecimento para a atualização da doutrina militar (Brasil, 1999a). Como justificado na "Introdução", optou-se pela análise da formação inicial dos oficiais com vistas ao exercício do generalato, o que só é possível caso eles cursem a Aman, escola sob a responsabilidade do sistema setorial militar bélico.

A qualificação continuada é organizada em ciclos de estudo que ocorrem durante a carreira. A atual organização do sistema de ensino do Exército foi definida na lei n.200 (Brasil, 1967), promulgada pelo presidente Humberto de Alencar Castello Branco. A partir dela, a formação foi organizada por níveis: a graduação dos oficiais é realizada na Aman (Resende, Rio de Janeiro); o aperfeiçoamento do oficial, correspondente ao nível de mestrado civil, ocorre na Escola Superior de Aperfeiçoamento de Oficiais (EsAO, Rio de Janeiro); e a formação dos oficiais para o Estado-Maior, correspondente ao nível de doutorado civil, ocorre na Escola de Comando e Estado-Maior do Exército (Eceme, Rio de Janeiro). Após o doutorado, a Eceme ainda oferece o curso de Política, Estratégia e Alta Administração do Exército, semelhante a um pós-doutorado. Há um intervalo de oito a dez anos entre a Aman e a EsAO, e de três a dez anos da EsAO até a Eceme. A progressão entre as escolas leva em consideração o desempenho individual em relação à turma (ano de conclusão da Aman) a que pertence.

Todas as escolas são reconhecidas pelo Ministério da Educação. Seus diplomas correspondem aos títulos de bacharel em ciências militares, mestre em operações militares e doutor em política, estratégia e administração militares, sendo que o título de mestre foi reconhecido pela Coordenação de Aperfeiçoamento de Pessoal de Nível Superior (Capes) em 2013, e o de doutor em 2016. Alguns desses cursos podem ser realizados em parte à distância, caso o militar esteja servindo em outro país. Além disso, há diversos cursos de especialização, por exemplo: piloto de helicópteros, paraquedismo militar, guerra na selva, comandos e forças especiais, instrutor de educação física, comunicações e guerra eletrônica, artilharia antiaérea etc. (Brasil, 2002b).

Segundo Janowitz (1964), a educação militar possibilita três tipos de carreira: padrão, rotineira e adaptativa. Na carreira de tipo padrão, o oficial cumpre todas as etapas obrigatórias nas escolas com empenho, cumprindo bem suas funções. Na carreira rotineira, nem todos os cursos de altos estudos são feitos pelo estudante, e os cursos obrigatórios são realizados burocraticamente, cumprindo o mínimo possível do desejado nas funções. Por fim, as carreiras adaptativas são aquelas em que, além dos cursos das carreiras padronizadas, os oficiais arriscam-se em cursos de especialização, para diferenciar sua formação.

Além dos citados, o Exército mantém os três níveis de ensino: fundamental (para as atividades de soldados e cabos), médio ou técnico (qualificação de sargentos e quadro auxiliar de oficiais) e superior (formação de oficiais). As escolas superiores são a Aman, que confere o título de bacharel em ciências militares, e o Instituto Militar de Engenharia (IME), que concede o título de engenheiro militar em várias áreas. Ainda, o Exército mantém escolas de ensino preparatório e assistencial, com destaque para os doze colégios militares espalhados pelo país,[1] com nível fundamental e médio, e compostos por alunos que não necessariamente seguirão a carreira militar.

Esses cursos são orientados pelo Departamento de Educação e Cultura do Exército (Decex), cuja chefia cabe a um general de

---

1 Esse número não deve ser confundido, nem levam em consideração, as escolas cívico-militares propostas pelo presidente Jair Bolsonaro, em 2019.

3.2 A política educacional e o processo de modernização do ensino do Exército

Exército. Segundo a Revista *Verde-Oliva* (2002b), a Diretoria de Educação Superior Militar (Desmil) é o órgão responsável pela Aman, EsAO, Eceme e Escola de Sargentos das Armas (ESA).

Visando dar unidade doutrinária e organizar institucionalmente o seu sistema de ensino, o Exército estabeleceu uma política orientadora a partir do decreto n.3.182/1999 (Brasil, 1999a), incorporando as transformações sugeridas pelo documento do Processo de Modernização do Ensino do Exército (PME), de 1995. Até agora, este estudo abordou as dificuldades que as Forças Armadas encontraram em promover mudanças em si próprias, em virtude do seu corporativismo. Os documentos analisados expressam o desejo do Exército de se ajustar às demandas do novo momento histórico, no entanto não mencionam mudar, mas sim aperfeiçoar, ajustar, revisar. Também é presente nos documentos a ratificação da qualidade do sistema, embora os critérios de avaliação para essa afirmação não tenham sido divulgados.[2]

O debate sobre a modernização do ensino militar vem desde a Constituição de 1988, quando a Lei de Diretrizes e Bases (LDB) para a educação foi discutida. Com as mudanças mundiais desde final da década de 1980, com o fim da Guerra Fria e a redemocratização no Brasil, o Exército considerou que precisava promover adequações na formação educacional militar, visando "suprir a necessidade de redimensionamento do perfil militar profissional, tendo em vista os desafios esperados para os primeiros anos do século XXI" (Brasil, 1996c, p.1).

---

2 O elevado número de transcrições do documento mostra sua relevância e é importante para destacar as diferenças quanto às formulações anteriores do Exército.

Para atender à demanda modernizante, foi constituído o Grupo de Trabalho para o Estudo da Modernização do Ensino (GTEME), que teve como chefe o coronel de artilharia Paulo Cesar de Castro, posteriormente promovido a general e diretor do Departamento de Ensino e Pesquisa. Esse grupo trabalhou no documento "A política educacional para o Exército brasileiro: ano 2000: fundamentos", elaborado pelo Estado-Maior e pela Escola de Comando e Estado-Maior do Exército. As primeiras diretrizes modernizantes foram publicadas na portaria n.25, de 6 de setembro de 1995, do Departamento de Ensino e Pesquisa (DEP) e foram sucedidas por outras portarias (Brasil, 1995b).

Durante o processo de construção do PME, foram feitos contatos com universidades públicas, como a Universidade Estadual de Campinas (Unicamp), numa ainda restrita, porém inovadora, interação cívico-militar. O resultado final foi um amplo diagnóstico da situação das escolas de formação de praças e oficiais, apontando suas carências e proposições para resolvê-las. Pensando no novo profissional do século XXI, foram sugeridas mudanças na legislação básica, na metodologia para a elaboração de currículos, no sistema de avaliação e nos perfis profissiográficos;[3] assim como foram estabelecidos prazos para a sua efetivação e sugerido que os trabalhos de modernização do ensino sejam constantes. Algumas das suas sugestões não foram efetivadas até hoje.

Antes de passar efetivamente ao conteúdo do documento, cabem algumas considerações sobre o significado de uma proposta modernizante para o Exército ou, em outros termos, o desejo de uma

---

3 O perfil profissiográfico é um documento elaborado pela Aman contendo as características do militar profissional que ela deseja formar para cada uma das armas, descrevendo atributos, valores e competências que o cadete deve desenvolver durante o seu período na escola. É usado como um instrumento de aprimoramento do processo educacional, na seleção do corpo docente e discente, na orientação vocacional, na elaboração e revisão de currículos, bem como na avaliação do processo educacional (Costa, 1989, p.69).

instituição tradicional e conservadora de se adaptar ao presente. A partir de um raciocínio determinista, pode-se inferir que o avanço no conhecimento tecnológico leva a novos sistemas de armas, que, por sua vez, exigem novas formas de se organizar e empregar o aparato militar e, por fim, uma modernização no ensino. Campos e Alves (2013) opuseram-se a esse raciocínio, discutindo como as inovações na realidade são resultado de interações pró e contra mudanças entre diversos setores, como militares, políticos e empresariais.

Segundo os autores, a modernização pode ter duas fontes, uma externa, causada por modificações na tecnologia de guerra, no sistema de ensino ou mesmo nos valores e motivações dos membros das Forças Armadas, e interna, como o desequilíbrio entre os subsistemas de cada força. Para a hipótese explicativa que toma a fonte externa como principal, as mudanças institucionais são realizadas por civis reformadores com o apoio dos militares, o que só é possível em um ambiente de normalidade democrática. Por sua vez, as explicações que tomam os impulsos internos como fonte acreditam que as mudanças ocorreriam por iniciativa dos próprios militares, por exemplo, quando líderes militares com opiniões inovadoras atingem altas patentes e, com a anuência dos oficiais mais antigos, promovem modificações. Também é possível visualizar uma hipótese integrada, em que a fonte interna e a externa interagem, criando um ambiente reformador entre civis e militares (Campos; Alves, 2013).[4]

Para Fázio (2008), as motivações para o PME de 1995 eram: surgimento de novas técnicas de comando e controle, novas formas de operações, novos armamentos e equipamentos, além das mudanças

---

4 As considerações de Godoy (2004) a respeito do ensino de história militar ilustram bem o constante dilema entre o velho e o novo que se deu no PME, supondo-se que, na verdade, as mudanças propostas tenham sido adaptadas segundo as tradições. "A divulgação da história mantém-se de maneira positivista e utilitária, sem dúvida evitando os elementos extraídos dessa área do conhecimento que pudessem denegrir a imagem da instituição militar e que não deve ser transmitida na formação dos jovens líderes da Força terrestre" (ibid., p.129).

no quadro político e econômico que deixaram o ambiente de combate incerto, fragmentado, e a ameaça difusa. Ou seja, a autora vê que as motivações internas para as mudanças são influenciadas pelo externo. Outro autor que também defende que mudanças no interior da corporação só são possíveis de fora pra dentro é Janowitz (1964, p.25, tradução nossa), para quem, "quando a elite militar não está defendendo as tradições, ela está tentando estabelecer novas tradições".[5] Por sua vez, em Castro (2002), pode-se observar mais valorização dos fatores internos, como a disposição do próprio Exército brasileiro para reinventar suas origens a partir da Batalha de Guararapes, por causa do novo contexto do país.[6]

Nesta investigação, defende-se que a necessidade de mudanças se origina externamente e que a receptividade a esse fluxo depende da situação interna das Forças Armadas. Campos e Alves (2013), em estudo sobre os impactos da Guerra das Malvinas no Exército brasileiro, organizaram diversas variáveis que atuaram em três áreas – operacional, tecnológica e humana – e, posteriormente, avaliaram qual foram os impactos que elas sofreram, de forma escalonada. Por causa de fatores como cultura organizacional, autonomia e escassez de recursos, cada uma dessas áreas apresentou um resultado diferente. A área operacional, na qual os autores abordaram, por exemplo, a maior integração entre as forças, foi a que menos se modificou depois da guerra. A área humana apresentou mudanças moderadas, na instrução militar e nos uniformes, por exemplo. Por fim, a área tecnológica foi fortemente influenciada pela incorporação da guerra eletrônica e novos equipamentos. A pesquisa revelou que o Exército brasileiro é aberto a modificações, sendo elas mais bem aceitas na área tecnológica, enquanto sofrem resistências quando interferem na cultura da organização.

---

5 Em inglês: "When the military leaders are not defending traditions, they are often seeking to stablish traditions".
6 Castro (2002) oferece três exemplos de invenções de tradições pelo Exército brasileiro. Para entender como e por que tradições são inventadas, ver Hobsbawn (2012).

A primeira modernização que o Exército sofreu, conforme discutido no capítulo anterior, data do início do século XX, quando foram enfrentadas questões como: a composição da tropa com soldados brasileiros; a dependência científica, tecnológica, industrial e na infraestrutura; as mudanças no comando baseado no planejamento, na formação profissional continuada e na promoção na carreira regulamentada; e as alterações na doutrina em busca de mais autonomia e distanciamento do mundo civil (Domingos Neto, 2012). No entanto, a essência dessas características não foi questionada no Processo de Modernização do Ensino do Exército cem anos depois, o que explicita a dificuldade da corporação castrense de efetivamente se modernizar, exceto no que diz respeito à tecnologia. Na realidade, a própria Política Educacional do Exército (PEE), fruto do PME, reconhecerá a dificuldade de mudanças.

> Quando falamos em mudanças, dificilmente podemos evitar termos como: receios, bloqueios, reações e traumas. É da natureza humana adotar tais posturas e, no caso de instituições seculares e tradicionais como o Exército, é natural que estas reações se potencializem. Assim sendo, os estabelecimentos de ensino do Exército vêm buscando estimular seus quadros a adotarem uma atitude aberta às mudanças, sem, contudo, deixar de as apreciar criticamente e avaliar constantemente seus resultados (Brasil, 2007).

Também é necessário questionar se o desejo de mudar no PME não deu origem a propostas inexequíveis, como a sugestão de utilizar a metodologia do "aprender a aprender", de difícil compatibilização com a hierarquia e disciplina do universo militar.[7] O exercício ativo e questionador do discente precisaria respeitar as normas de

---

7 Na Política Educacional para o Exército (PEE) essas dificuldades são reconhecidas. "A expressão aprender a aprender não pode permanecer como uma declaração de intenções, inócua, mas deve ser consequente e envolver um conjunto de estratégias que de fato são aprendidas nos estabelecimentos de ensino" (Brasil, 2007).

convivência militar todo o tempo. Por sua vez, a responsabilidade do professor aumenta, pois além de transmitir a informação, precisa despertar no estudante o desejo para que ele construa suas próprias soluções. Cabe lembrar que esse professor não foi formado com base nessa perspectiva pedagógica, o que aumenta a dificuldade para a sua adesão. Outra dificuldade é a orientação dos discentes para a pesquisa, uma vez que nas escolas, de forma geral, essa não é uma prioridade, diferentemente das universidades civis e seu tripé de ensino, pesquisa e extensão. Além disso, seria importante diferenciar treinamento de adestramento em atividades de eficácia comprovada na aprendizagem, algo que exige resposta aprofundada e não padronizada, pautada por habilidades cognitivas (Fázio, 2008).

a) Avaliações do PME

Durante a etapa do diagnóstico, foram levantadas diversas críticas ao sistema de ensino em geral. Em primeiro lugar, apurou-se baixa integração e comunicação entre as diferentes escolas militares, o que dificultava a integração dos currículos. Essa dificuldade era ampliada pela legislação que regula a área, centralizada e detalhada, prejudicando as tomadas de decisão de cada escola. Além disso, foi registrada a ausência de assessoria técnica de supervisão pedagógica tanto nos órgãos centrais quanto nos de apoio aos estabelecimentos de ensino. A burocracia era excessiva e mal organizada, o que abria espaço para a primazia da quantidade de conteúdos em detrimento da qualidade de como eram abordados.

> Assuntos importantes que não constam nos currículos ou apenas são superficialmente abordados; temas excessivamente repetidos no mesmo curso ou em cursos subsequentes, acarretando mau aproveitamento da carga horária e desinteresse pelo corpo discente, sem esquecer de temas abordados que são altamente questionáveis segundo os objetivos do ensino militar. Notamos que há excesso de assuntos em detrimento da carga horária, o tempo não é planejado e impossibilita os discentes e docentes de

desenvolverem atividades de pesquisa, assim como as matérias não estimulam o uso da informática e outras tecnologias. (Ibid., p.99-100)

Em segundo lugar, foram detectados problemas na legislação. A não correlação entre o ensino militar e o civil impossibilitava o reconhecimento legal dos cursos oferecidos pelo Exército. Ressalvadas a autonomia e as particularidades, desejava-se uma legislação correlata à nacional, que facilitasse o entrosamento com o público externo e permitisse o reconhecimento dos cursos pela Capes (Luchetti, 2006). Atualmente, parte desse objetivo foi atingido.

Quanto aos currículos, enquanto predominavam os domínios cognitivo e psicomotor, foi constatada a ausência ou tratamento genérico dos domínios da área afetiva, considerada fundamental, por exemplo, para a internalização de conceitos de autoaperfeiçoamento, do aprender a aprender e da criação de hábitos intelectuais duráveis. A questão da formação continuada já havia sido expressa em outros documentos, entretanto, o diagnóstico revelou que essa formação era baseada na memorização de textos (muitas vezes utilizados por anos sem qualquer atualização), não havendo incentivo para a leitura e para a pesquisa que fossem além das apostilas. Em alguma medida, isso se devia às técnicas de ensino, que ainda segundo a avaliação eram centradas no professor. Exemplo disso era o reduzido número de exercícios feitos em grupo e o elevado número de palestras, ainda que existissem recursos disponíveis para realizar outras atividades.

Por fim, foram levantadas questões sobre a avaliação dos alunos. Por sua importância na carreira, ela deveria ser objeto de avaliação permanente. Além disso, o PME demonstrou que as avaliações negativas sobre diversos pontos não foram utilizadas para ratificações, sob a justificativa de falta de tempo no plano de disciplinas, ou seja, as avaliações não geravam reorientação de rumos. Em parte, para o PME, isso ocorria pelo personalismo de alguns oficiais superiores, que fazem mudanças nas escolas militares, incluindo assuntos e disciplinas, não a partir de uma metodologia (embora existam portarias que regulamentam isso), e sim segundo critérios particulares. Outra razão é o fato de o próprio diretor de ensino da escola ser sempre um oficial comandante, mas não um especialista em educação.

b) *Proposições do PME*

Em sua parte propositiva, o PME é um documento arrojado, com influências contemporâneas que atingem todas as profissões. Atualmente, "a rapidez com que as informações são processadas, difundidas e recuperadas cria novas necessidades individuais e organizacionais". Essas mudanças afetam o tempo e o espaço em que os militares podem ser empregados e, consequentemente, sua formação. "A volatilidade, a incerteza, a complexidade e a ambiguidade estão definindo o ambiente em que as ações se desenvolverão no futuro. [...] As organizações [...] terão que ser abertas e flexíveis para serem efetivas e, então, sobreviverem" (Brasil, 1995b, p.48-49).

Uma visão geral sobre as mudanças que o PME propõe é oferecida na declaração do general Gleuber Vieira (1999 apud Luchetti, 2006, p.102):

> Inicialmente, é necessário entender como modernização do Sistema de Ensino do Exército o processo contínuo de adoção de novo enfoque pedagógico. Segundo esse modelo que se quer adotar, a escola já não pretende ensinar tudo. Seleciona um núcleo de conhecimentos básicos para ministrar a seus alunos. Estes devem participar ativamente do processo de aprendizagem, experimentando, pesquisando e trabalhando em grupo, explorando a dúvida e o erro, manifestando seus talentos, usando das técnicas disponíveis na busca e seleção do conhecimento que constroem. Busca-se o sentido holístico da educação militar, para que ele se capacite a manipular modelos e interaja com a sociedade a que pertence. Deve ser flexível e adaptável às novas gerações de tecnologias.

Por causa da relevância das sugestões, elas serão apresentadas e comentadas individualmente, pois comportam questões pedagógicas, da infraestrutura, incremento tecnológico, entre outras. Antes das proposições, o documento apresenta considerações sobre os valores e a ética militar, propondo a manutenção dos valores tradicionais, como o patriotismo, a disciplina, a lealdade e a responsabilidade. Admite também a probabilidade de que esses valores precisem ser readaptados para atender às disposições do novo militar, propostas pelo documento, cujos aspectos atitudinais – como criatividade, iniciativa, liderança, decisão, adaptabilidade, cooperação, arrojo e flexibilidade – passam a ser muito valorizados (Fázio, 2008).

A primeira proposta de mudança é a extinção da divisão entre ensino militar e profissional, uma vez que ambos são necessários ao desempenho das funções de oficial. Na Aman, essa proposta deu origem à organização dos conteúdos em dois grupos, o central – core – e o eletivo, sendo que a divisão e seleção dos conteúdos de cada um deles deveria ser definida pelo comando e pelos órgãos de pessoal. "O núcleo central é o grupo que caracteriza a formação geral mínima, de conhecimentos indispensáveis a todos. [...] As disciplinas eletivas caracterizam a formação especializada" (Luchetti, 2006, p.113). Nos dois núcleos deve ser feita a tentativa para que a carga horária das disciplinas corresponda aos créditos existentes nas universidades civis.[8]

Para isso, foram propostas mudanças na legislação do ensino visando a torná-la menos centralizadora e detalhista, dando autonomia aos estabelecimentos. Outro eixo de sugestões foi a melhoria da comunicação entre os diversos estabelecimentos de ensino e o órgão central, simplificando rotinas burocráticas, a fim de aprimorar a compatibilização e a integração do sistema de ensino do Exército ao Sistema Nacional de Educação (ibid.).

8 Em 22 de março de 2002, por meio do parecer n.1.295/2001, da Câmara de Educação Superior do Conselho Nacional de Educação, foram estabelecidas normas relativas à admissão de equivalência de estudos civis e militares (Brasil, 2002a). Isso possibilitou a inclusão das ciências militares no rol das ciências estudadas no país e, por sua vez, institucionalizou as disciplinas estudadas na Aman.

Ainda sobre o currículo, deve constar a carga horária destinada às atividades presenciais (de caráter obrigatório, com ou sem a presença de instrutores); atividades não presenciais (destinada à realização de tarefas escolares em momento e local de livre escolha dos estudantes, mas com prazo determinado pela escola); atividades de complementação do ensino (como palestras e congressos) e atividades livres. As quatro atividades devem ter seus horários previstos nos currículos. Por fim, também deve ser destinado tempo para o estudo de temas atuais, assim como para leitura e pesquisa, práticas que contribuem para o autoaperfeiçoamento (Fázio, 2008).

A questão do autoaperfeiçoamento surge diversas vezes no documento, a partir da concepção de que os discentes devem "aprender a aprender",[9] ou seja, devem desenvolver autonomia na busca do conhecimento para acompanhar os acontecimentos em tempo real. Quem propõe a mesma abordagem é Godoy (2004, p.61-62): "O ensino deve possibilitar, ao educando, um conjunto de conhecimentos capazes de acompanhar a evolução da sociedade, das ciências, do ofício do militar ao longo da sua carreira".

Também foi discutida a importância da interdisciplinaridade e de atividades não presenciais, entendidas como tempos à disposição do comando. Não consta a primazia de um grupo de conteúdos sobre os demais, mas ganha espaço a inserção de conteúdos cuja aprendizagem seria voluntária, no formato de assuntos optativos que mais interessam ao discente, permitindo o desenvolvimento de habilidades pessoais. Alguns conhecimentos passam a ser mais presentes, por causa principalmente das novas possibilidades de emprego militar, como as missões de paz. Esses conhecimentos concentram-se

---

9 Na pedagogia tradicional, o docente é o detentor e transmissor do conhecimento, e o discente é receptor e reprodutor das informações recebidas. No aprender a aprender, o discente tem papel ativo na construção do conhecimento e o docente atua como facilitador, sendo responsável por elaborar didáticas que despertem o interesse dos estudantes para a busca pelo conhecimento (Luchetti, 2006).

na área de idiomas e informática, assim como algumas habilidades especiais, como a capacidade de se relacionar com a imprensa.

Quanto à prática pedagógica, o Exército não propõe a escolha de alguma em particular, e sim sugere o ecletismo segundo o conteúdo a ser estudado, que pode variar de projetos em grupo à leitura de apostilas e produção de trabalhos escritos, passando pelo uso dos jogos de guerra como apoio às atividades de ensino. Os materiais ultrapassados deveriam ser substituídos, incluindo as apostilas.

Por fim, quanto à avaliação, o PME propõe a priorização de questões discursivas, provas com consulta livre, máxima utilização de questões práticas, reserva de tempo para retificações após a avaliação, entre outros métodos que envolvam mais o raciocínio lógico dos estudantes e menos a memória.

> Não basta a verificação das respostas esperadas e a reprodução do conhecimento, é necessário investigar como ele [o aluno] adquiriu os conceitos estudados, se é capaz de aplicá-los como ferramentas para a solução de problemas concretos, se estabelece relações com outros conceitos, como parte de uma elaboração coerente. (Fázio, 2008, p. 124)

Também propõe ações de avaliação e aperfeiçoamento constante dos avaliadores, em especial proporcionando oportunidades para o entrosamento dos profissionais habilitados em ciências militares com a área do ensino e a prática pedagógica. Além disso, propôs o estabelecimento de um plano de carreira e de incentivos para os professores e instrutores que se reciclassem. Por fim, sugeriu a contratação de pedagogos e bibliotecários para o quadro complementar de oficiais (Luchetti, 2006).

Na Aman, a discussão e implantação do processo de modernização teve início em 1996. Reconheceu-se que a escola não tinha mais condições de ensinar todo o conteúdo necessário à formação profissional e, para isso, passou-se à seleção do *core* de conhecimentos básicos que, posteriormente, poderiam ser aprofundados segundo as necessidades de desempenho funcional de cada estudante. Passou-se a estimular o autoaperfeiçoamento a partir das seguintes mudanças:

a) Nos papéis do docente e do discente – o docente deve ser menos conteudista e disciplinador, passando a ver seus alunos de forma holística, inserido em um grupo que o influencia e que é influenciado por ele. O discente, por sua vez, deve ter participação ativa.

b) Adoção de atividades não presenciais, em que o aluno trabalha na resolução de situações-problema por sua própria conta, sozinho ou em grupo.

c) Técnicas de ensino centradas no cadete. Antes, o processo de ensino era centrado na palestra, em que o docente fala muito e o discente tem atitude passiva diante do conhecimento. Para mudar essa situação, os professores passaram a compatibilizar os próprios conhecimentos com conteúdos sobre como se dão os processos de aprendizagem.

d) Inclusão de disciplinas instrumentais, em particular no quarto ano da Aman, em que são desenvolvidos módulos temáticos de diversos tipos de operações táticas. Esses módulos dividem-se em semanas de preparação, desenvolvimento e aplicação, quando então são realizados exercícios de campo, com o emprego combinado das armas, quadro e serviço. No segundo semestre do quarto ano, ocorre o estágio preparatório de corpo de tropa, com a possibilidade de se aplicar parte dos ensinamentos colhidos na Aman no cotidiano dos quartéis, tendo contato com material de emprego militar e pessoal que enriquecem a formação.

c) Política educacional do Exército

Após o PME (Brasil, 1995b), praticamente não ocorreram grandes modificações nas políticas educacionais. Elas sempre se iniciam com um panorama das exigências do mundo atual, dando enfoque a progressiva e ascendente produção de conhecimento e tecnologia e suas consequências individuais e organizacionais. A partir do novo panorama mundial, são debatidos os reflexos no perfil do militar contemporâneo e os atributos não apenas cognitivos, mas também afetivos, que todo profissional, incluindo o militar, precisa desenvolver, como a capacidade de decisão rápida e em todos os escalões, e o preparo para enfrentar a obsolescência. Também influenciam sua construção as perspectivas de emprego do militar, que nesse novo contexto deve estar apto a "participar de operações altamente descentralizadas, pois as largas frentes de combate, a variada disponibilidade de meios, a imprevisível capacidade de reação do inimigo e o largo emprego de meios eletromagnéticos condicionam isso" (Brasil, 1999a).

A política educacional é construída a partir da diretriz orientadora que vem do Estado-Maior do Exército, estabelecendo a Política Militar Terrestre. Segundo Luchetti (2006), ela é pensada de forma integrada à legislação nacional de educação, ainda que seja um ensino específico. A Política Educacional para o Exército visa à preparação e ao treinamento visando ao planejamento e emprego do Exército brasileiro, às atividades de ciência, tecnologia e saúde, às atividades complementares e à condução do ensino preparatório e assistencial. Na própria política educacional são estabelecidos os objetivos da PEE, ou seja, a política de ensino é definida em um caminho da política mais geral para a mais específica.

Suas estratégias mais importantes são baseadas no princípio da continuidade dos estudos, do ensino dinâmico com enfoque na conjuntura nacional e mundial, da preparação de recursos humanos para suprir as necessidades específicas da força e da capacitação para interagir em todos os níveis com a sociedade brasileira. A cada estratégia, são estabelecidas orientações para a condução da educação militar. A própria política propõe a permanente atualização, preparando o discente para acompanhar a "evolução da sociedade, das ciências e da profissão militar ao longo da sua carreira" (Brasil, 1999b).

No Quadro 3.1, sintetizam-se os princípios gerais da PEE que foram discutidos até aqui. Na próxima seção, a situação atual da Aman será detalhada.

QUADRO 3.1 – PRINCÍPIOS DA POLÍTICA EDUCACIONAL DO EXÉRCITO

I – Favorecer a participação discente nas atividades de ensino-aprendizagem planejadas por intermédio do trabalho em grupo, da pesquisa, de jogos educacionais e de outros procedimentos centrados no aluno;

II – prever mecanismos para a revisão continuada de seus objetivos, conteúdos e práticas didáticas, com base nos dados colhidos nas avaliações e validações procedidas;

III – enfatizar e prever as condições necessárias ao desenvolvimento dos objetivos educacionais da área afetiva, particularmente: patriotismo, responsabilidade, lealdade, disciplina, entusiasmo profissional, cooperação, iniciativa e os atributos inerentes à liderança;

IV – favorecer o aprimoramento das expressões escrita e oral, estabelecendo, inclusive, programas de leitura;

V – incentivar o autoaperfeiçoamento e a predisposição à mudança;

VI – promover intercâmbio entre as organizações militares do Sistema de Ensino do Exército e das outras forças singulares, e com entidades civis;

VII – favorecer a ampla utilização da informática nas atividades presenciais, não presenciais e no ensino à distância;

VIII – enfatizar a aprendizagem de idiomas estrangeiros, particularmente nos cursos de formação, desenvolvendo a capacidade de expressão e compreensão oral e escrita;

IX – promover o desenvolvimento cultural;

X – enfatizar a necessidade de conhecimento e preservação do meio ambiente.

Fonte: Brasil (1999a).

3.3 A Academia Militar das Agulhas Negras (Aman)

A Academia Militar das Agulhas Negras (por breve período recebeu o nome de Escola Militar de Resende) foi e continua sendo a principal resposta que o Exército brasileiro deu à necessidade de profissionalizar seus oficiais. Ela é o único estabelecimento do sistema de ensino que forma oficiais da linha bélica no Brasil. A seguir, serão apresentados sua forma de recrutamento, composição social, currículo, método de avaliação, entre outras questões que contribuem para o entendimento da atual situação da academia e de seus cadetes.

3.3.1 *Apresentação geral*

Em 1943 foi extinta a Escola Militar do Realengo e criada a Escola Militar de Resende, que em 1951 passou a ser chamada de Academia Militar das Agulhas Negras, nome que guarda um conteúdo simbólico, uma vez que as montanhas representam a força, a autoridade e a sabedoria. Ela foi idealizada ainda na década de 1930, pelo general José Pessoa, quando no comando da Escola do Realengo, sendo objeto de promessa feita por Getulio Vargas aos militares na época da Revolução Constitucionalista. Sua construção durou de 1938 a 1944, ficando paralisada por um tempo, mas sendo retomada ao identificarem a insuficiência de Realengo diante da crescente tensão na Europa.

Do ponto de vista doutrinário, a Aman marca a transição da doutrina militar francesa para o início da influência norte-americana, recém-vitoriosa na Segunda Guerra Mundial e inspirada no que mais de moderno existia à época. A princípio, a formação do oficial da Aman durava três anos e, posteriormente, o curso passou para quatro anos em todas as modalidades, unificando as carreiras e nivelando as promoções. A partir de 1958 passaram a ser formados oficiais para a arma de comunicações e para o quadro de material bélico e, na década de 1960, para o serviço de intendência (Rosty, 2011).

Segundo seus documentos, a Aman tem três objetivos:

a) formar o aspirante-a-oficial das armas, do serviço de intendência e do quadro de material bélico, habilitando-o para os cargos de tenente e capitão não aperfeiçoado;

b) graduar o bacharel em ciências militares;

c) iniciar a formação do chefe militar.

O aluno admitido na Aman recebe o título de cadete, que, na hierarquia, corresponde a uma praça especial, com graduação entre o subtenente e o aspirante-a-oficial (o posto mais baixo entre os oficiais subalternos). Até hoje, foram diplomadas aproximadamente

60 turmas e mais de 20 mil aspirantes a oficiais. Em média, todos os anos são admitidos 450 jovens, e o efetivo total de alunos tem se mantido estável na escola, variando entre 1.600 e 1.750 cadetes.

A localização do edifício foi determinada segundo as necessidades para a realização dos exercícios militares, no sopé da Serra da Mantiqueira, de onde se vê o pico das Agulhas Negras. Também foi decisiva a necessidade de distanciar os cadetes das agitações políticas dos grandes centros urbanos, como o Rio de Janeiro, para melhorar a sua profissionalização. Essa distância, porém, não poderia afastá--los do poder político, sendo escolhida uma cidade dentro do eixo Rio de Janeiro-São Paulo.

Seu projeto arquitetônico levou em conta o que havia de mais moderno em termos de instalações militares à época, somado a um estilo sóbrio, de forma a parecer tradicional (Bento, 2010) e para estar em consonância com o projeto educacional do Exército, em que mesmo a modernização é pensada para fortalecer a tradição. O complexo foi ampliado em 1990, como parte do programa Força Terrestre 90, seguindo as mesmas características do projeto original.

A associação entre o termo *castrense* e castelo permaneceu presente na construção da Aman. Para esclarecer essa afirmação, é preciso lembrar que, a princípio, *castrense* – cuja origem vem de "castro", castelo fortificado de origem pré-romana – era entendido como acampamento ou alojamento militar.[10] Na estratégia militar, os castelos eram usados para a proteção da população dos feudos em tempos de guerra, servindo como uma muralha protetora. Por outro lado, eles também demarcavam a separação física entre senhores feudais e servos, visto que os primeiros, além de residir no castelo, eram os responsáveis pela sua defesa, enquanto os segundos viviam fora da fortificação, mas eram responsáveis por sua manutenção, dedicando-se principalmente à agricultura.

---

10 Atualmente, castrense pode ser empregado para se referir a tudo o que toca à vida militar.

A associação entre castrense e castelo direcionou o projeto da Aman não porque as formas do conjunto arquitetônico se parecessem com um castelo (mecanismo de defesa absolutamente superado com o moderno aparato militar), mas porque ele simboliza a tentativa de distanciar os que manejam armas – os servidores castrenses – dos demais, usando para isso uma estrutura física de aspecto tradicional e imponente inspirada na monarquia, como pode ser observado no brasão da escola.

FIGURA 3.1 – BRASÃO DA ACADEMIA MILITAR DAS AGULHAS NEGRAS

A ideia de manter a estrutura de ensino separada da sociedade não é exclusividade da Aman. Algumas universidades públicas e particulares adotam a mesma estrutura com as chamadas cidades universitárias. Uma vez que a escola funciona em regime de internato, a cidade da Aman comporta aparelhos educacionais e de moradia, igreja, correio, banco, hospital, clubes, entre outros serviços. Sua estrutura residencial está organizada em três bairros, com 580 moradias no total, e tem aproximadamente 12 mil habitantes. Os cadetes recebem, na própria escola, gratuitamente moradia, alimentação, uniformes, serviço de lavanderia, assistência médica e dentária, além de um soldo (salário) para suas despesas pessoais. Por ter uma estrutura de cidade, a Aman também tem preocupações ambientais, administrativas, sistema de coleta e tratamento de água e esgoto, entre outros, tudo organizado sob a supervisão de uma prefeitura militar.

No tocante à estrutura educacional, a academia conta com um conjunto principal, onde ficam o comando e a administração da escola, salas de aula, museu, bibliotecas e refeitórios, uma ampla praça de esportes – com dois estádios, parque aquático, quadras poliesportivas, pista de treinamento utilitário, centro de excelência em reabilitação, academia de musculação, dois ginásios cobertos e centro hípico –, auditório para 1.150 pessoas, teatro com 2.821 lugares e dependências próprias para a instrução militar, como instalações de tiro e a praça das armas. No conjunto principal também ficam alojados os cadetes, separados por ano de admissão e arma escolhida. As matérias do ensino fundamental são ministradas nas salas de aula e as do ensino profissional ocorrem nos parques de treinamento. Após a escolha da arma, até mesmo as matérias do ensino fundamental são separadas por arma.

No PME (Brasil, 1995b), foram feitas algumas críticas à estrutura das escolas em geral, inclusive à Aman. A primeira delas é a ausência de espaços adaptados para o trabalho em grupo; a segunda é a tecnologia ultrapassada de alguns laboratórios, mesmo os de informática e idiomas; e quanto aos acervos das bibliotecas, seu método de organização e horários de funcionamento. Para o grupo de avaliadores, a situação das bibliotecas era reflexo de sua utilização como uma sala de estudos, e não como um espaço ativo de acesso ao conhecimento. A maioria dos problemas estruturais identificados em 1995 já foi corrigida.

Em trabalhos etnográficos, como o de Castro (1990), pode-se perceber como aspectos físicos são utilizados para a formação comportamental e a perpetuação das tradições, aspectos subjetivos do processo educacional. Exemplo disso é o portão monumental na entrada da Aman, que contém a inscrição "entrada de novos cadetes" e, em seu verso, "saída de novos aspirantes". Frases motivacionais também estão inscritas nos pátios internos, em letras grandes, por exemplo, "Cadetes! Ides comandar, aprendei a obedecer", que expressa o binômio hierarquia-disciplina que acompanha toda a vida militar. Para Godoy (2004), na organização das escolas, há a tentativa de identificar o ambiente de estudo com o futuro ambiente de trabalho, favorecendo a construção de uma identidade coletiva, por exemplo, a partir da divisão dos cadetes em pelotões desde o período na Aman. Enfim, verifica-se que a infraestrutura escolar foi cuidadosamente pensada para atender aos objetivos da educação militar.

3.3.2 Perfil do cadete

Parte da literatura das relações entre civis e militares atribui as características das Forças Armadas aos critérios de seleção e ao perfil dos cadetes que ingressam nas escolas militares. Nesse raciocínio, um Exército que recruta entre a classe média expressaria ideias da classe média. Esta não é a perspectiva adotada neste livro, entretanto, conhecer o perfil do cadete admitido nas escolas é importante para pensar o processo educacional. Por exemplo, em um contexto em que a maioria da população é analfabeta, o primeiro passo para profissionalizar um oficial é alfabetizá-lo. Da mesma maneira, se a escola tem a maioria das suas vagas reservadas para filhos de militares, não é preciso gastar tanta energia na ressocialização do aluno, visto que ele traz da família valores militares. Em outras palavras, pensar a educação implica conhecer também quem será o sujeito dessa educação.

a) Classe social

Em seu estudo estatístico sobre as características dos cadetes da Aman, Stepan (1975) aborda como a entrada para o Exército era considerada uma possibilidade de ascensão social, especialmente para as classes médias.[11] Entre os anos de 1941-1943 e 1962-1966, em média 78% dos catetes vinham de diferentes estratos da classe média, mas deve-se pontuar que não há um histórico de admissão de cadetes das camadas mais altas da população, como em alguma medida já foi discutido. Na época da Guarda Nacional, os aristocratas brasileiros (e portugueses) compunham esse corpo, e não o Exército, e mesmo com a sua extinção, a carreira militar, com seus vencimentos e exigências, nunca se mostrou atraente para essas camadas, que poderiam facilmente ter acesso a outros empregos no mundo civil. A esse respeito, Castro (1990) elaborou a Tabela 3.1, simplificada a partir dos dados de Stepan (1975).

TABELA 3.1 – CLASSE SOCIAL DOS CADETES

Classe social	1941-1943	1962-1966
Alta tradicional	19,8%	6,0%
Média	76,4%	78,2%
Baixa qualificada	1,5%	8,6%
Baixa não qualificada	2,3%	0,4%
Desconhecida	–	6,7%

Fonte: Castro (1990, p.140).

A conjunção entre o desinteresse das camadas mais altas e a impossibilidade dos estratos mais baixos serem aprovados na seleção para as academias levou à baixa concorrência por essas vagas. Segundo Stepan (1975), no período de 1950 a 1965 havia menos de dois candidatos para cada vaga da academia.

Sob outro aspecto, para Ludwig (1998), a origem dos oficiais se dá nos setores privilegiados da sociedade, citando como exemplo o fato de que 60% dos pais dos cadetes tinham nível superior e médio

───────────

11 Para um debate mais aprofundado sobre a classe social dos cadetes da Aman ao longo do século, seria importante precisar as classificações de classe social em cada um dos períodos analisados.

em 1989. O autor também defende que a profissão "confere certo *status*, salário razoável, estabilidade empregatícia, oportunidades de viagens para estudo e trabalho tanto no Brasil quanto no exterior" (ibid., p.24). Por essas características, atrai as classes médias, apresentando-se como uma possibilidade de ascensão social, principalmente para praças e oficiais subalternos.

Castro (1990) e Barros (1978) formulam críticas à elasticidade do conceito de classe média e às classificações de todos os militares em uma mesma classe social, tenham eles origem nos estratos superiores ou subalternos(Tabela 3.2).

TABELA 3.2 – PORCENTAGEM DE CADETES FILHOS DE OFICIAIS SUPERIORES E DE OFICIAIS SUBALTERNOS E PRAÇAS

Filiação	1970	1985	2000-2002
Oficiais superiores	28,5%	31,9%	41,9%
Subalternos e praças	72,5%	68,1%	58,1%

Fonte: Castro (1990, p.141).

Para os autores, o lento aumento do recrutamento entre os filhos dos oficiais superiores indica que a classificação correta não seria classe média, e sim classe média baixa ou classe baixa qualificada. Dessa maneira, a origem entre oficiais e praças tenderia a se equiparar.

Os números entre 2002 e 2012 (Tabela 3.3) mostram que essa tendência não se confirma. Os filhos de oficiais superiores raramente chegaram a 30% do total, voltando a patamares próximos da década de 1970. Quando os dados foram separados entre oficiais subalternos e praças, é possível abstrair um crescimento vertiginoso do recrutamento dos filhos de subtenentes e sargentos, muito acima dos oficiais subalternos. Portanto, nos dias atuais, o recrutamento tem se dado especialmente entre os militares de baixa patente.

Com a entrada para o Exército brasileiro ocorrendo mediante concurso público, e não por indicações da rede política de contatos, estratos não advindos da elite brasileira passaram entrar na academia por meio do mérito pessoal, mesmo enfrentando as altas

TABELA 3.3 – POSTO OU GRADUAÇÃO DOS PAIS DOS CADETES MATRICULADOS NO 1º ANO

Posto/	2002	2003	2004	2005	2006	2007	2008	2009	2010	2011	2012
Oficial general	–	–	3	–	–	1	1	1	–	1	–
Oficial superior	74	56	37	39	66	24	45	43	41	43	52
Capitão/tenente	38	46	26	33	39	23	45	31	43	48	51
Subtenente/sargento	57	55	42	60	64	39	84	113	87	112	100
Cabo/soldado	6	7	–	6	3	6	3	4	5	6	9

Fonte: elaboração própria.

TABELA 3.4 – RENDA FAMILIAR DOS CADETES MATRICULADOS NO 1º ANO (INCLUI CADETES DE NAÇÕES AMIGAS)

Renda	2002	2003	2004	2005	2006	2007	2008	2009	2010	2011	2012
0-5 SM	52	56	66	79	210	82	64	94	54	115	115
6-15 SM	195	215	205	242	174	260	218	238	110	297	315
16-25 SM	83	95	71	58	84	34	45	22	6	–	–
26-35 SM	21	18	22	7	10	4	7	5	2	5	20
36-45 SM	9	14	10	2	1	–	7	–	1	–	–
> 46 SM	2	6	1	1	1	–	2	–	–	–	–
Não declarado	64	32	75	139	–	9	98	91	240	23	14

Notas: Os dados da Aman mudaram de formato entre 2010 e 2011. SM: salário mínimo.
Fonte: elaboração própria.

taxas de analfabetismo e evasão escolar, que só começaram a cair na última década. Assim como o vestibular representou durante muitos anos um filtro que manteve os alunos das camadas mais baixas da população fora dos bancos universitários, os exames de admissão nas academias também serviam como filtro, impedindo de ingressar na Aman aqueles que vinham de estratos inferiores e, por consequência, que receberam educação básica de pior qualidade. Os dados mais gerais de acesso das camadas inferiores da sociedade brasileira ao ensino superior mudaram rapidamente no início do século XXI por causa das políticas de governo, como o Programa Universidade para Todos (Prouni), Reestruturação e Expansão das Universidades Federais (Reuni), Fundo de Financiamento Estudantil (Fies), cotas, entre outros. Pode-se observar a mesma mudança na Aman, com a ampliação acelerada dos estratos mais baixos da população entre as fileiras da escola (Tabela 3.4).

Mesmo assim, a adesão entre as camadas mais altas permanece baixa, praticamente ausente. A consequência disso é que, entre a elite militar em formação, são quase inexistentes representantes das elites econômicas civis. Essas proporções sempre foram motivo de preocupação e permanecem apontadas na Estratégia Nacional de Defesa (Brasil, 2008, p.20).

> É importante para a Defesa Nacional que o oficialato seja representativo de todos os setores da sociedade brasileira. É bom que os filhos de trabalhadores ingressem nas academias militares. Entretanto, a ampla representação de todas as classes sociais nas academias militares é imperativo de segurança nacional. Duas condições são indispensáveis para que se alcance esse objetivo. A primeira é que a carreira militar seja remunerada com vencimentos competitivos com outras valorizadas carreiras do Estado. A segunda condição é que a Nação abrace a causa da defesa e nela identifique requisito para o engrandecimento do povo brasileiro.

No trabalho sobre o perfil dos cadetes norte-americanos, Janowitz (1964) faz alguns comentários interessantes. Após as duas grandes guerras e o incremento tecnológico, o recrutamento passou a levar em conta mais a habilidade técnica do que a classe social de origem. Essa mudança impactou o *status* e o comportamento das Forças Armadas, que passaram a ser consideradas uma excelente oportunidade de ascensão social das camadas médias da população com alta especialização. Permaneceram algumas famílias[12] de gerações seguidas de oficiais de alta patentes, mas elas deixaram de ser tão comuns. A ampliação do recrutamento de técnicos para cumprir

---

12 Existem trabalhos sociológicos interessantes que abordam as características da família militar. O próprio Janowitz (1964) aponta para a importância da esposa na ascensão da carreira dos oficiais, em uma mistura da tradição com a modernidade.

funções não estritamente guerreiras modificou a hierarquia organizacional da profissão, aumentando o número de oficiais das camadas intermediárias (ibid.). Os dados sobre a classe social de origem, cruzados com a escolaridade dos pais e a redução da endogenia, que serão apresentados a seguir, permitem inferir que um fenômeno semelhante pode ter tido início no Brasil algumas décadas depois dos Estados Unidos.

b) Escolaridade dos pais

Para minimizar as interferências que a classificação de classe média apresenta (uma vez que comporta setores com características e padrões de consumo muito diferentes), Stepan (1975) analisou o padrão escolar dos pais dos recrutas e, mais uma vez, o resultado encontrado foi o mesmo. O jovem que entrava nas academias apresentava mais anos de estudo que seus pais, mostrando a ascensão daquelas camadas. Castro (1990), comentando o período de 1963-1965, sinaliza que o último grau concluído pelos pais dos cadetes era o superior, totalizando, em média, 30% dos casos. Segundo Stepan (1975, p.30), "o ingresso na Academia é um meio de mobilidade ascensional para 61% dos cadetes cujos pais frequentaram oito ou menos anos de escola. Isso indica que o centro de gravidade do recrutamento reside na classe média baixa".

Na Tabela 3.5, nota-se o aumento no número de anos de estudo – apresentado por todo o país –, com a seleção de cadetes cujos pais têm pós-graduação. Também é possível verificar a perspectiva ascensional, pois, ao concluírem a Aman, mais de 50% dos cadetes terão frequentado mais anos de escola do que seus pais.

c) Endogenia

Vários estudos descrevem a endogenia dentro das Forças Armadas. Ela se refere a uma tendência a recrutar e a se relacionar apenas com os pares do próprio meio militar (em alguma medida por causa do corporativismo já bastante discutido neste trabalho). Segundo

O SISTEMA DE ENSINO DO EXÉRCITO E A AMAN

TABELA 3.5 – NÍVEL DE ESCOLARIDADE DOS PAIS DOS CADETES

Escolaridade	2002	2003	2004	2005	2006	2007	2008	2009	2010	2011	2012
Sem escolaridade	0,51	0,49	0,44	0,50	0,30	0,20	0,10	0,20	0,40	2,20	2,50
EF incompleto	4,85	5,55	4,40	3,80	4,10	3,50	2,70	2,50	2,00	–	–
EF completo	7,59	8,14	6,92	6,40	6,00	5,30	5,40	5,60	5,20	7,90	7,80
EM incompleto	2,28	2,72	2,57	2,40	2,70	2,20	1,80	1,90	1,80	–	–
EM completo	28,86	29,78	29,63	31,60	28,60	30,10	29,00	31,10	29,40	36,70	42,40
ES incompleto	4,85	5,84	6,23	6,40	6,80	7,60	7,00	6,30	5,30	–	–
ES completo	34,80	38,15	36,55	38,30	38,10	33,50	34,20	32,50	28,70	31,10	30,80
Pós-graduação	8,04	7,65	6,35	6,80	8,80	8,80	8,00	6,30	4,60	7,10	7,30
Não declarado/falecido	8,21	1,68	6,91	3,80	4,60	8,80	11,80	13,60	22,70	15,10	9,30

Notas: Os dados da Aman mudaram de formato entre 2010 e 2011. EF: ensino fundamental; EM: ensino médio; ES: ensino superior.
Fonte: elaboração própria.

Stepan (1975), em 1939, 61% dos cadetes da academia militar vinham de colégios civis. Entretanto, de 1962 a 1966, esse número caiu para 7,6%, invertendo completamente o quadro de origem. Isso pode ser explicado pelo desenvolvimento, na década de 1950, de um sistema de colégios mantido pela organização militar para os filhos dos militares, de onde passou a vir boa parte dos cadetes. O autor reconhece que a consequência desse tipo de recrutamento foi o surgimento do corporativismo entre os militares e "o afrouxamento dos seus laços com os civis no período anterior e posterior à tomada do poder em 1964" (ibid., p.35).

Quando analisou os dados entre 1976 e 1985, Castro (1990) chegou ao resultado de que 85% dos cadetes que ingressavam na Aman já haviam tido algum tipo de experiência em escolas militares, não importando de qual das forças. Para apenas 15% dos cadetes, as marchas, continências e uniformes eram novidades. Independentemente dos números, os primeiros meses na Aman eram centrados no ensino desses conteúdos e na homogeneização do grupo o mais rapidamente possível. "Os oficiais procuram em todas as situações dispensar o mesmo tratamento e exercer a mesma pressão sobre todos os cadetes" (ibid., p.25). Mesmo assim, aqueles que tinham contato prévio com o meio militar fatalmente conseguiam se adaptar com mais facilidade. A esse respeito, cabe comentar que nos números de evasão escolar, que ainda serão apresentados, não consta a origem anterior dos cadetes, se civis ou militares. O cruzamento entre esses dois dados poderia indicar se os cadetes de origem civil evadiam mais que os militares, em virtude da dificuldade de se adaptar à escola. Nesse caso, a proporção de entrada com origem militar (85%) poderia ser ainda maior entre os concluintes.

Os dados exibem drástica redução do período de 1976-1985 para 2002-2012 no número de cadetes que vêm de colégios militares (Tabela 3.6). Praticamente houve inversão, quando alunos que têm sua origem em outros estabelecimentos de ensino somam, em média, 75% dos cadetes matriculados. É possível até mesmo que parte desses cadetes tenha tido alguma experiência prévia em universidades civis antes de ir para a Aman, porém não foram encontrados números para demonstração.

TABELA 3.6 – ESCOLA DE ORIGEM DOS CADETES E ALUNOS ESTRANGEIROS

	2002	2003	2004	2005	2006	2007	2008	2009	2010	2011	2012
Colégios militares	205	214	227	144	122	83	81	192	110	118	119
Colégios civis	212	204	222	274	345	328	371	258	292	361	365
Estrangeiros	9	5	2	6	7	7	13	11	11	6	11
Total	426	423	451	424	474	418	465	461	413	485	495

Fonte: elaboração própria.

Além da origem nas escolas militares, para relatar a endogenia, a variável da profissão dos pais se mostra excelente. A partir dos dados de Stepan (1975), Castro (1990) amplia o recorte temporal com seus próprios dados (Tabela 3.7).

TABELA 3.7 – CADETES FILHOS DE CIVIS E MILITARES EM QUATRO PERÍODOS, EM PORCENTAGEM

Filiação	1941-1943	1962-1966	1984-1985	2000-2002
Civis	78,8%	65,1%	48,1%	54,6%
Militares	21,2%	34,9%	51,9%	45,4%

Fonte: Castro (1990, p.141).

Castro (1990) ressalta o crescente recrutamento endógeno que predominou até a década de 1980, debatido também por Carvalho (2005) e Barros (1978), para quem "a maior clivagem da nação pode vir a ser entre civis e militares. A endogenia e a especificidade do padrão de socialização são processos que se reforçam mutuamente" (ibid., p.66).

A Tabela 3.8 confirma a tendência à queda no número de alunos com pais militares. O ano de 2010 apresentou o mais baixo percentual, 32,6% dos cadetes eram filhos de militares. Ao analisar a linha progressiva para todo o período, pode-se detectar tendência à manutenção da endogenia ao redor de 40%, porém, como discutido no subitem anterior, agora recrutando entre praças.

TABELA 3.8 – CADETE FILHO DE PAIS MILITARES, EM PORCENTAGEM

	2002	2003	2004	2005	2006	2007	2008	2009	2010	2011	2012
Pai militar	44,10	43,76	42,20	40,10	36,80	37,60	37,20	39,30	32,60	40,70	42,50

Fonte: elaboração própria.

d) Região

Quanto à origem regional, Stepan (1975) sugere dados que questionam o senso comum. De forma geral, são comuns as críticas à Marinha como uma força "fluminense", visto que a maior parte dos seus quadros é recrutada no estado do Rio de Janeiro. O Exército, por sua vez, é reconhecido como a imagem da nação, aos moldes das discussões travadas por Olavo Bilac quando da aprovação do recrutamento universal. Não se pode afirmar isso quando analisados praças e oficiais, porém, levando em conta apenas os números de oficiais, Stepan (1975) oferece outros dados. Durante o período de 1964 a 1966, poucos cadetes eram recrutados no Nordeste ou em grandes centros, como São Paulo. O número mais representativo vinha do estado da Guanabara, antiga cidade do Rio de Janeiro, com cerca de 40%. Castro (1990) acrescenta novos dados a essa observação (Tabela 3.9).

TABELA 3.9 – NATURALIDADE DOS CADETES MATRICULADOS NA AMAN EM TRÊS PERÍODOS

Região	1960-1961	1984-1985	2000-2002
Norte	0,9%	1,5%	3,3%
Nordeste	23%	14,9%	19,1%
Sudeste	51,6%	66,1%	53,3%
Sul	20,8%	14,7%	16,8%
Centro-Oeste	3,7%	2,8%	7,5%

Fonte: Castro (1990, p.146).

O SISTEMA DE ENSINO DO EXÉRCITO E A AMAN

Esses números ajudam a entender a questão do corporativismo na profissionalização. Boa parte dos cadetes vinha do estado da Guanabara, pois este também era o estado com a maior concentração militar do Brasil, e antiga capital do Império. Isso demonstra que muitos vinham de famílias militares, comprovando a endogenia.

TABELA 3.10 – NATURALIDADE DOS CADETES, EM PORCENTAGEM

Região	2002	2003	2004	2005	2006	2007	2008	2009	2010	2011	2012
Norte	3,81	3,73	3,14	2,80	2,6	2,40	2,30	2,20	2,80	3,00	3,20
Nordeste	18,27	18,46	18,14	17,90	16,9	16,80	17,70	?	18,00	17,50	16,90
Sudeste	53,55	52,95	54,96	55,60	56,8	58,00	58,20	57,50	57,10	57,10	55,80
Centro-Oeste	7,68	7,77	7,92	7,00	7,1	7,00	7,80	7,90	7,70	7,80	7,40
Sul	17,41	16,99	15,84	16,80	16,6	15,8	17,00	14,00	14,50	14,60	16,70
MG	13,63	13,50	12,89	13,30	13,50	13,10	12,30	12,40	11,70	11,80	12,30
RJ	31,95	30,40	31,63	32,40	32,90	33,00	33,60	33,20	33,60	34,10	32,70
SP	–	–	–	–	–	–	–	11,00	10,70	10,60	10,20
RS	12,19	12,47	11,38	11,90	11,50	10,40	<10%	<10%	10,40	11,10	12,90

Nota: Foram discriminados os estados que apresentavam percentuais acima de 10%, para facilitar a análise. São eles: Minas Gerais, Rio de Janeiro, São Paulo e Rio Grande do Sul.
Fonte: elaboração própria.

O destaque da Tabela 3.10 são as altas taxas de cadetes concentrados no Sudeste, em particular no Rio de Janeiro, somando sempre mais de 50% e mais de 30%, respectivamente. A argumentação de que o Rio de Janeiro era o principal ponto de recrutamento, pois era a capital do país, não faz mais sentido, uma vez que a geração que ingressa atualmente na Aman já tem seus pais formados e atuando na nova capital da República, Brasília. O estado do Centro-Oeste, onde está a capital federal, mais que dobrou da década de 1980 para a de 2000, porém seu crescimento estabilizou desde 2010. Da região, o estado que mais tem cadetes é Goiás, e não Brasília. Também se manteve estável a região Norte, já o Nordeste, que oscilou muito nos dados vistos na Tabela 3.9, manteve os últimos resultados ao redor de 17%, sendo Pernambuco o estado com mais destaque da região. O mesmo raciocínio aplica-se à região Sul, que mantém índices mais baixos do que na década de 1960. O estado do Rio Grande do Sul, inclusive, nem chegou a alcançar 10% dos recrutas por duas vezes no período analisado, contrariando o histórico do início da República – isso talvez seja explicado pela endogenia.

Apesar do desejo das escolas de oficiais, elas ainda não podem ser um reflexo regional do Brasil. Elas são, na realidade, um reflexo da própria corporação.

e) Religião

Não foram encontrados dados antigos relativos à religião dos cadetes nos documentos pesquisados. Acredita-se que, nas análises, essa variável não tinha tanto peso, uma vez que, no Brasil, especialmente nas camadas sociais mencionadas, predominavam os católicos. Apenas com o atual crescimento das religiões evangélicas em todo o país – principalmente entre as camadas mais baixas –, também percebido na Aman, essa variável vem ganhando relevância. Os próprios dados mudaram sua forma de mensuração ao longo do período pesquisado. Antes, eram recolhidos de forma bruta, mas a partir de 2009 as religiões passaram a ser apresentadas nos anuários estatísticos discriminadamente. Para o objetivo deste trabalho os dados globais já são suficientes.[13]

Os dados da Tabela 3.11 demonstram queda consistente, tendendo à estabilização, daqueles que professam a religião católica. Na direção contrária, notamos o crescimento consistente e permanente dos cadetes pertencentes às religiões evangélicas. Do ponto de vista do ensino, *strictu sensu*, essa informação não traz significativas alterações, porém, sob a óptica mais ampla da educação, acredita-se que

---

13 Com a adesão das igrejas neopentecostais a vários espaços de poder, incluindo o governo federal, assim como o peso que Israel passou a ter na política externa brasileira, essa discussão se torna cada dia mais relevante.

TABELA 3.11 – RELIGIÃO DOS CADETES

	2002	2003	2004	2005	2006	2007	2008	2009	2010	2011	2012
Católica	69,94	67,94	66,85	67,10	69,50	61,10	59,10	53,30	55,40	56,50	54,40
Espírita	9,13	9,22	9,19	9,90	9,80	9,90	6,40	8,20	7,90	7,20	8,70
Evangélica	13,52	15,92	13,02	16,10	18,20	17,40	8,80	17,40	19,40	21,40	23,3
Outras	1,31	2,04	7,79	4,30	0,90	0,80	18,80	1,40	1,00	1,10	1,20
Agnóstico	4,16	4,03	2,46	1,30	1,20	5,50	1,00	6,10	5,90	3,70	3,90
Sem religião	1,94	0,85	0,69	1,20	0,40	0,80	1,50	1,70	1,90	2,30	3,80
Não declarado	–	–	–	–	–	4,70	4,40	11,90	9,10	8,10	4,60

Fonte: elaboração própria.

a diversificação religiosa pode trazer mudanças no processo de socialização dos cadetes ou mesmo em algumas tradições. Exemplo disso é que atualmente a Aman conta com três "capelanias": a União dos Católicos Militares, a Associação de Cadetes Evangélicos e a Cruzada dos Militares Espíritas.

f) Cadetes de nações amigas

Por fim, uma informação que chamou a atenção no perfil dos cadetes é o elevado número de estudantes proveniente de nações amigas. Até 2012, foram formados 176 não nacionais na Aman, entre latino-americanos e africanos (Tabela 3.12).

O critério de escolha dos países e dos cadetes, seu desempenho e acompanhamento na escola, seu alinhamento com a política externa do país, entre outros temas, constituem objeto para um novo trabalho, o que as Forças chamam de diplomacia militar. Para as Forças Armadas brasileiras, receber militares de outros países é um fator de projeção de influência muito respeitado. Entretanto, também é preciso estar atento aos impactos que esses cadetes trazem à academia, em especial na socialização dos cadetes brasileiros e nas exigências do ensino, visto serem admitidos de forma totalmente diferente dos demais estudantes.

TABELA 3.12 – NACIONALIDADE DOS CADETES

Nação	Quantidade
Angola	33
Bolívia	17
Cabo Verde	2
Equador	12
Guatemala	20
Guiné-Bissau	2
Moçambique	3
Nicarágua	20
Panamá	3
Paraguai	40
Peru	7
República Dominicana	9
São Tomé e Príncipe	3
Venezuela	5

Fonte: elaboração própria

3.3.3 Forma de admissão

O perfil do cadete, descrito antigamente, corresponde a uma determinada forma de ingresso na Aman. Atualmente, a admissão se dá por aprovação em concurso público na Escola Preparatória de Cadetes do Exército, onde o aluno cursa o 1º ano. O processo de profissionalização foi acompanhado pelo aumento nas exigências para ingresso na academia, com provas mais difíceis, especialmente as das áreas de exatas e ciências. São oferecidas anualmente quinhentas vagas e os pré-requisitos são: ser brasileiro nato, solteiro, do sexo masculino,[14] ter entre 17 e 22 anos (completados até o fim

---

14 A lei n·12.705, sancionada pela presidenta Dilma Rousseff em agosto de 2012, permitiu o ingresso de militares do sexo feminino em áreas antes restritas aos homens no Exército brasileiro (Brasil, 2012). Segundo a nova legislação, a Aman teria até 2017 para adaptar suas estruturas físicas e receber as primeiras mulheres combatentes.

do ano da matrícula) e ter concluído ou estar concluindo o segundo grau. As inscrições são feitas de maio a junho pela internet, para civis e militares (antes a admissão era feita separadamente). Em um primeiro momento, o candidato é submetido a provas de exame teórico. Caso aprovado, ele é convocado para provas de inspeção de saúde, exame de aptidão física, averiguação de idoneidade moral e comprovação dos requisitos biográficos (não foram encontradas informações detalhadas sobre esses requisitos). Uma vez aprovado, o candidato é matriculado e passa a ser um militar da ativa do Exército brasileiro, estando sujeito à legislação militar.

Importante ressaltar que o recrutamento para as escolas de formação de oficiais é voluntário, portanto, os jovens escolhem a carreira nas Forças Armadas, e que o ingresso nessas escolas costuma ser bastante concorrido, como se pode apurar pelo crescente número de cursinhos preparatórios para essas provas que têm se espalhado pelo país.

Quanto às motivações que levam um jovem a escolher a carreira, há visões diversas. Para Huntington (1996), dada a natureza da profissão militar, a remuneração financeira não pode ser a meta primária daquele que a escolhe, e sim um sentimento vocacional baseado no "amor técnico por sua habilidade e no senso de obrigação social para utilizar essa qualidade em benefício da sociedade" (ibid., p.33). A tarefa da sociedade é manter essa motivação pagando bem tanto

---

Segundo Mathias (2010, p.384), essa lei "representa uma derrota para os setores militares refratários às novidades trazidas pelo governo civil, apontando que a educação castrense é estratégica para qualquer projeto de reforma das Forças Armadas". A primeira força a abrir suas portas para as mulheres foi a Marinha, que conta hoje com uma oficial superior, a contra-almirante médica Dalva Mendes; entretanto, a Força Aérea foi a primeira a abrir espaço para as mulheres nas armas combatentes, em 2003. No caso do Exército, há mais de duas décadas mulheres são admitidas em quadros complementares e auxiliares, porém, apenas agora, com a entrada na Aman, elas poderão chegar a ser, daqui a cerca de vinte anos, profissionais comandantes do Exército. Embora esse assunto não seja o centro de investigação deste trabalho, ressalta-se que é uma área muito rica para investigações sociológicas.

os oficiais da ativa quanto os da reserva. Os oficiais, por sua vez, não deveriam ter aspirações de enriquecimento.

Em sua caracterização dos Estados que foram colonizados, como o Brasil, Andreski (1968) argumenta que o recrutamento dos soldados se dava na periferia, e Perlmutter (1977), com reflexões semelhantes, afirma que o recrutamento dos soldados pretorianos focava nas camadas mais pobres da população. Ambos os autores convergem para as motivações financeiras na escolha profissional.[15]

Janowitz (1964) é quem propõe uma reflexão mais completa, apresentando quatro motivos principais para que um jovem escolha a carreira de militar: a) tradição e herança familiar; b) desejo por continuar estudando e crescer socialmente (seja na carreira militar ou em outras); c) experiência de batalha ou vivência em um cenário de guerra; d) e ambição pessoal, pois ser militar oferece respeitável nível de segurança individual em tempos de paz, além de prestígio. Motivações difusas também podem influenciar, como o desejo de uma carreira ativa, do tipo "atlética". Em síntese, ainda que exista algum grau de "vocação profissional" entre os que escolhem a carreira militar, é inquestionável que isso se dá também por razões econômicas, o que, por sua vez, tem levado ao crescimento dos oficiais "carreiristas", aqueles que não têm identidade ou interesse em se tornar um militar, mas escolhem esse caminho pelo *status* e pelo dinheiro. Com o tempo e com a doutrinação adequada, mesmo os carreiristas incorporam o *esprit de corps*.

Por sua vez, Janowitz (1964) aponta que altos oficiais têm um sentimento de que seu padrão salarial está aquém do de outras elites, como altos executivos. A carreira oferece salários bons para um

---

15 Segundo Mello (2013, p.7), considerando-se o reajuste de 9,2% concedido em março de 2013, o soldo de um general passou a ser de R$ 9.093,00, sem incluir os adicionais, como o por tempo de serviço. Em alguns casos, somando-se as gratificações, o soldo pode chegar a quase R$ 18 mil. Outros dois aumentos de 9,2% nos soldos estão previstos para acontecer em março de 2014 e março de 2015.

servidor público, mas esses dividendos são menores que algumas áreas do setor privado. Outro fator é a distância entre o menor e o maior salário, que no mundo militar é muito menor que no civil. Os melhores incentivos são extrassalariais, como sistema de saúde e previdência próprios, clubes de lazer, entre outros. Além disso, os oficiais também são prejudicados pelas constantes mudanças de cidade, que prejudicam a capacidade de fazer investimentos, e pela sua formação, que dificulta uma reabsorção pelo mercado após a ida para a reserva.[16]

3.3.4 Organização do currículo

Durante toda a década de 1990, o curso da Escola Preparatória de Cadetes do Exército (EsPCEx), que equivale ao ensino médio, era tratado separadamente da Aman. Os assuntos eram organizados segundo a taxonomia de Bloom, que, para Luchetti (2006), compreende um conjunto de categorias organizadas para o desenvolvimento simultâneo de comportamentos em três domínios: cognitivo, afetivo e psicomotor.

> As categorias do nível cognitivo, na escala hierarquizada do mais simples para o mais complexo, são: conhecimento, compreensão, aplicação, análise, síntese e avaliação. Da mesma maneira, o domínio afetivo segue: acolhimento, resposta, valorização, organização e complexo de valores. Igualmente, na escala do domínio psicomotor as categorias são: percepção, preparação, resposta orientada, mecanismo, resposta complexa, adaptação e originalidade.[17] (Luchetti, 2006, p.160-161)

---

16 Esse quadro tem se alterado com o reconhecimento pela Capes do mestrado e doutorado da Eceme.
17 Para correspondência de cada categoria, ver Brasil (2000).

Em 2010, o Decex fez um novo diagnóstico das escolas, envolvendo discentes, docentes, comandantes e ex-comandantes (na ativa ou na reserva), para que opinassem sobre a adoção ou não do ensino por competências, estrutura do curso e outras mudanças. Desde 2012, o curso básico para a formação de oficiais tinha duração de cinco anos em regime de internato, com saídas ocasionais mediante autorização. O primeiro ano ocorre na EsPCEx, em Campinas, os demais quatro anos são cursados na Aman, em Resende. A formação está dividida em três fases: um ano básico, um ano avançado e três anos nas armas, quadro ou serviço.

Essas mudanças são reflexos do novo perfil do cadete e das novas necessidades da força. Segundo Vieira (2011), em torno de 80% dos alunos que ingressavam na EsPCEx já tinham o ensino médio completo, mas precisavam refazê-lo ao serem admitidos na escola, o que levava à desmotivação e à perda de hábitos de estudo. Quando chegavam à Aman, apresentavam problemas de aprendizagem.

O ensino compreende três áreas: fundamental, profissional e militar. O ensino fundamental visa dar ao cadete a cultura geral necessária à carreira e o ensino profissional fornece o conhecimento técnico para ele atuar até o posto de capitão na arma escolhida. Durante o primeiro ano na Aman, todos os cadetes fazem os seus estudos em comum, e só após a escolha da arma é que o cadete passará a ter o ensino profissional diferenciado, na companhia, principalmente, dos colegas da especialidade. O ensino militar, embora não esteja detalhado no currículo, faz parte de um intenso processo de ressocialização que afetará o cadete. Durante os anos de estudo, a prática de esportes é incentivada, pois além de aprimorar a resistência física necessária ao exercício profissional, ajudam a desenvolver o *esprit de corps*.

Os cinco anos de estudo são organizados segundo a pedagogia por competências, que a partir da gestão de talentos junto da gestão de pessoal tenta alocar o profissional no local mais adequado, segundo os seus talentos (competências natas e adquiridas) e as necessidades da instituição. Para isso, seria criado um banco em que o próprio militar cadastraria suas habilidades.[18] O Decex definiu por competência militar a "capacidade de mobilizar ao mesmo tempo e de maneira inter-relacionada conhecimento, habilidade, atitude, valores e experiências para decidir e atuar em diversas situações" (Vieira, 2011, p.78). Portanto, as competências foram pensadas para múltiplas possibilidades de emprego militar e futuros cenários de conflito.

> As nossas competências, em termos de perfil, não só se vocacionarão à capacitação técnica ou ao conhecimento militar, mas também à condição psicofísica do profissional militar, ou seja, decidir no estresse, cansado; estar permanentemente orientado para resultados; ter interoperabilidade com outras forças e agências; exercer a gestão de informações e conhecimentos; executar a gestão de pessoas, desenvolver liderança em operações militares, ter resiliência, capacidade de atuar conforme a mudança, sem perda de eficiência. (Ibid., p.79)

Para desenvolver as competências, foram propostas mudanças no currículo. Os estabelecimentos de ensino militares, inclusive a Aman, adotaram o modelo de matérias isoladas. As mudanças sugerem que durante os três últimos anos na Aman o cadete possa optar por disciplinas eletivas, segundo áreas de interesse definidas pelo Exército. No quinto ano, também estão previstos cursos e estágios na tropa, atividades práticas que são uma preocupação histórica das

---

18 Até o posto de capitão a intenção é "vocacionar" o profissional para as atividades nas quais foi formado. "A partir dessa fase da carreira, poderá ser empregado em outra vertente, em que ele comprovadamente demonstrou ter mais aptidão" (Vieira, 2011, p.79). Essa medida visa a diminui a probabilidade de um profissional no fim da carreira se encontrar frustrado em virtude de só ter exercido funções distantes da sua formação, e também diminui a pressão sobre o cadete da Aman no momento da escolha das especialidades. Por fim, há o desejo de criar "pontos de escape" da carreira convencional, permitindo que o militar tenha mais flexibilidade para fazer suas escolhas.

escolas. Para isso, são utilizados exercícios de adestramento, jornadas de campo, estágio na tropa, entre outros, para que o cadete execute as funções de comandante e líder de pequenas frações (pelotão e seção) e de subunidades (companhia, bateria ou esquadrão).

Com essas mudanças na organização das disciplinas, a Aman vem enfrentando[19] um desafio antigo: o reconhecimento do mundo acadêmico em geral, pois embora o concluinte da academia receba o título de bacharel em ciências militares, as disciplinas da Aman não têm paridade com as civis, seja em nomenclatura, carga horária ou assuntos. O título de bacharel existe desde 1994, mas a área de ciências militares foi delimitada pelo general Enzo apenas em 2010 como sendo "o sistema de conhecimentos relativos à arte bélica, obtidos mediante pesquisa científica, práticas em escolas militares, experiências em observação de fenômenos guerra e conflitos, valendo-se de metodologia própria do ensino superior militar" (ibid., p.78).

Essas mudanças vêm ocorrendo, mas com muitas dificuldades. A rotina dos cadetes é extremamente apertada ao longo do dia, sobrando pouco tempo para a dedicação às atividades de livre escolha. Durante o período de adaptação, por exemplo, são previstas atividades das 6 horas às 22 horas, sem horários livres. De forma geral, os horários de segunda a sexta-feira seguem o cronograma do Quadro 3.2

Atualmente, o currículo é organizado em cinco anos e totaliza 5.782 horas/aula.[20] A frequência às aulas é obrigatória, sendo considerado ato de serviço (assim que ingressa na academia, o tempo de serviço do cadete começa a ser contabilizado para a sua ida à reserva). Mas mesmo com tantas horas à disposição da escola, a elaboração do currículo encontra dificuldades. Desenvolvida por especialistas

|||||||||||

19 Passos semelhantes também vêm sendo dados pela EsAO e Eceme.
20 A título de comparação, o curso de Direito tem, no mínimo, 3.700 horas/aula, e o curso de Medicina tem 7.200 horas/aula, segundo dados de 2004 do MEC (Brasil, 2004).

QUADRO 3.2 – CRONOGRAMA DIÁRIO DOS CADETES

Atividade	Horário
Alvorada	5:50
Parada-avançar	5:55
Parada-rendição	6:10
Café	6:20
Formatura geral	6:40
1ª parte do expediente	7:00-12:20
Almoço	12:45
2ª parte do expediente	14:00-17:30
Jantar	17:45
Revista de recolher	19:00
Estudo	19:30-21:30
Ceia (não obrigatória)	21:30
Silêncio	22:00

Fonte: Brasil (2007).

– professores, assessores e técnicos –, cada instituição monta sua própria grade curricular (Tabela 3.13), porém uma vez que há a necessidade da aprovação do Decex, pode-se dizer que essa autonomia é relativa, revelando um ponto de tensão entre estudiosos da área.

Como em qualquer outro curso, o desafio permanente é a distribuição de horas-aula entre os diversos conteúdos. Ainda que a Aman funcione em regime de internato, é comum a observação de que seria necessário mais tempo para o desenvolvimento de algumas atividades ou que algumas disciplinas demandariam carga horária maior. Um movimento que pode ser observado nos últimos dez anos é a maior valorização do aprimoramento em línguas estrangeiras e a inserção das disciplinas direito, relações internacionais, cibernética e inteligência à grade curricular. Como as academias militares (especializadas para a formação de militares) não poderiam competir com as academias civis (especializadas em cada uma dessas áreas específicas do conhecimento), buscou-se enfrentar esse desafio de duas formas: atraindo mais professores civis especializados para dentro

TABELA 3.13 – CURRÍCULO BÁSICO DA AMAN

Escola	Disciplina	H/a	Observações
EsPCEx	Língua Portuguesa	90	
	Língua Espanhola	45	
	Língua Inglesa	90	
	Química Aplicada	30	
	Física Geral	75	
	Cálculo I	90	
	Geometria Descritiva	30	
	História	60	
	Tecnologia da Informação e Comunicações	90	
	Técnicas Militares I e II	350	
	Treinamento Físico Militar	160	
Aman (Curso Básico)	Língua Portuguesa II	75	
	Língua Espanhola II	45	
	Língua Inglesa II	75	
	Ética Filosófica	60	
	Economia I	45	
	Estatística	45	
	Química Aplicada II	60	
	Segurança da Informação e das Comunicações	60	
	Técnicas Militares III	90	
	Técnicas Militares IV	90	
	Desenvolvimento da Identidade Militar (DIM)	350	TFM, instr. esp., equitação, tiro e OU
Aman (2ª ano)	Língua Espanhola III	45	
	Língua Inglesa III	75	
	Psicologia	105	
	História Militar do Brasil (HMB)	60	
	Introdução ao Estudo do Direito (IED)	60	
	Técnicas Militares Emprego Tático	424	
	DIM	302	TFM, instr. esp., OU e tiro

Escola	Disciplina	H/a	Observações
Aman (3º ano)	Idiomas	90	
	Metodologia da Pesquisa Científica	50	
	HMB	60	
	IED	60	
	Didática Aplicada à Instrução Militar	60	
	Técnicas Militares Emprego Tático	399	
	DIM	354	TFM, tiro, liderança, instr. esp. e OU
Aman (4º ano)	Direito Administrativo	60	
	Direito Penal Militar	60	
	Administração	60	
	Relações Internacionais	30	
	Técnicas Militares Emprego Tático	225	
	DIM	261	TFM, instr. esp., OU e tiro

Nota: TFM: Treinamento Físico Militar OUFonte: Brasil (2007).

das academias e permitindo que os oficiais terminem seus estudos de especialização em instituições de ensino civis[21] (Janowitz, 1964). Essas atividades vêm aumentando a área de trânsito entre civis e militares, algo improvável de ser pensado há poucos anos.

Para atividades além das previstas na Tabela 3.13, a Aman reserva algumas horas para que os alunos se dediquem a atividades complementares de ensino. A Tabela 3.14 apresenta um demonstrativo da porcentagem de horas/aula sob a responsabilidade do corpo de cadetes (CC) e da divisão de ensino, sendo que as disciplinas da área básica são predominantemente encargos da divisão de ensino, enquanto as da área profissional são do CC.

---

21 No caso brasileiro, nos níveis de pós-graduação.

TABELA 3.14 – HORAS RESERVADAS PARA ATIVIDADES COMPLEMENTARES

Complementação de ensino				
Atividades	1º ano	2º ano	3º ano	4º ano
Assunto da atualidade	6	8	8	8
Atividade livre	8	11	12	12
Comunicação social	–	–	–	10
Conferências e palestras	24	47	24	24
Dinâmica de grupo	12	10	8	6
Extraclasse	8	17	8	8
Olimpíadas/Navamaer	90	90	98	98
Plantão pedagógico	25	25	18	14
Trabalho de conclusão de curso	–	–	30	10
Totais	**173**	**208**	**206**	**190**
Visualização geral do curso	**1º ano**	**2º ano**	**3º ano**	**4º ano**
Disciplinas a cargo do CC	58%	58%	72%	81%
Disciplinas a cargo da Div. Ensino	42%	42%	28%	19%

Fonte: Brasil (2007).

Na Tabela 3.14 fica claro o maior número de horas dedicadas às disciplinas a cargo do CC desde o primeiro ano de curso, e que essa diferença aumenta no decorrer do período de estudo. Apesar de nos documentos estar expresso o desejo de equilibrar as horas dedicadas para cada área, em termos gerais não é isso que ocorre. Essa desproporção confirma a relação assimétrica entre os professores da academia, com sobrevalorização dos instrutores das armas em detrimento dos professores provenientes do quadro complementar de oficiais. Para que se efetivem as mudanças sugeridas e mesmo as que já se iniciaram, é preciso enfrentar o desafio da formação de docentes, que precisam se adaptar a transdisciplinaridade, ensino a distância, jogos de simulação, sistema de créditos, paridade com o meio civil, educação continuada, entre outros.

3.3.5 *O processo de ressocialização dos cadetes*

A juventude é uma etapa de definições. O aprendizado de "como ser militar" dá-se, principalmente, pelo cotidiano na academia e na socialização com colegas da mesma patente e com oficiais – "é na interação cotidiana com outros cadetes e oficiais que o cadete aprende como é ser militar"(Castro, 1990, p.15) –, e é durante o tempo de academia que se faz um esforço grande para que o cadete aprenda valores, atitudes e comportamentos apropriados à vida militar.

Tomando as escolas como instituições históricas, ao longo do tempo nota-se que tradições são desenvolvidas nesses espaços com o objetivo de moldar o ambiente ideal para educar o espírito militar dos jovens aspirantes. Pensando em West Point e Annapolis (academias militares dos Estados Unidos), Janowitz (1964) entende as academias como espaço no qual os padrões de comportamento do militar profissional são construídos. É o local em que, além das habilidades técnicas, o aluno recebe a doutrina de como ser um líder militar, é o espaço guardião da moral e da honra. Isso pode ser observado no forte simbolismo histórico que as escolas guardam com cuidado: bandeiras e objetos de guerras enfrentadas, materiais de militares que se tornaram heróis nacionais e cerimônias que são repetidas algumas vezes há mais de um século são fonte de aprendizado sobre a história da guerra e da própria Força Armada, e são tão importantes quanto o estudo sistemático a partir de manuais ou em sala de aula (ibid.). Esses mesmos apontamentos podem ser aplicados à Aman.

Na academia, há diversos rituais que visam auxiliar o processo de ressocialização, sendo um dos principais a cerimônia de entrega do espadim.[22] Na verdade, toda a rotina escolar é controlada, forçando a ressocialização. Parte disso está, inclusive, expresso nas

---

22 O espadim é uma réplica da espada de Duque de Caxias, o patrono do Exército brasileiro, entregue ao cadete, em uma solenidade, como símbolo da honra militar e dos valores que o jovem deve resguardar. Quando o cadete termina a Aman e é declarado aspirante-a-oficial, ele devolve o espadim à instituição.

Normas Gerais de Ação (NGA), documento que o cadete recebe com instruções sobre como se comportar, marchar e usar o uniforme, e no qual há uma descrição minuciosa do ritual a ser cumprido para cada atividade. Também estão previstos nas NGA prescrições para o comportamento extraclasse – por exemplo como dançar, como manter o cabelo e os alojamentos –, num alto grau de detalhamento.

A intensidade da ressocialização é tão grande que alimenta a discussão se as escolas militares podem ser consideradas instituições totais. Assim que ingressam na escola, ainda durante o processo de adaptação, o choque cultural já começa com treinamentos coletivos de marchas, continências, posturas militares, educação física, regulamentos, recebimento de uniformes e outros procedimentos burocráticos. Esse é um momento de muita pressão, pois não existem permissividades, ordens são recebidas durante todo o tempo, há humilhações verbais e aumento na exigência física e ocorre até mesmo a exortação para que os novatos desistam e abandonem a academia. É uma espécie de teste preliminar do grau de comprometimento dos cadetes com o desejo de seguirem a carreira militar, assim como sua motivação e seu autocontrole, e as vagas abertas por evasões nesse período podem ser realocadas para candidatos da fila de espera (ibid.).

Os maiores responsáveis por essa pressão sobre os cadetes são os tenentes, seus superiores imediatos. Como em tudo da hierarquia militar, os cadetes precisam respeitar a sua cadeia de comando e raramente têm contato com oficiais superiores. Embora os tenentes sejam os mais duros na disciplina militar, são também eles que percebem as dificuldades dos cadetes, conhecendo-os bem. São eles que registram ao longo do ano o desempenho, punições, licenças médicas, elogios, tudo sobre cada um de seus comandados.

Esse período de transição ocorre não apenas na Aman, mas em outras escolas militares, como a West Point, e é chamado de *beastbarrack*.

O próprio termo sugere que se trata de algo como um tratamento de choque destinado a impressionar o novo cadete com a ruptura que ele efetuou em relação à vida civil, a erradicar quaisquer hábitos desleixados que ele possa ter adquirido, a dar-lhe a confiança que provém do enfrentamento e da conquista de uma dureza apropriada e a uni-lo estreitamente a seus companheiros que são submetidos à mesma experiência. (Masland; Radway apud Castro, 1990, p.35)

Segundo Janowitz (1964), para uma pessoa externa ao mundo militar, essa transição pode ser repulsiva, mas há um motivo para se dar dessa forma: é como uma seleção para entrar em uma fraternidade. Quando os potenciais oficiais deixam de ser os "calouros" das escolas, eles passam a ser admitidos como um membro da corporação, ou mais, como um membro da fraternidade. A partir desse momento, a força física diminui e resta uma rígida disciplina.

Aqueles que ultrapassam esse período desenvolvem um grande companheirismo com seus colegas e, mesmo após muitos anos de carreira, um oficial costuma mencionar sua turma de entrada e a de formatura quando perguntado sobre o período escolar. O fim desse momento é marcado pelo trote ou batismo.[23] O momento formal é a entrega do espadim, quando os alunos passam de fato a ser considerados cadetes. Segundo Castro (1990), os jovens que desistem no período inicial são considerados pelos que ficam como fracos, precipitados ou não vocacionados. Os que ficam se consideram melhores, pois ultrapassaram coletivamente uma grande barreira, e têm essa ideia reforçada pelos oficiais instrutores.

A partir daí, "a educação militar passa a ter uma grande influência na transformação pessoal, e isso é sentido pelos novos alunos

---

23 Embora proibido pelos regulamentos, os trotes ocorrem e são "controlados" pelos superiores, para evitar excessos. Existe uma hierarquia informal entre os cadetes, com precedência para os do 4º ano, e ela se expressa em todo tipo de brincadeiras que compõem o trote, como visitas-surpresa aos alojamentos dos novatos.

que passam por um processo de despersonalização individual" (Ludwig, 1989, p.8). O primeiro novo ensinamento da ressocialização é o pilar da hierarquia e disciplina, base da formação que rege toda a vida da instituição, diferenciando tarefas, *status* e papéis dentro do mundo castrense. O aluno aprende que o fato de ocupar determinado posto "implica executar uma atividade específica e isso determina a conduta e estrutura as relações de comando e obediência, [...] sistematizando a ação e a elaboração do conhecimento militar" (Fázio, 2008, p.68).

A hierarquia militar tem, entretanto, um componente diferenciado de outras organizações hierárquicas para o qual Castro (1990, p.26) chama a atenção: "Pode-se dizer que, de certa forma, eles (um capitão ou um general) são cadetes com alguns anos de experiência e idade a mais. Todos são oficiais e comungam o mesmo espírito militar". Os cadetes podem, portanto, ter a expectativa de, terminada a escola, serem inseridos na cadeia de ascensão que, mais rápida ou lentamente, irão galgar; e os tenentes que os pressionam, em alguma medida, tornam-se modelos do que poderão vir a ser em breve.

Os oficiais superiores se mostram para os cadetes como modelos diferentes na ascendência, pois a hierarquia manifesta-se de duas formas: a partir da autoridade (produz um "chefe", cuja autoridade deriva do posto que ocupa, e não das suas características individuais), e por meio do prestígio (produz o "líder"). Embora um Exército profissionalizado deva ter preferência pelo chefe, tão preso às normas quanto o restante do sistema, Castro (1990) identifica a preferência dos cadetes pelo líder, capaz de arrastar pelo exemplo, o que não deixa de espelhar o tradicionalismo heroico da profissão.

Por fim, recorda-se que a ascensão na hierarquia não vem apenas da antiguidade, pois ao tempo de dedicação são combinadas avaliações de meritocracia. Rapidamente, do mais importante para a posição mais subalterna, a hierarquia militar é organizada a partir do general de exército e segue por intermédio do general de divisão, general de brigada, coronel, tenente-coronel, major, capitão, primeiro-tenente, segundo-tenente e aspirante, seguindo posteriormente para os praças.

A posição na hierarquia influencia, inclusive, as amizades travadas na escola. Há relações de amizade entre hierarquias distintas, porém não são estimuladas. Isso pode ser percebido até mesmo na separação dos cadetes de cada ano nos alojamentos, um dos poucos ambientes informais de socialização (ibid.). Segundo Fázio (2008), a grande preocupação é com a promiscuidade, que ocorre quando um oficial de nível superior se relaciona com subtenentes e sargentos sem a presença de oficiais subalternos, quebrando a cadeia hierárquica. Essas atitudes podem levar um oficial superior ao desprestígio entre os colegas da mesma patente, principalmente durante o exercício de funções de comando sobre eles.

Além da hierarquia, outro valor fundamental para a ressocialização é a disciplina. A primeira coisa que o cadete aprende ao chegar à EsPCEx é que ele deve acatar as regras da instituição disciplinadamente, adaptando-se ao meio, e passa a pedir permissão mesmo para as atividades mais comuns, como tomar banho ou fumar, abrindo mão do seu livre arbítrio.

Diferentemente da hierarquia, que pode ser percebida pelas patentes na farda, dos cursos executados, que fornecem medalhas, ou das armas, pelo círculo que o oficial ocupa, a questão da disciplina é intangível, entretanto, determina todas as outras a partir de comportamentos como a continência, a formação, o respeito e a rigidez corporal. Em outros termos, enquanto a hierarquia explicita uma imagem do militar, a disciplina evidencia os valores da autoimagem castrense, independentemente da patente, "a disciplina transmite valores, deveres e direitos da instituição castrense ou da vontade coletiva para o oficial em particular" (ibid, p.77), conformando as características que devem orientar a honra militar. São valores morais e não econômicos, expressos no Estatuto dos Militares:

I – o patriotismo, traduzido pela vontade inabalável de cumprir o dever militar e pelo solene juramento de fidelidade à Pátria até com o sacrifício da própria vida;

II – o civismo e o culto das tradições históricas;

III – a fé na missão elevada das Forças Armadas;

IV – o espírito de corpo, orgulho do militar pela organização onde serve;

V – o amor à profissão das armas e o entusiasmo com que é exercida;

VI – o aprimoramento técnico-profissional.

(Brasil, 1997, p.13-14).

Esses valores funcionam como um divisor de águas entre civis e militares. Segundo Fázio (2008), as organizações civis pautam-se pela legalidade e pelo individualismo, enquanto as militares pautam-se pela honra e pelo juramento às questões do Estatuto dos Militares. "É a obrigação moral do militar sacrificar-se em defesa da Pátria que o faz sentir-se diferente do civil, que apenas envolve-se em momentos excepcionais, por adesão voluntária, podendo se retirar quando quiser sem se comprometer ou prejudicar" (ibid., p.81).

Retomando o debate realizado no capítulo anterior a respeito da profissionalização, há dúvidas sobre a afirmação anterior de Fázio (2008). Em primeiro lugar, a literatura sobre a guerra do presente e do futuro, em suas múltiplas formas, vem tratando do quanto a população civil é envolvida nos conflitos, sendo diretamente afetada por eles. Em segundo lugar, há dúvidas se o que orienta o comportamento militar não são expectativas mais pragmáticas – como finanças e estabilidade – em detrimento do juramento de entrega da vida, particularmente em países como o Brasil, com baixas expectativas de envolvimento em uma guerra. Por fim, também há dúvidas se, com o fortalecimento da institucionalização dos conflitos, as Forças Armadas não passaram a ser regidas pelos princípios da legalidade, como se pode ver na inclusão de disciplinas como direito internacional no currículo da Aman. Portanto, o divisor de águas entre civis e militares pode estar situado em outros elementos, por exemplo, a manutenção da autonomia militar em algumas áreas, como é o caso da educação, ou o cultivo, em aspectos simbólicos.

3.3.6 Avaliação e evasão dos cadetes

As notas na academia seguem critérios que integram o desempenho individual à avaliação dos superiores e dos colegas. O primeiro critério é a assiduidade nas atividades: cada vez que o cadete perde ou não assiste integralmente a uma aula ele perde um ponto, e caso não apresente uma justificativa, essa penalidade é ampliada. Outro critério são as notas dos avaliadores e oficiais superiores sobre atributos cognitivos, afetivos, psicomotores e morais. Caso o cadete obtenha menos de cinco − nota mínima exigida para prosseguir para o ano seguindo dos estudos − em duas disciplinas, ele "passa" de ano e cursa simultaneamente no ano seguinte as disciplinas "devidas", quando não pode ser reprovado em alguma. Caso seja reprovado em mais de duas disciplinas, ele perde todo o ano escolar. Essas notas formam um conceito vertical, dado ao final dos anos pelos oficiais.

Por fim, são levadas em conta notas dadas pelos colegas de turma sobre o seu entusiasmo profissional, lealdade, discrição, disciplina, aptidão para a chefia e para o trabalho em grupo, resistência física etc. Ou seja, diferentemente do mundo civil, o desenvolvimento individual do militar não depende apenas da avaliação dos superiores, mas também do grupo em que está inserido, o que reforça o espírito de unidade, a disciplina e a estrutura militar. É um conceito horizontal, emitido por seus pares. Ou seja, o método de avaliação cruza critérios verticais (emitidos por superiores) com critérios horizontais (emitidos por seus pares).

O cadete só toma conhecimento de seu conceito final. Castro (1990) chama a atenção para um aspecto interessante: apenas os instrutores e professores têm acesso a todas as notas recebidas pelo cadete. Com isso, eles podem cruzar suas impressões pessoais sobre cada discente com as emitidas pelos colegas, não raro descobrindo que alunos que eram por eles bem avaliados são vistos pelos colegas como desleais ou arrogantes, por exemplo.

A competição entre os colegas é medida pela coesão social da corporação, uma vez que o sistema de *ranking* para estimular a competição e a ambição dos cadetes é, ao mesmo tempo, a base de um sistema de solidariedade entre eles. É difícil um cadete destacar-se dentro da grade apertada da Aman, pois sobra pouco espaço para o brilhantismo e a inovação individuais. Os cadetes tentam se mostrar dentro de limites bem estreitos, e os superiores precisam estar atentos para detectar os talentos. A competição pelo mérito ocorre com base em regras muito rígidas, de modo a não colocar em risco o companheirismo, um pilar do *esprit de corps*. Segundo Castro (1990), isso é possível, pois possibilita patamares inicialmente iguais para todos, de forma que os melhores naturalmente se sobressaem.

Como discutido até aqui, embora as condições para competir dentro da academia sejam mais igualitárias do que no universo civil em geral, há diferenças internas nas Forças Armadas, assim como dentro das escolas. A principal delas é a rede de relações familiares e a origem militar dos cadetes. De acordo com Ribeiro (2005), as decisões de mérito são permeadas por relações pessoais de amizade e influência, a maioria delas inicialmente formada no último ano da escola, quando o estudante conclui o curso e escolhe seu local de serviço, sendo impossível criar um ambiente de absoluta igualdade de condições para a concorrência entre eles.

Uma das principais funções da avaliação é a distribuição dos cadetes entre as armas. Ao concluírem o segundo ano, os estudantes são chamados individualmente pela sua ordem de classificação para a escolha da arma, quadro ou serviço que cursarão nos próximos anos e que servirão por toda a carreira, segundo as vagas estabelecidas pelo Estado-Maior. Isso significa que os últimos colocados ficam com as opções nas quais "restam" vagas. A classificação também interfere no local onde o militar servirá após a formatura, assim como nas promoções que receberá ao longo de toda a sua carreira.

Além disso, como visto nos valores que devem integrar a honra militar, a preocupação de ser o melhor é constante, não apenas em relação aos civis, mas também diante dos próprios colegas de turma. A figura "01 de turma" é quase mítica, confere grande prestígio não só dentro da escola como durante toda a carreira, e é esse estudante que receberá a espada de Caxias na formatura de encerramento das mãos do próprio presidente ou ministro de Estado. Aqueles que atingem o primeiro lugar na Aman, EsAO e Eceme são chamados de "tríplice coroados" e dificilmente não chegarão ao generalato.

A vinculação entre as notas e o local onde servirão no futuro gera uma distorção na aprendizagem, que foi mencionada no diagnóstico do PME: "A conquista de notas mais altas tem por objetivo predominantemente obter melhores condições de escolha de unidade, em detrimento do fim essencial do estudo, a adequada preparação para o exercício de cargos e de funções militares" (Brasil, 1995b, p.5). Outro caminho para se destacar é ter bom desempenho esportivo, tornando-se membros de equipes e participando de diversas competições.

Mesmo com a importância de se conseguir boas notas e a sua relativa dificuldade, pode-se observar baixa evasão de cadetes, que normalmente não chega a 5% de todo o efetivo. Os números da Tabela 3.15 demonstram as desistências após a matrícula.

Com a transformação do ano da EsPCEx na primeira etapa regular da formação dos oficiais, a tendência é que os dados se

TABELA 3.15 – EVASÃO DE CADETES DA AMAN, POR ANO

	2002	2003	2004	2005	2006	2007	2008	2009	2010	2011	2012
1º ano	26	41	18	18	11	35	28	22	55	45	31
2º ano	10	13	8	7	8	12	16	8	8	5	8
3º ano	6	10	3	8	4	5	11	10	7	5	4
4º ano	3	9	8	3	3	5	7	9	12	10	15
Total	45	73	37	36	26	57	62	49	82	65	58

Fonte: elaboração própria.

TABELA 3.16 – EVASÃO DE CADETES DA AMAN, POR MOTIVO

Motivo	1998	1999	2000	2001	2002	2003	2004	2005	2006	2007	2008	2009	2010	2011	2012
Disciplinar	–	1	–	3	3	6	6	–	1	1	6	3	2	–	1
Falecimento	–	1	–	–	–	1	–	1	2	2	2	1	–	1	1
Interesse próprio	29	17	28	46	32	49	19	16	14	39	28	7	12	4	10
Reprovação	3	5	9	7	1	10	2	3	2	2	2	3	10	2	10
Saúde	12	8	8	7	9	7	10	16	14	13	24	–	–	–	2
Total	44	32	45	63	45	73	37	36	33	57	62	14	24	7	24

Nota: A Aman mudou o método de mensuração em 2009.
Fonte: elaboração própria.

alterem num futuro próximo, porque as desistências passarão a ser contabilizadas ainda em Campinas, e não mais na chegada à Aman. Na Tabela 3.15, é visível quanto o primeiro ano é atribulado, pois é o período em que ocorre o maior número de desistências Destaca-se também que esses números correspondem ao período pós-matrícula, excluindo os alunos que desistiram ainda na fase de adaptação. A diferença mais relevante nas desistências é em relação ao ano de curso. Fatores como a origem regional dos cadetes ou a arma escolhida não exerceram grande influência. Por fim, esses números seguem a mesma característica dos dados coletados por Castro (1990), em 1987, quando 78 cadetes saíram de um universo de 1.473.

Tão importante quanto entender quantos cadetes saíram da academia é identificar por que desistiram (Tabela 3.16).

Na Tabela 3.16 estão computados os cadetes que saíram da Aman, seja por iniciativa própria, seja por iniciativa da academia. Em todos os anos, o número dos que saíram voluntariamente supera o número de desligamentos por motivos disciplinares, falecimento, reprovação e saúde. Como visto na Tabela 3.15, as desistências por interesse próprio concentram-se no primeiro ano, após esse período, pode-se inferir, pelo baixo número de desligamentos efetuados, que há forte interesse da escola em manter os cadetes matriculados. Isso é importante, pois demonstra que o grande investimento (financeiro e político) feito na formação dos cadetes resulta, na maioria das vezes, em sua formatura. Cabem, porém, estudos para captar se durante a carreira os números e as motivações para as evasões se mantiveram nos mesmos patamares da Aman ou se sofreram modificações.

3.3.7 As armas no Exército

Após o fim da etapa avançada de instrução comum, o cadete escolhe, segundo a ordem de classificação, um curso para se especializar entre infantaria, cavalaria, artilharia, engenharia, comunicações, material bélico e intendência.[24] Cada arma, quadro ou serviço tem suas representações coletivas: patrono, tradições, canções, comportamentos, entre outras características variadas, como o jeito de marchar. Segundo Castro (1990, p.59), isso ocorre porque cada arma tem um espírito próprio.

> Há uma homologia entre as características pessoais exigidas pelas diferentes "missões" (isto é, tarefas) de cada Arma numa situação de combate – as "atividades-fim" – e os diferentes padrões de conduta e personalidades mantidos na situação de não combate, no cotidiano. [...] As Armas produzem significação, cultura, uma espécie de totemismo.[25]

Conforme Inácio Filho (2000), o conceito de representação coletiva foi proposto por Durkheim na busca por entender os mecanismos que garantem a coesão social. Ele concluiu que "através de

||||||||||||

24 A infantaria é a arma que tem contato físico direto com o inimigo, devendo conquistar e manter posições massivamente. A cavalaria faz incursões avançadas em grupos menores no campo do inimigo, em especial pelos flancos, abrindo caminho nas linhas adversárias para a passagem da infantaria, com ações rápidas e de impacto. Com a sofisticação dos equipamentos, infantaria e cavalaria vêm precisando desenvolver uma parte mais técnica para manuseio dos materiais. A artilharia apoia a cavalaria e a infantaria, imobilizando o inimigo; é considerada uma arma simultaneamente combatente e técnica, uma vez que precisa ser minuciosa nos cálculos dos tiros. A engenharia executa funções específicas – como construção de pontes, demolições, entre outras –, seja ou não no ambiente de combate, apoiando as armas combatentes e fazendo um trabalho simultaneamente braçal e técnico. As outras três especialidades permanecem junto ao comando da tropa, na retaguarda. As comunicações centralizam as informações recebidas de todas as unidades, o material bélico atua no preparo e manutenção de viaturas e equipamentos e a intendência fornece suprimentos e serviços em situação de combate e administra o cotidiano do Exército. Ambas são consideradas as responsáveis pelo apoio logístico às tropas e mantêm mais semelhanças com o mundo civil, seja por terem contato com instituições civis durante o exercício da sua profissão, seja por terem mais facilidade para se reintegrar ao mercado de trabalho após irem para a reserva (Castro, 1990)

25 Para se aprofundar na correlação entre as características de cada arma e as características dos cadetes que a escolhem, ver Castro (1990), especialmente o capítulo "O espírito das Armas".

imagens – tatuagens, cocares, brasões – os grupos sociais podem referir-se a si mesmos, regular seu funcionamento, sua hierarquia e as diferenciações entre seus membros" (ibid., p.3). A partir da construção de imagens, é possível também construir uma identidade ao redor de cada uma das especialidades da Aman.

Além das características subjetivas, medidas objetivas são tomadas para fortalecer a identificação do cadete com a sua arma. Os alojamentos, as refeições, as aulas teóricas e práticas, tudo o mais é feito com os colegas da arma escolhida. Isso possibilita que exista, muitas vezes, mais interação com membros da própria arma de diferentes anos do que com cadetes no geral do próprio ano (Castro, 1990).

O momento da escolha é visto pelos cadetes como um "casamento", com o qual estarão vinculados durante toda a carreira, mas é um objeto de preocupação da modernização do ensino. Como corrigir as situações em que a opção não mais corresponde ao desejo do oficial após um período? De forma geral, "quem ficar insatisfeito com a Arma em que ingressou, ou continua insatisfeito ou abandona a carreira" (ibid., p.56).

No capítulo anterior, foi pontuado como um avanço do processo de profissionalização brasileiro o fato de as diversas especialidades serem consideradas com o mesmo nível de dificuldade, necessitando igualmente de formação. No entanto, as diferenças entre as especialidades fomentam algum nível de rivalidade entre elas. Sob esse aspecto, percebe-se que elas não são avaliadas horizontalmente, percebendo a sua contribuição para o combate, e sim verticalmente, hierarquizando umas sobre as outras. Segundo Castro (2004), essa hierarquização ocorre de duas formas. A primeira é uma grande valorização entre os cadetes das armas consideradas mais combatentes, em detrimento daquelas consideradas menos combatentes, sendo a infantaria a que seria de maior importância, o que demonstra que "a ação é vista como mais importante que o estudo, não somente porque ela dá preparo físico, rusticidade e união, mas também porque é nela que se forjam os líderes" (ibid., p.68). A segunda

TABELA 3.17 – ESCOLHA DE ARMA, QUADRO E SERVIÇO

Arma	1998 V	1998 F	1999 V	1999 F	2000 V	2000 F	2001 V	2001 F	2002 V	2002 F	2003 V	2003 F	2004 V	2004 F	2006 V	2006 F	2007 V	2007 F	2008 V	2008 F	2009 V	2009 F	2010 V	2010 F	2011 V	2011 F	2012 V	2012 F
Infantaria	165*	7	166*	4	158	5	162*	4	161	5	120	5	141*	7	141*	7	133	5	156*	5	114*	3	135	3	131*	1	120*	1
Cavalaria	58	3	59	6	56*	6	62	7	62	7	46	7	51	4	51	4	58	6	64	6	51	7	59	7	61	6	60	2
Artilharia	68	4	69	3	65	7	72	6	70*	2	54	2	60	3	60	3	63	4	65	4	55	4	63*	6	65	7	60	3
Engenharia	44	2	44	7	42	4	43	5	43	6	32	6	39	6	39	6	42	7	51	7	44	6	47	5	48	5	55	7
Comunicações	48	6	49	5	47	3	43	2	43	4	32	4	27	5	27	5	29*	2	32	1	26	5	30	4	35	3	32	5
Material bélico	34	5	34	2	32	1	39	3	38	1	28	1	27	2	27	1	33	1	32	2	29	2	34	2	35	4	32	6
Intendência	68	1	68	1	65	2	57	1	57	3	42*	3	47	1	47	2	58	3	60	3	48	1	55	1	61	2	55	4

Notas: * = Escolha da figura "01"; V = vagas; F = ordem de fechamento.
Não foram localizados os dados referentes a 2005.
Fonte: elaboração própria.

hierarquização atribui mais valor às armas técnicas, "associadas à cognição, à maior proximidade com o meio civil, à mudança e modernização" (ibid., p.95).

Contudo, é possível outra reflexão. Na Tabela 3.17, nota-se o número de vagas disponíveis para cada arma, a ordem de fechamento delas (qual tem todas as vagas preenchidas primeiro) e qual especialidade o "01 de turma" de cada ano escolheu.

Quanto ao número de vagas oferecidas pelo Estado-Maior para cada arma, apreende-se desse período alguma variância, com tendência à queda das vagas para a infantaria, intendência e comunicações. As demais permaneceram basicamente constantes. Quanto ao valor total, com exceção da infantaria, que tem um número de vagas muito superior às demais, as outras especialidades não se distanciam muito umas das outras, com número levemente inferior para comunicações e material bélico.

Em relação à ordem de fechamento, uma hipótese seria que as especialidades que dispõem de menor número de vagas são as mesmas que "fecham" primeiro, mas essa hipótese não se comprova, pois algumas especialidades com menos vagas ficam cheias primeiro e outras por último. O destaque de interesse entre os cadetes é a intendência, uma especialidade não combatente, considerada burocrática. Durante todo o período, ela figurou entre as primeiras a terem todas as suas vagas preenchidas, o que pode levar à hipótese de que os cadetes têm procurado especialidades mais próximas das existentes no mundo civil. Dois destaques de desinteresse são a cavalaria e a engenharia, duas armas combatentes. No caso da engenharia, contribui para o desinteresse a existência de mais um curso de engenharia organizado pelo Exército, no Instituto Militar de Engenharia, que embora não forme engenheiros combatentes, também forma engenheiros militares. Todos esses argumentos ainda são carentes de mais aprofundamento.

Por fim, quanto ao "01 de turma", mais da metade escolheu a infantaria. No caso do "01", por ser o primeiro a escolher, o número de vagas disponíveis em cada arma não faz diferença. O motivo para a escolha da infantaria não pode, portanto, ser comprovado. Hipóteses explicativas poderiam ser formuladas, como haver mais probabilidade de chegar ao generalato, mas isso também é carente de validação.

Neste capítulo, foi possível observar como está a formação dos cadetes do Exército brasileiro atual. No próximo e último capítulo, serão abordados os desafios que a profissionalização militar tem ainda a enfrentar a partir dos dois objetivos delimitados no primeiro capítulo: formar oficiais democráticos e aptos a exercer vasta gama de funções, em particular a defesa do Brasil.

Considerações parciais

Este capítulo debruçou-se sobre um dos quatro sistemas de ensino do Brasil, o sistema de ensino do Exército, com foco no Processo de Modernização de Ensino do Exército e a Academia Militar das Agulhas Negras.

A consideração a ser feita sobre a política de modernização é que, pelos documentos observados, ela fez um diagnóstico bastante robusto e traz amplo leque de proposições focadas, em especial, na modernização pedagógica. Entretanto, não foi possível verificar a aplicação das recomendações, ou mesmo avaliar a sua efetividade, o que é uma lacuna deste trabalho. Pode-se afirmar, porém, que as reformas se deram por motivações externas à instituição – em especial o fim da Guerra Fria –, mas foram conduzidas por iniciativa interna e pouco permeáveis ao mundo civil, ainda que buscando se equiparar a ele, como na formatação de disciplinas e carga horária. O Exército brasileiro mostrou-se aberto a mudanças na área tecnológica, mas ainda resiste quando interferem na cultura da organização.

Quanto ao estudo sobre a Aman, optou-se por uma descrição minuciosa no intuito de aproximar o leitor do ambiente escolar e dos cadetes que a frequentam, lembrando que, em média, a cada 400 cadetes, 4 deles chegarão a general.

A primeira consideração a ser feita em relação à Aman é a relevância dos símbolos da instituição dentro da escola, que vai desde a arquitetura tradicional a frases inscritas nos pátios internos – "Cadetes! Ides comandar, aprendei a obedecer". Essa observação confirma que a educação vai muito além do ensino, e é um tema que requer extremo cuidado, pois incutir os valores de hierarquia e disciplina e fomentar laços de lealdade entre os cadetes não pode ser confundido com conformar uma corporação. Um exemplo positivo é o processo avaliativo da Aman, em que o desenvolvimento individual do militar não depende apenas da avaliação dos superiores, mas também de seus pares, o que faz que a competição entre os colegas seja mediada pela coesão social. Um exemplo negativo é o isolamento do cadete, pois passar quatro anos mantendo esparsos contatos com civis é algo que fomenta o corporativismo e o insulamento.

A segunda observação importante diz respeito ao peso da escolha da Arma na carreira, visto quase como um casamento. A Arma favorita entre os cadetes é a intendência, uma especialidade não combatente, considerada burocrática; e os destaques de desinteresse são a cavalaria e a engenharia, confirmando a discussão teórica de que os cadetes têm procurado especialidades mais próximas das existentes no mundo civil e, portanto, menos "heroicas". Nesse sentido, é possível apontar que parte dos cadetes viu na carreira militar a oportunidade de um bom concurso público, mas não é possível mensurar se, com o tempo, eles manterão essa percepção.

A terceira observação a se fazer é sobre a origem dos cadetes. A profissão confere certo *status*, salário razoável, estabilidade empregatícia, benefícios sociais, oportunidades de viagens para estudo e trabalho tanto no Brasil quanto no exterior, o que atrai as camadas médias, apresentando-se como uma possibilidade de ascensão social, em particular sobre praças e oficiais subalternos. Ao final dos estudos na academia, 50% dos cadetes terão estudado mais que seus pais. Isso porque, com o aumento da escolaridade média da população, camadas mais baixas começaram a passar no concurso da Aman (em média, um quarto da turma vem de famílias que recebem até cinco salários mínimos). Em outros momentos, a escola já teve 70% dos seus quadros recrutados entre militares, mas durante o período analisado por esta pesquisa esse número variou em torno de 40%. Desse total, os filhos de oficiais superiores raramente chegaram a 30%, e é possível perceber um crescimento vertiginoso do recrutamento entre os filhos de subtenentes e sargentos. Assim, é possível apontar uma insatisfação dos filhos de oficiais superiores com a carreira dos pais, refletindo o sentimento dos altos oficiais de que seu padrão salarial está aquém do de outras elites, como altos executivos.

A quarta observação tem relação com a ideia de que o Exército é a imagem da nação. Talvez o Exército o seja, mas o corpo de oficiais definitivamente não é. Quanto à naturalidade, a força provém, em geral, do Sudeste, somando mais de 50%, e em particular do Rio de Janeiro, com mais de 30% do número de cadetes. Diferente do século XX, o Rio Grande do Sul variou em torno de 10% dos recrutas, o que tem relação com a já discutida endogenia. A preocupação que cabe é com a identidade dos oficiais com territórios distantes da sua realidade de origem, como a Amazônia, algo que se reforça ao se verificar as motivações que levam à escolha da carreira militar.

A religião, a quinta e última observação, carece de aprofundamento. Ocorre nas escolas o crescimento consistente dos cadetes pertencentes a diversas religiões evangélicas, atualmente por volta de 25%. Antes, a religião não era uma forma de socialização muito importante no mundo militar, mas com a mudança nesse quadro, é provável que ela impacte nas redes de lealdades militares.[26]

---

26 As eleições de 2018 e a composição do governo do presidente eleito, Jair Bolsonaro, mostraram o enorme impacto da religião, que deve merecer mais atenção dos estudiosos militares.

4. PROFISSIONALIZAR, UM VERBO TRANSITIVO

O OBJETIVO DA CAMINHADA DESENVOLVIDA ATÉ AQUI FOI TOMAR a profissionalização como algo que transige segundo as características de cada país e conjuntura histórica, pois são esses substratos que unem tanto as ameaças contra as quais se deseja estar protegido, quanto as relações entre civis e militares de determinado Estado. Considerada a principal variável da profissionalização, deu-se mais enfoque à educação militar e, para isso, nenhum dos conceitos dos teóricos apresentados foi considerado de forma estanque, e sim como perspectivas capazes de iluminar diferentes aspectos do tema.

Neste último capítulo, será discutida a multiplicidade de funções que o Exército brasileiro é chamado a desempenhar, assim como serão oferecidas pistas para se pensar a relação entre civis e militares na atualidade. Os dois temas oferecem elementos para um amplo leque de discussões, mas para o objetivo deste trabalho, devem ser lidos sob a óptica da profissionalização militar e dos desafios enfrentados no Brasil.

4.1 A transigência da profissionalização segundo a relação cívico-militar

Os autores discutidos ao longo dos três capítulos anteriores tomam a questão da profissionalização como algo central para as Forças Armadas, sendo que cada um deles tratou da questão a partir de uma variável. Neste livro, defende-se que a profissionalização não é algo estático, mas um elemento que transige segundo:

a) controle civil sobre as Forças Armadas;
b) cultura política do país;
c) corporativismo das Forças Armadas;
d) soldado revolucionário;
e) soldado pretoriano;
f) necessidades de defesa do Estado;
g) outras necessidades do Estado além da defesa, como as assistenciais.

Algo comum entre todas essas variáveis é a tensão permanente que existe no triângulo de relações entre civis, militares e Estado, fio condutor deste estudo, que levou a questão educacional como a variável central capaz de influenciar positiva ou negativamente as relações entre os diferentes vértices da figura.

A questão da profissionalização não pode ser vista como um receituário único, e sim como algo que se modifica a depender da realidade. Ela transige segundo variáveis internas (formação histórica, sociológica e política do Estado; regime de governos, cultura política etc.) e externas (contexto internacional, entorno estratégico). Assim, pensar a profissionalização para as Forças Armadas de algum país implica conhecer os elementos próprios de sua realidade e como eles se inserem na conjuntura mundial. Esses elementos, por sua vez, influenciam as possibilidades de emprego de uma força armada, que podem variar de atividades que são efetivamente de defesa até mesmo ações policiais, assistenciais ou desenvolvimentistas.

Somente depois da definição das funções necessárias que os militares devem exercer, é possível delimitar as diretrizes de como eles devem ser preparados para o cumprimento de determinadas missões, ou como será sua educação militar.

Por fim, entende-se que a educação militar tem dois objetivos igualmente importantes: garantir formação profissional e técnica compatível com as necessidades de defesa e segurança dos Estados, assim como com as diversas possibilidades de emprego militar no cenário atual; e assegurar a identificação das Forças Armadas com seu povo e seu país, promovendo uma cultura política democrática e voltada para a paz. Atender apenas o primeiro objetivo não é ser profissional.

4.2 A transigência da profissionalização a partir da conjuntura do mundo e do Brasil pós-Guerra Fria

Desde final do século XX, duas mudanças impactaram profundamente as Forças Armadas brasileiras. A primeira foi o fim da Guerra Fria e da bipolaridade geopolítica, que reposicionou os Estados Unidos na ordem mundial e, por sua vez, abriu espaço para a substituição das tensões Leste-Oeste pelo neoliberalismo. A segunda grande mudança foi a saída dos militares brasileiros do controle do Estado, com a redemocratização do Brasil.

O governo que melhor expressa as opções brasileiras na década de 1990 é o de Fernando Henrique Cardoso, que adotou o paradigma normal, segundo a tipologia de Cervo (2002, p.8), baseado:

a) no revisionismo histórico e na condenação das estratégias internacionais do passado; b) na adoção acrítica de uma ideologia imposta pelos centros hegemônicos de poder; c) na eliminação de ideias de projeto e de interesses nacionais; d) na correção do movimento da diplomacia. [...] Erigida como ideologia da mudança, engendrou graves incoerências, ao confundir democracia com imperialismo de mercado, competitividade com abertura econômica e desenvolvimento com estabilidade monetária.

Nesse período, o Brasil aderiu ao Regime de Controle de Tecnologia de Mísseis (1995) e ao Tratado de Não Proliferação Nuclear (1998), entre outros. Ao assinar os pactos de erradicação de armas químicas e biológicas de destruição massiva, dois problemas ficaram patentes: o primeiro é a renúncia ao exercício da força como instrumento da política, um atributo tradicional de poder; o segundo é a manutenção de uma capacidade militar-estratégica convencional compatível com a aspiração de potência regional sem sustento tecnológico próprio (Bernal-Meza, 2002).

No início do século XXI, pode-se assistir a um novo contexto internacional marcado por conflitos de diferentes tipos, nos quais os Estados Unidos têm sua hegemonia questionada no terreno econômico, político e ideológico, mesmo que sob o ponto de vista militar eles continuem sendo a única superpotência. Após o fracasso das experiências neoliberais que aprofundaram a dependência internacional e as diferenças sociais na América Latina, foram eleitos governos em diversos países latino-americanos, como o Brasil, com programas que tinham em comum o desejo de ampliar a autonomia nacional diante da potência hegemônica, privilegiando relações multilaterais com os próprios países da América do Sul. Esse novo período seria regido pelo paradigma logístico, cuja maior expressão é o ex-presidente Luis Inácio Lula da Silva. Nessa situação, ocorre:

a) o reforço da capacidade empresarial do país; b) a aplicação da ciência e da tecnologia assimiladas; c) a abertura dos mercados do norte em contrapartida ao nacional; d) mecanismos de proteção diante de capitais especulativos; e) uma política de Defesa Nacional. (Cervo, 2002, p.10)

O Brasil passou 25 anos pós-redemocratização avançando na consolidação das suas instituições republicanas. Também cresceu economicamente, aumentou sua projeção internacional – optou pelo multilateralismo na política externa –, ampliou o acesso da população à educação e saúde, entre outros direitos sociais básicos. Ao mesmo tempo, segue com problemas estruturais, como a alta taxa de desigualdade social, infraestrutura insuficiente para a integração nacional e grande dependência de produtos primários na pauta de exportação.

Por um longo período, o país também se manteve com entorno estratégico praticamente sem muitos problemas, possuindo Forças Armadas fortes e a maior produção industrial de armas em relação aos vizinhos. Começou-se a construir a ideia de Brasil como *global trader*, aproximando o país de outras potências médias mundiais, como China, Índia, África do Sul e Rússia (Bernal-Meza, 2002). No entanto, há dúvidas se os avanços nacionais seriam suficientes para acompanhar o papel geopolítico brasileiro de articulador do bloco de países emergentes e as diferentes missões que isso acarreta. Já com a eleição do governo Bolsonaro para a presidência, ocorreram fortes mudanças na política externa, em que cabe destacar a renúncia ao papel de articulador do bloco emergente, adotando uma política de maior alinhamento com os interesses dos Estados Unidos no continente sul-americano.

As transformações no ambiente internacional e no cenário interno brasileiro causaram impactos na doutrina militar. A derrota da Argentina na Guerra das Malvinas (1982) serviu de aprendizado, pois colocou o Tratado Interamericano de Assistência Recíproca (1947) em questão e evidenciou a "incapacidade das Forças Armadas brasileiras para uma guerra convencional de média intensidade" (Cavagnari Filho, 1994, p.52). A nova doutrina substituiu as percepções de conflito e rivalidade no continente sul-americano pelas de cooperação e acordo, em especial no âmbito comercial, o que levou o Brasil a se colocar, em muitos momentos, como mediador dos conflitos da região. Do ponto de vista do preparo das Forças, Flores (1992, p.151) preleciona:

Uma capacidade militar de dimensões comedidas, mas tecnologicamente moderna e eficiente para que mereça respeito e credibilidade como instrumento de poder a serviço dos interesses da sociedade brasileira, complementada pela capacidade indispensável para o exercício de atividades de natureza não essencialmente militar que lhes devam caber por conveniência nacional definida em lei.

A visão sobre como deveria se dar a relação com os Estados Unidos também se modificou ao longo dos anos, variando entre o desejo de ser seu principal interlocutor no continente até uma postura mais pragmática na negociação de apoios. Mesmo entre as forças, havia percepções diferentes de qual seria a melhor maneira de conduzir essa relação. A Marinha, por exemplo, tentou livrar-se mais rapidamente do alinhamento automático com os Estados Unidos em busca da modernização tecnológica e de um projeto industrial militar.

> Sob o comando americano, aprendemos a fazer a guerra no mar em moldes modernos, entramos em contato com equipamentos de projeto recente e sofisticados, como o sonar e o radar, passamos a pensar em termos mundiais mais do que em termos regionais, despertamos, mais uma vez, para nossa vocação atlântica. Contudo, à total dependência material somaríamos uma subordinação intelectual esterilizadora nos anos subsequentes. (Vidigal apud Martins Filho, 2006, p.81)

O pensamento do Exército era mais apegado aos parâmetros geopolíticos da Guerra Fria, porém também sofreu mudanças, como pode ser notado na doutrina de defesa da Amazônia, quando alguns temas começaram a ser considerados "globais", ou seja, assuntos aos quais não mais se aplicariam os conceitos de soberania nacional e de autodeterminação. Também foi debatida a importância de reformar os aparelhos militares dos países menos poderosos para um novo combate policial contra as drogas. Essas questões foram interpretadas pelo Exército como uma forma de esconder as "intenções hegemônicas das potências, sobretudo dos Estados Unidos, no sentido de impor sua própria agenda de segurança nacional a países como o Brasil" (Martins Filho, 2006, p.98).[1] Em contraponto, os militares brasileiros formularam a doutrina da resistência e têm profissionalizado corpos permanentes para serem utilizados, se necessário.

Segundo Oliveira e Soares (2010), no final do século XX, as Forças Armadas brasileiras depararam-se com um novo quadro que trouxe implicações profundas. No ambiente externo, o fim da Guerra Fria impôs a redefinição de inimigo e do papel das Forças no mundo; enquanto no ambiente interno, vivenciaram as exigências de redemocratização após a permanência militar de vinte anos no poder político. Essas mudanças internas e externas determinaram que a profissionalização transigisse, se modificasse para atender às novas necessidades.

Recentemente, duas questões, uma de natureza externa, outra de natureza interna, provocaram o questionamento sobre quanto de fato as mudanças na profissionalização foram efetivas ou retóricas. Externamente, a ascensão econômica chinesa e o aprofundamento da aliança entre China e Rússia fazem com que alguns militares voltem a revisitar um cenário de guerra fria, no qual o papel que nos cabe seria a aliança incondicional com a potência hegemônica estadunidense. Internamente, ocorreu em 2019 a posse de Jair Bolsonaro, que contou com forte apoio militar entre as suas bases, tendo entre seus ministros mais militares do que houve durante o regime

---

1 Para Martins Filho (2006), levando em conta quanto a influência externa foi determinante na profissionalização brasileira, uma posição autônoma é algo relevante e gerou uma doutrina de defesa da Amazônia, cuja formulação é efetivamente nacional – a doutrina da resistência –, em que foram integrados métodos irregulares de guerrilha à guerra convencional de forças regulares em face de um poder militar incontestavelmente maior. Essa possibilidade de ação tem como objetivo demonstrar ao invasor que o preço a pagar para manter o domínio sobre alguma região no interior do Brasil seria muito alto, não compensando os benefícios decorrentes.

autoritário, e adotando um forte discurso de militarização ao resgatar, inclusive, a doutrina de combate ao inimigo interno.

4.3 A transigência da profissionalização segundo as possibilidades de emprego

Huntington (1996) considerava que o *esprit de corps* gerava uma ética profissional própria e atemporal, desde que não ocorressem mudanças na natureza da função militar. As mudanças se dariam apenas no âmbito da técnica militar. Atualmente, com o predomínio dos militares em funções diferentes das do combate tradicional, podem ser observadas alterações na ética profissional.

Em um ambiente com tantas possibilidades de emprego, preparar o cadete fica cada dia mais difícil, e é preciso compreender que missões diferentes exigem treinamentos específicos dos alunos das escolas militares. Ou seja, a profissionalização transige segundo a função a ser exercida Porém, antes de entrar propriamente nesse debate, é preciso conhecer um pouco mais as atividades que o Exército brasileiro profissional é chamado a desempenhar (Quadro 4.1).

Para Bruneau e Matei (2013), as funções exercidas em guerra convencional são as menos requeridas dos militares no século XXI. A visão da guerra como um instrumento político condenável

QUADRO 4.1 – FUNÇÃO A SER DESEMPENHADA E AGÊNCIA RESPONSÁVEL

Papéis	Agências
Guerras	Forças Armadas, inteligência militar
Guerras internas	Forças especiais, polícia, inteligência
Terrorismo	Inteligência, polícia, Forças Armadas, forças especiais
Crime	Polícia, inteligência da polícia, apoio na retaguarda dos militares
Assistência humanitária	Militares, policiais, retaguarda da inteligência
Operações de paz	Militares, policiais, inteligência

Fonte: elaboração própria, a partir de Bruneau e Matei (2013, p.31).

generalizou-se por todo o globo, tornando improvável uma situação de guerra que engajasse populações inteiras em operações massivas, nos moldes da Primeira e Segunda Guerras Mundiais. Keegan (2002, p.76-77), por exemplo, afirmou que, "apesar da confusão e da incerteza, parece possível vislumbrar a silhueta emergente de um mundo sem guerras. [...] A guerra está saindo de moda". Segundo essa declaração, os conflitos continuariam existindo, mas em vez da militarização haveria o chamamento de grandes potências em um impulso humanitário de intervir em nome da paz.

Neste livro, considera-se essa afirmação excessivamente audaciosa. De fato, é verificável a preocupação política das nações hegemônicas em justificar e legitimar suas ações violentas, apresentadas como o último e execrável recurso,[2] deixando encoberta a guerra como um instrumento para a imposição da própria vontade (Godoy, 2004). Da mesma forma, a improbabilidade do conflito convencional é ainda maior no continente sul-americano, onde os conflitos vêm historicamente encontrando saídas diplomáticas.

No caso do Brasil, em particular, a Estratégia Nacional de Defesa (Brasil, 2008) indica a inexistência de inimigos internos ou externos.[3] Em virtude dessa situação, fez-se a opção pela estratégia

---

2 Exemplo disso é que tem se tornado incomum a promulgação pelos Estados de declarações de guerra, peças jurídicas históricas importantes que marcavam o momento do conflito. Atualmente as invasões norte-americanas a outros Estados são chamadas de missões de imposição de paz, por exemplo.

3 Antes de entrar diretamente nessa discussão, é importante fazer uma ressalva: nem sempre foi assim, éramos expansionistas. Segundo Godoy (2004, p.20), "O Brasil possui um passado calcado em intervenções na política externa da América Latina, atuando na região do Prata durante o período monárquico, em campanhas desastrosas na tentativa de impor seu domínio na Província Cisplatina, ao longo do primeiro reinado, promovendo golpes entre grupos políticos que pudessem favorecer interesses brasileiros na Argentina e, novamente, no Uruguai, culminando na Guerra da Tríplice Aliança". Mais recentemente, foram comprovados os diversos auxílios que os militares brasileiros prestaram a militares de outros países da América Latina que também sofreram golpes de Estado.

dissuasória e pela integração com os outros países do continente, sem deixar de lado a soberania dos Estados.

Apesar de pouco provável o Brasil se envolver em uma guerra convencional atualmente, essa possibilidade não pode ser descartada. Caso um conflito armado viesse a ocorrer, os prejuízos sociais que ele causaria são incomensuráveis, por isso, estar preparado para evitá-lo permanece sendo uma necessidade de defesa nacional. A reflexão que se faz aqui é que, mesmo em termos de armamento, ter alta capacidade convencional de ação não significa automaticamente uma vitória estratégica para o Brasil, isso é o que Walton (2010) alerta quando afirma que cada país deve ter a sua cultura estratégica e que essa deve ter relação com seu histórico de formação.

> Todo Estado tem uma diferente cultura estratégica, e isso tem uma grande influência na tomada de decisão dos países. [...] A cultura estratégica certamente reflete a cultura geral da população de um Estado, mas também as subculturas específicas dos indivíduos que constroem a estratégia. (Walton, 2010, p.217, tradução nossa)

Não foram encontrados estudos que discutissem especificamente esse ponto no Brasil, mas a partir da END, infere-se que a opção brasileira pela doutrina dissuasória está em concordância com a cultura estratégica do país. Essa é uma estratégia de coerção negativa, quando se ameaça um adversário para que ele não tome alguma ação, seja negando a obtenção do que ele deseja, seja o ameaçando de retaliação. É um tipo de violência diferente de compelir alguém a fazer algo que não deseja. A dissuasão guarda a paz, pois estimula que, a partir do cálculo político, o oponente desista do ataque, enquanto garante espaço para a utilização de outras ferramentas como a diplomacia. O Brasil é um país com sérias carências estruturais de desenvolvimento, o que significa que um aporte de recursos muito grande na compra de armamentos é algo praticamente impossível atualmente.

Carvalho (2005) considera que as Forças Armadas brasileiras sofrem uma espécie de desemprego estrutural por causa da ausência de ameaças externas, e por serem vistos, por alguns governantes, como uma "força de trabalho ociosa", os militares são aplicados em missões diversas. A Marinha e a Aeronáutica estariam conseguindo superar essas limitações, envolvendo-se na disputa pela tecnologia de ponta, pela indústria de defesa nacional, entre outros. Para tanto, adotaram uma política de contratação de quadros técnicos civis – inclusive mulheres –, o que contribuiu para "civilianizar" ou democratizar a composição das Forças. Por outro lado, ainda segundo Carvalho (ibid., p.137), o Exército não conseguiu se adaptar aos novos tempos: "A Força que se vangloria de ser a mais democrática, ironicamente, é a que aparece mais resistente à democracia". Mesmo com essa resistência, o Exército é a Força mais acionada para ajudar na resolução de problemas internos do país, pois com base na sua rígida hierarquia, o governo conta com amplo corpo profissional para atendê-lo.

Simultaneamente, outras ameaças para a segurança dos povos e dos Estados têm surgido ou se ampliado. A Declaração sobre Segurança das Américas, firmada na cidade do México, em 2003, descreve como novas ameaças:

a) o terrorismo, o crime organizado transnacional, o problema mundial das drogas, a corrupção, a lavagem de ativos, o tráfico ilícito de armas e as conexões entre eles;

b) a pobreza extrema e a exclusão social de amplos setores da população que também afetam a estabilidade e a democracia (a pobreza extrema solapa a coesão social e vulnera a segurança dos Estados);

c) os desastres naturais e os de origem humana, o HIV e a síndrome da imunodeficiência adquirida e outras doenças, outros riscos à saúde e a deterioração do meio ambiente;

d) o tráfico de seres humanos;

e) os ataques à segurança cibernética;

f) a possibilidade de que surja um dano em caso de acidente ou incidente durante o transporte marítimo de materiais potencialmente perigosos, incluindo petróleo, material radioativo e resíduos tóxicos;

g) a possibilidade do acesso, posse e uso de armas de destruição em massa e seus sistemas vetores por terroristas.

Se o fim da Guerra Fria afastou a discussão sobre a guerra nuclear entre potências, ele reaflorou questões que alimentaram as disputas entre as sociedades ao longo dos séculos, como a pobreza e a desigualdade. Essas características não podem ser neutralizadas por ações pacifistas ou por intervenções de guerra, mas geram o substrato ideal para o crescimento do terrorismo. Aqui, chamamos a atenção de que é preciso tomar cuidado com a apropriação automática dessas declarações no arcabouço de defesa do país. Como a profissionalização do Exército brasileiro se deu por influência de outros países, algumas vezes deslocando, inclusive, instrutores, até hoje os mecanismos de aprendizagem carregam uma forte marca externa. Isso fica claro, por exemplo, na disciplina história militar, na qual prioriza quase sempre o estudo de batalhas travadas por outros países e em função de seus interesses, pois o Brasil praticamente não entrou em conflitos diretos. Vale ressaltar que a experiência de outros países deve alimentar a reflexão, não devendo substituir a decisão nacional, pois apenas esta se correlaciona com os objetivos estratégicos do Estado brasileiro.

Saint-Pierre (2011) critica a adoção automática de conceitos formulados para outros contextos e interesses – como o de segurança multidimensional –, sem a necessária reflexão sobre as ideologias e os interesses que eles carregam consigo. Exemplo atual dessa necessidade pode ser extraído de Kiras (2002, p.227), para quem, "no futuro, as guerras irregulares seriam incitadas por diferenças culturais [...] e a violência exercida por motivos étnicos ou identitários". Concordar com essa afirmação sem levar em conta a composição multirracial e o ecletismo religioso brasileiros significaria a dissociação entre a cultura do país e a cultura estratégica.

Um pouco diferente de Bruneau e Matei (2013), Bertazzo (2005) organiza as possibilidades de emprego militar entre os planos externo e interno. No plano externo, constam a defesa das fronteiras, especialmente a da Amazônia, a atuação em missões de paz da Organização das Nações Unidas (ONU) e a manutenção de modernos armamentos de combate. No plano interno, encontram-se as ações subsidiárias (serviços na área de saúde, construção civil, assistência social etc.) e funções policiais de segurança interna, tanto em desordens urbanas quanto no combate ao narcotráfico.

O Exército sempre teve mais de uma possibilidade de emprego, logo, esse não é um fenômeno novo, mas o fato que tem chamado a atenção dos pesquisadores é o aumento das ações subsidiárias e policiais. Mais que entrar em conflito com militares de outros países, o Exército tem sido chamado para ações como: socorro a populações vítimas de desastres naturais em pontos extremos do país; vigilância das fronteiras brasileiras para evitar o tráfico de drogas, armas e pessoas; missões de paz internacionais; auxílio na construção de megaempreendimentos infraestruturais do país; e missões de GLO nos aglomerados urbanos das grandes capitais. À luz dessas considerações, acredita-se que duas questões precisam ser ajustadas na tipologia de Bruneau e Matei (2013) para o caso brasileiro: a primeira diz respeito ao emprego interno, que, no caso do Brasil, está regulamentado como emprego em GLO; a segunda questão acrescenta um item à classificação de Bruneau e Matei, ações de assistência humanitária são típicas de um Estado em desenvolvimento, como é o brasileiro, onde persistem desigualdades profundas. Porém, por causa do papel de indutor de desenvolvimento econômico e social que o Estado teve e ainda mantém, as Forças Armadas também vêm sendo utilizadas na construção e manutenção de importantes obras de infraestrutura do Estado, funcionando como uma força desenvolvimentista.

No teatro externo, chama a atenção o emprego do Exército, junto de outras Forças Armadas, em missões de paz internacionais. A Política Nacional de Defesa (Brasil, 1996a) destaca como um dos seus objetivos a importância de contribuir para a manutenção da paz e da segurança internacionais, ação realizada seja com observadores desarmados, seja a partir da atuação direta no conflito, com o envio de tropas, para o "monitoramento da resolução do conflito (cessar-fogo) e o desenvolvimento de condições para a instauração da paz na região conflagrada. As missões de *peacekeeping* ou *peacemaking*" (Bertazzo, 2005, p.54).

Godoy (2004) chama a atenção para a importância que as missões de paz têm para o Exército. Assim como estão em acordo com os documentos nacionais, pois cooperam para a paz internacional, elas contribuem para o incremento das relações externas do país de forma geral, e para a conquista da desejada cadeira permanente no Conselho de Segurança das Nações Unidas de forma particular, sendo bem vistas pelos militares. Além disso, levando em conta que o Exército brasileiro treina principalmente por meio de simulações há mais de cem anos, elas proporcionam:

> O preparo das Forças para as ações de combate, a efetivação dessas missões internacionais também possibilitam a experiência direta em conflitos externos entre seus componentes militares. [...] As forças de paz corresponderiam, portanto, à oportunidade de as Forças Armadas brasileiras obterem uma experiência real num teatro de operações e de possibilitar aos militares a efetivação de sua atividade de guerra pela qual recebem grande peso em sua formação, o que concorre para dar mais sentido ao desempenho de sua profissão ao se considerarem mais atuantes e necessários à sociedade e ao mundo. (Ibid., p.68)

O emprego em ambiente externo é menos visualizado pela sociedade. As atividades que ocorrem dentro do território nacional têm mais projeção, por causa do contato direto com a população brasileira. O Exército sempre tentou demonstrar sua importância, não apenas no treinamento para a guerra, mas também para a integração e o desenvolvimento do país, atuando em atividades cívicas diversas, como estabelecimento de colônias agrícolas em áreas fronteiriças, construção de rodovias e ferrovias, educação profissional para os recrutas, alfabetização e assistência a populações afastadas, entre outras tarefas. Esses subprodutos da atividade militar tiveram e têm impacto no desenvolvimento nacional (Coelho, 2000), sendo que, em alguns locais, o Exército é a única instituição presente do Estado. Nessas ações, destaca-se um elemento: o contato predominante com civis brasileiros (ou estrangeiros), e não com militares de outras nacionalidades.

Embora preferidas pela população em geral, alguns militares não gostam dessas atividades subsidiárias.

> A missão menos importante, do ponto de vista dos militares, é aquela à qual os civis dão mais valor: as atividades subsidiárias. As precariedades socioeconômicas do país levam os militares a servir de tapa-buraco numa série de tarefas não pertinentes à sua profissão, como assistência à saúde pública, transporte, resgate, socorro em desastres naturais, apoio à polícia e outras que, em países desenvolvidos, são executadas por órgãos civis. (Sant'Anna, 1999, p.2)

Há dúvidas se, de fato, os militares não gostam dessas atividades. De toda forma, inegavelmente compreendem sua utilidade, como pode ser observado na declaração do comandante do Exército:

> As ações subsidiárias não devem comprometer a operacionalidade da Força, porém há que se considerar que têm valor estratégico como veículo de projeção do Exército Brasileiro no seio da sociedade, neutralizando segmentos interessados na diminuição do peso das Forças Armadas nas esferas decisórias do país. Dessa forma, interessa participar de projetos governamentais de natureza civil, relacionados com a Defesa Nacional, que

> contribuam para desenvolver áreas pioneiras e permitam captar recursos para ações de interesse da Força. (Bertazzo, 2005, p.52)

Há muita diversidade de atividades subsidiárias, seja no âmbito da assistência humanitária, seja como motor do desenvolvimento. Na assistência humanitária, destacam-se as atividades na saúde pública e na defesa civil. Vários quartéis do Exército prestam atendimento médico e odontológico às comunidades vizinhas, participam de campanhas de vacinação e combatem surtos de doenças. Da mesma forma, sempre que necessário, atuam em enchentes, incêndios, secas e outros desastres, contribuindo para a diminuição das necessidades da população em situação de risco. No âmbito desenvolvimentista, destaca-se a engenharia de construção do Exército, que vem atuando há décadas na infraestrutura nacional, como estradas, pontes, ferrovias, aeroportos, poços, obras de saneamento, entre outras, em particular nas regiões mais remotas do país. Exemplo da institucionalização dessa atuação é a lei complementar n.117 (Brasil, 2004), pela qual a área de engenharia do Exército foi autorizada a cooperar com órgãos públicos e "excepcionalmente" com empresas privadas para a execução de obras e serviços. Na prática, o Exército acaba cumprindo até mesmo o papel de fiscal de obras públicas (Bertazzo, 2005). A diversidade de operações que desempenha é tão grande que engloba até mesmo a fiscalização e transporte das urnas eletrônicas e o combate à boca de urna durante os períodos eleitorais.

Não obstante, o Exército ainda é visto, inclusive pelo governo, como um espaço de formação da cidadania, papel defendido por Olavo Bilac desde o início da República, quando, preocupado com o surgimento de uma casta militar, advogava pelo serviço militar obrigatório com o argumento de que "o Exército será o povo e o povo será o Exército". Enxergava uma missão castrense na educação cívica do cidadão, o que requereria militares absolutamente dedicados à sua profissão. É uma visão semelhante à de Coelho (2000, p.89):

O quartel, dizia ele, apura as qualidades do indivíduo, infunde-lhe o sentido da hierarquia, da disciplina, do patriotismo. O quartel seria a expressão mais acabada da democracia, porque nivela as classes no mesmo dever e na tarefa de Defesa Nacional, funde o civil com o militar na medida em que ambos influenciam-se mutuamente e, assim, afasta o perigo do surgimento de uma casta militar.

Exemplo atual dessa ideia é o Projeto Soldado Cidadão, lançado em 2004 pelo governo Lula, com o objetivo de dar a recrutas selecionados uma formação profissional técnica que facilite sua reinserção no mercado de trabalho após o fim do serviço militar obrigatório. Em alguma medida, esse também é um novo emprego para as Forças Armadas: recuperar jovens carentes (infratores ou não), incorporando-os às suas fileiras, uma vez que eles demonstram dificuldades em serem absorvidos pela sociedade (Arruda, 2007).

O atuação interna mais polêmica dos militares é em ações policiais, quando o Exército atua na repressão a cidadãos brasileiros, ainda que em situações criminosas. Esse emprego não é novo, uma vez que o Exército fez incursões na política de segurança interna durante todo o século XX. Para uma população civil que tem em alta conta suas Forças Armadas e considera que suas polícias têm baixa reputação e encontra-se em situações de insegurança pública, propostas de atuação castrense em ações policiais são por vezes bem aceitas. Trata-se do emprego militar contra a miséria urbana.

As Forças Armadas poderão intervir em nova guerra entre brasileiros, não a guerra ideológica anterior de nosso Leste-Oeste interno, mas a guerra da pobreza contra a riqueza, a guerra de nosso Norte-Sul doméstico. As primeiras escaramuças dessa guerra estão aí na ação do crime organizado, na violência da polícia, no extermínio de menores [...] e pode-se entender a cumplicidade da classe média em relação à ocupação militar da cidade. (Carvalho, 2005, p.170-171)

Em seu desespero, a sociedade deseja apenas que suas demandas sejam atendidas e, nesse sentido, acredita que o combate ao crime transnacional – como o tráfico de drogas – deva ser resolvido por tanques, caças e militares, enquanto, na verdade, sua resolução poderia se dar por um trabalho de inteligência que alimentasse uma polícia eficaz. Esse emprego não favorece o controle civil democrático, pois consiste na manutenção da tutela castrense sobre o poder civil, representando "uma opção limite que, de um lado, expressa a falência do instrumento policial tradicional, de outro, estimula uma dependência do Presidente em relação à área de força militar do Estado" (Oliveira apud Castro; D'Araújo, 2001, p.112).

Sant'Anna (1999) concorda com essa afirmativa e alerta que a manutenção dessa atividade na Constituição permitiu que os princípios da Doutrina da Segurança Nacional continuassem presentes. Não foi a primeira vez que o emprego interno foi mencionado na Constituição. Arruda (2007) oferece um quadro histórico com as missões constitucionais das Forças Armadas (Quadro 4.2).

A PND (Brasil, 1996a) especificou a diretriz constitucional, mantendo "a participação das Forças Armadas em ações subsidiárias que visem à integração nacional, à defesa civil e ao desenvolvimento socioeconômico do país, em harmonia com sua destinação constitucional" (ibid., p.5). Dessa forma, o preparo militar precisaria compreender, inclusive, essas ações.

Outro ponto que gera discordâncias quanto ao emprego interno tem razões externas: o medo de fortalecer os Estados Unidos como única potência militar com poder de combate real, enquanto as Forças Armadas latino-americanas seriam relegadas ao papel de forças de contenção interna, o que, por sua vez, modificaria a sua profissionalização (Oliveira; Soares, 2010). Os militares norte-americanos não têm a função policial, ao contrário, são terminantemente proibidos de intervir internamente, vivenciando um ambiente com rígida separação de funções. Em países com histórico de intervenção militar, a preocupação com a limitação do emprego

PROFISSIONALIZAR, UM VERBO TRANSITIVO   211

QUADRO 4.2 – MISSÃO DAS FORÇAS ARMADAS NAS CONSTITUIÇÕES

Constituição	Missão das Forças Armadas
1824	Art. 145 – Todos os brasileiros são obrigados a pegar em armas, para sustentar a Independência e integridade do Império, e defendê-lo dos seus inimigos externos ou internos. Art. 148 – Ao Poder Executivo compete privativamente empregar as Forças Armadas de mar e terra, como bem lhe parecer conveniente à segurança e defesa do Império.
1891	Art. 14 – As Forças de terra e mar são instituições nacionais permanentes, destinadas à defesa da Pátria no exterior e à manutenção das leis no interior.
1934	Art. 162 – As Forças Armadas são instituições nacionais permanentes e dentro da lei, essencialmente obedientes aos seus superiores hierárquicos. Destinam-se a defender a Pátria e garantir os poderes constitucionais, a lei e a ordem.
1937[*]	Art. 161 – As Forças Armadas são instituições nacionais permanentes, organizadas sob a base da disciplina hierárquica e da fiel obediência à autoridade do Presidente da República.
1946	Art. 176 – As Forças Armadas, constituídas essencialmente pelo Exército, Marinha e Aeronáutica, são instituições nacionais permanentes, organizadas com base na hierarquia e na disciplina, sob a autoridade suprema do Presidente da República e dentro dos limites da lei. Art. 177 – Destinam-se as Forças Armadas a defender a Pátria e a garantir os poderes constitucionais, a lei e a ordem.
1967	Art. 92 – As Forças Armadas, constituídas essencialmente pela Marinha de Guerra, Exército e Aeronáutica Militar, são instituições nacionais, permanentes e regulares, organizadas com base na hierarquia e na disciplina, sob a autoridade suprema do Presidente da República e dentro dos limites da lei. 1º – Destinam-se as Forças Armadas a defender a Pátria e a garantir os Poderes constituídos, a lei e a ordem.
1988	Art. 142 – As Forças Armadas, constituídas pela Marinha, pelo Exército e pela Aeronáutica, são instituições nacionais permanentes e regulares, organizadas com base na hierarquia e na disciplina, sob a autoridade suprema do Presidente da República, e destinam-se à defesa da Pátria, à garantia dos poderes constitucionais e, por iniciativa de qualquer destes, da lei e a ordem.

* A única carta magna que não atribuiu aos militares, explicitamente, a missão de garantir a lei e a ordem internamente foi a de 1937, outorgada por Getúlio Vargas.
Fonte: Arruda (2007, p.108).

das Forças Armadas internamente precisa estar ainda mais presente (Forças Armadas..., 2003).

Também cabe ressaltar que os recursos que financiam as ações subsidiárias são os mesmos que financiam as ações de defesa, o que na prática reduz a capacidade de investimentos do Ministério da Defesa em atividades eminentemente militares.

O emprego policial das Forças Armadas se dá de duas formas: nas fronteiras e nas ações de GLO. Na questão das fronteiras, é preciso explicar que não se trata do emprego militar diante do risco de uma invasão do Brasil por outro Estado do seu entorno. Há que se levar em conta que "não há questões de limites de fronteiras a resolver; os conflitos não são mais interestatais e nem há um grupo interno atentando contra o poder do Estado" (Bertazzo, 2005, p.46). Na realidade, o tipo de conflito que ocorre na fronteira é de natureza policial, em que acontece a violação dos limites territoriais brasileiros por grupos transnacionais do narcotráfico ou do crime organizado, por exemplo. Em um primeiro momento, o Exército dividia essa responsabilidade com outros órgãos, como a Polícia Federal, no entanto, entre manter funcionários com altos salários e diárias da Polícia Federal na Amazônia e manter um batalhão do Exército com um salário modesto, a segunda opção é financeiramente mais vantajosa. A partir do momento em que ele é autorizado a fazer prisões em flagrante, "o Exército adquire, legalmente, um papel dual na zona de fronteira: devendo tanto efetuar prisões quanto combater invasores em situação de conflito" (ibid.).

Nesse caso, o desafio da educação militar não é apenas habilitar o militar a atuar nessas duas situações, mas principalmente ensinar o oficial a distinguir quando se trata de uma ou de outra situação. Para Arruda (2007), as medidas adotadas atacam o efeito, e não a causa, e o pragmatismo financeiro do governo pode levar a sérias consequências políticas e defensivas.

A lei complementar n.97 (Brasil, 1999b) discute outra possibilidade de emprego militar internamente, a GLO. Ela poderia ocorrer por iniciativa de qualquer um dos poderes constitucionais, porém, apenas após o "esgotamento de todos os instrumentos destinados à preservação da ordem pública e da incolumidade das pessoas e do patrimônio". Esses instrumentos são os órgãos das polícias: federal, federal rodoviária e ferroviária, civil, militar e corpo de bombeiros.

Arruda (2007) considera que atualmente ocorre uma inversão de papéis, com as Forças Armadas sendo transformadas em força auxiliar das polícias militares, e não o inverso. Além de impactar na identidade militar, essa atitude seria pouco eficaz, pois não resolve o problema da insegurança pública e, ao mesmo tempo, compromete a profissionalização militar.[4] Do ponto de vista educacional, a dificuldade para identificar as diferentes situações na fronteira, e assim acionar o conjunto de conhecimentos necessário para enfrentá-las corretamente, é a mesma nos casos de GLO. Treinar alguém para atuar em situações de guerra e situações policiais é mais fácil que treinar esse mesmo indivíduo a identificar quando se trata de uma ou outra situação. Sem essa distinção, as ações contestatórias (dentro ou fora da lei) podem ser comparadas às ameaças puramente criminosas, recebendo tratamento semelhante por parte do Exército. "Com essa nova atribuição policial das Forças Armadas, é possível que uma autoridade com percepção equivocada acione um aparato desproporcional para a solução de um problema local" (Bertazzo, 2005, p.81).[5]

---

4 É notável o aumento do emprego militar nas ações policiais. O principal exemplo é a criação, em novembro de 2004, da 11ª Brigada de Infantaria Leve – Garantia da Lei e da Ordem, especializada no combate a civis brasileiros, com adestramento e materiais específicos. No mesmo ano, também foi criada a Força Nacional de Segurança Pública, composta por policiais de vários estados. Ambos os grupos possuem funções semelhantes, mas com treinamento e estruturas organizacionais e profissionais diferentes.

5 Bertazzo (2005) lembra a ocasião em que o presidente Fernando Henrique Cardoso mobilizou o Exército para defender sua fazenda, que estava sendo ameaçada de invasão pelo Movimento Sem Terra (MST), utilizando o Exército para proteção de uma propriedade particular.

Não foram encontradas entrevistas com os cadetes da Aman sobre o assunto, porém, na pesquisa de Godoy (2004) sobre os discentes da Academia da Força Aérea, os alunos reconhecem que são mais bem preparados e têm melhor arsenal para combater o crime organizado nas ações de GLO do que as forças policiais. Eles também seriam menos corrompíveis, por não trabalharem diretamente na rua. Chamam a atenção, porém, para a necessidade de essas atividades ocorrerem em período restrito, permitindo que eles retornem às suas atividades primárias.

Há dúvidas sobre a suposta incorruptibilidade das Forças Armadas, em especial a partir do aumento das taxas de criminalidade dentro da corporação. Segundo Bertazzo (2005), há vários casos do envolvimento de militares com o crime organizando, transportando drogas, por exemplo. Para Arruda (2007), em épocas passadas, os crimes mais cometidos por militares eram a deserção e a insubmissão; em 2000, esse número era de 41% em comparação a 59% por acusações de roubo, extorsão, estelionato, homicídio qualificado e outros crimes considerados graves.

Assim como o Exército precisa de adaptações para o século XXI, as polícias também precisam de mudanças na doutrina, no aparelhamento e no preparo para atuar no contexto contemporâneo, o que deve ser objeto de outra discussão. Para o escopo deste trabalho, o importante é determinar que a missão policial (segurança pública) exige preparo diferente da missão militar (defesa nacional) e que o aumento das missões subsidiárias já impacta na Aman e no perfil profissiográfico. A seguir serão apresentadas as competências profissionais esperadas de um profissional da infantaria[6] no perfil profissiográfico de 2013 (Quadro 4.3).

|||||||||||

6 A infantaria foi escolhida, por ser a que forma o maior número de oficiais. Contudo, ressalta-se que os perfis profissiográficos das demais armas, quadros e serviços seguem a mesma estrutura.

PROFISSIONALIZAR, UM VERBO TRANSITIVO

QUADRO 4.3 – COMPETÊNCIAS PROFISSIONAIS GERAIS

1) Atuar: a) em operações de amplo espectro (guerra convencional e assimétrica); b) em operações de guerra não convencional; c) em operações de não guerra; d) no espaço cibernético; e e) como agente direto e indireto da administração.
2) Comandar fração ou subunidade em qualquer tipo de operação.
3) Considerar as implicações da legislação ambiental para o Exército brasileiro.
4) Desenvolver: a) pesquisa científica em Defesa Nacional e Ciências Militares, para cooperar com o desenvolvimento da Doutrina Militar do Exército; b) a docência.
5) Empregar: a) as técnicas do combatente básico; b) as técnicas do combate aproximado; c) as técnicas especiais de combate; d) conhecimentos sobre a história militar; e) os preceitos da ética profissional militar (Direito Internacional Humanitário/Direito Internacional dos Conflitos Armados – DIH/Dica); e f) os princípios básicos de Sistemas de Tecnologia da Informação.
6) Integrar informações de combate.
7) Operar: a) produtos de defesa com alta tecnologia agregada; e b) interagindo com sistemas autônomos (veículos não tripulados, robôs etc.).
8) Participar de: a) operações conjuntas, multinacionais e interagências; e b) Força Expedicionária.
9) Planejar, orientar, controlar e avaliar o processo de preparação da tropa sob a sua responsabilidade.
10) Realizar: a) o estudo de situação no nível fração e subunidade; b) atividades administrativas rotineiras nas Organizações Militares (OM); c) gestão organizacional; e d) atividades inerentes à função de oficial subalterno nas Organizações Militares de Corpo de Tropa.
11) Utilizar: a) os princípios básicos de Relações Internacionais; e b) ferramentas gerenciais.
12) Trabalhar em ambientes colaborativos interligados (rede).

Notas: DIH: Direito Internacional Humanitário; Dica: Direito Internacional dos Conflitos Armados

Fonte: Aman (2013).

Com base no perfil profissiográfico, pode-se perceber a exigência de que o cadete, além de estar preparado para todas essas atuações, também precisa assumir funções de pesquisador, comandante, administrador, professor etc. Enfim, o perfil profissiográfico prevê praticamente a formação de um "super-homem". Há dúvidas se isso é possível e, mesmo se for, se é interessante para as Forças Armadas e o Estado.

4.4 Os desafios para a profissionalização do futuro

4.4.1 Uma nova orfandade: profissional

As diversas possibilidades de emprego enumeradas anteriormente geram um desafio objetivo: como formar um militar apto a desempenhar com a mesma qualidade essa diversidade de funções? Entendendo que cada uma das atividades demanda um grupo específico de conhecimentos anteriormente adquiridos, como treinar o cadete para que ele saiba escolher qual desses grupos deve ser acionado em cada situação?

Janowitz (1964) alerta que as mudanças e indefinições da missão a que os militares se destinam têm gerado uma crise de identidade entre o militar herói, o militar administrador e o militar político, expressão das disputas entre a tradição e a modernidade. O militar herói é o herdeiro do guerreiro típico que atravessou os séculos desde a Antiguidade, guiado por valores marciais e cujo objetivo é a conservação das tradições e a obtenção da glória. O militar administrador é preocupado com a conduta racional da guerra, fazendo cálculos pragmáticos e mantendo ligações efetivas com a sociedade civil. O militar político, além da administração da violência, atua politicamente negociando seus interesses, seja internamente – influencia decisões políticas nos âmbitos da defesa e segurança pública – ou externamente – suas atividades somam na balança de poder internacional e influenciam o comportamento dos estados nacionais –, atuando como um grupo de pressão (ibid., p.35).

> O desenvolvimento de uma abordagem racional não pode suplantar uma vontade acrítica para enfrentar o perigo – a essência do espírito marcial. [...] Os gestores militares estão cientes de que eles dirigem organizações de combate. Eles se consideram homens corajosos, preparados para enfrentar o perigo. Mas eles estão principalmente preocupados com as formas mais racionais e econômicas de vencer guerras ou evitá-las. [...] Os líderes heroicos, por sua vez, afirmam que têm a fórmula adequada para a condução da guerra. Não negam as evoluções tecnológicas, mas para eles as tradições heroicas da luta dos homens só podem ser conservadas na honra e tradição militares, assim como na maneira militar de vida.

Esse dilema entre o militar herói, administrador e político expressa diferentes doutrinas e formas de perceber a guerra e a política internacional. Parte dos oficiais é adepta da doutrina absoluta – classificada como realista por Janowitz (1964) –, em que apenas a vitória total contribui para conquistar os objetivos políticos. Outra leitura possível é chamada de pragmática. Nesse caso, a violência surge como um fim, podendo ou não ser empregada em função dos objetivos políticos, cumprindo um papel complementar e conjugado à diplomacia internacional. Quanto mais político o militar, maior a preocupação do oficial com as consequências políticas de suas condutas. Esse comportamento deriva da leitura de que os conflitos internacionais são cada vez menos resolvidos com o uso da força, cada decisão estratégica ou tática não é uma simples decisão administrativa militar, mas carrega consigo intenções e objetivos políticos (ibid.).

O militar administrador e o político também trouxeram impactos na profissionalização, retomando características anteriores da profissão militar. Antes da profissionalização, os militares desejavam se parecer com os civis; depois, passaram a formar um grupo profissional diferenciado. Com o aumento da complexidade tecnológica, os militares profissionalizados voltaram a buscar profissões civis, como engenheiros, "civilizando-se" ou se associando a grupos de pesquisa em busca de inovações tecnológicas. O efeito perverso da transformação apontada por Janowitz é a evasão, pois, com a alta qualificação, os oficiais passaram a receber ofertas de trabalho no mundo civil.[7] Da mesma forma, o crescimento do papel de administrador e político entre as habilidades que o oficial precisa desenvolver, tendo em vista as diversas possibilidades de emprego apresentadas, levanta discussões sobre até que ponto o ensino pode ser mantido como mais tático-operacional nos primeiros níveis da carreira, e político-estratégico nas escolas de altos oficiais. Por fim, no caso do militar herói, é adaptado o sentimento de busca pela glória, mas com a escassez de guerras e com um sentimento hegemônico pacifista na sociedade, a glória passa a ser merecida a partir de outros elementos, como o destaque acadêmico.

Por fim, Janowitz (1964) alerta que o equilíbrio entre essas três características varia conforme o nível dos militares na hierarquia, com a maior diferença na comparação entre oficiais e praças. Quanto mais alta a hierarquia, maior a necessidade de empregar habilidades interpessoais e menor a necessidade de demonstrar conhecimentos substantivos. A principal habilidade requerida de um oficial de alta patente é o seu poder de comunicação, seja na corporação, convencendo os próprios subordinados, seja externamente, negociando com os civis e divulgando os programas de interesse das Forças Armadas (ibid.).

Essas considerações trazem muitas implicações para a educação militar. No caso da formação de oficiais, como ocorre na Aman, essa elite torna-se cada vez mais diplomática e política, precisando lançar mão de conhecimentos menos técnicos. Isso decorre das possibilidades de emprego militar no Brasil, onde a preparação dos oficiais leva mais em conta a possibilidade de promover a paz em missões internacionais

---

7　Na década de 1950, nos Estados Unidos, um a cada quatro oficiais norte-americanos largava as fileiras castrenses após o período obrigatório.

do que efetivamente se envolver em uma guerra. Se um marco na história da profissionalização havia sido a separação da formação dos engenheiros civis e dos militares, esses dois eixos passam novamente a precisar se comunicar, cada dia mais. Não necessariamente da mesma maneira que o Instituto Militar de Engenharia – instituto misto, que forma simultaneamente civis e militares –, mas construindo pontes permanentes entre as diversas formas de saber produzido dentro e fora das academias militares. Para a conquista desse objetivo, Godoy (2009) preconiza que, a exemplo de outros países, o Brasil deve estimular seus oficiais a tornarem-se estudiosos de suas áreas, pesquisadores de novidades aplicáveis às três Forças, passando a frequentar centros de pesquisa e extensão nas universidades civis.

A partir das contribuições de Janowitz (1964) sobre os três tipos de militares (herói, administrador e político), é possível retomar o debate sobre a orfandade em um novo patamar, diferente do que Coelho (200) havia proposto, ao reconhecer dois tipos de orfandade: a funcional e a institucional, baseadas nas relações estabelecidas entre civis e militares. Considerando as reflexões de Janowitz, infere-se a existência de uma terceira orfandade, a profissional, que aparece no hiato entre a formação militar e o emprego profissional. Além de se sentirem órfãos organizacional e institucionalmente diante dos civis, os militares também podem se sentir órfãos das suas próprias expectativas profissionais, pois o ensino pode formar militares em busca de uma prática profissional que provavelmente nunca exercerão durante a carreira, gerando expectativa e frustração quando, de fato, saem da academia.

Dessa maneira, as Forças Armadas atuais seriam vítimas de um paradoxo. Por um lado, segundo Huntington (1996, p.87), o militar nem sempre é favorável à guerra, pois "embora preconize o preparo, ele nunca se sente preparado". Em contrapartida, a depender do ensino recebido, o soldado pode construir uma ideia de heroísmo na guerra e, assim, ela vai se tornando algo positivo, pois é uma maneira de atender a um desejo de sucesso profissional.

> Manter a nação em paz e soberana, em circunstâncias de pouquíssima possibilidade de confronto real contra um inimigo externo, não representa justificativa à altura da instituição castrense e não contribui na valorização dos militares perante a sociedade civil. [...] Como a guerra é algo que deve ser evitado, ainda mais na realidade de uma nação como o Brasil, carregada de restrições materiais e de contradições sociais, o encaminhamento dos militares em ações políticas acaba por tornar-se sedutor e legitimar sua existência. (Godoy, 2004, p.46-47)

Enfim, o contexto sem guerra favorece a ação política direta das Forças Armadas, que busca provar a sua utilidade para a sociedade em geral. Uma forma de evitar isso, segundo Godoy (2004), seria adotar definições mais evidentes sobre a importância das ações subsidiárias em um país como o Brasil, o que contribuiria para aperfeiçoar a formação dos jovens oficiais e evitaria crises de identidade.

4.4.2 A especialização sem a perda da totalidade

Desde o século XIX predomina a sociedade industrial. Assim como o modelo taylorista-fordista, que segmentava a produção, eram fragmentadas as capacidades bélicas, diferenciando as formas de lutar na terra, mar e ar, assim como especializando tarefas dentro de cada uma das Forças. O reflexo na organização curricular foi a especialização na fase preparatória, que atinge, inclusive, o nível de formação de identidades. Com a especialização de cada um dos segmentos, esperava-se que, ao "juntá-los", se obteria um efeito somatório.

Os problemas dessa interpretação são diversos: a alienação do próprio trabalho, uma vez que não se tem a ideia completa do teatro de operações, e sim apenas da parte que diz respeito ao seu próprio emprego; a sobreposição de identidades individuais às coletivas, a ponto de um oficial muitas vezes se considerar mais da infantaria ou aviador do que do Exército ou Aeronáutica, e até mesmo das próprias Forças Armadas; a expectativa de que a agregação seria sempre harmônica, não deixando espaços vazios, sobrepostos ou mal delimitados; entre outros. A própria história deixou claro que não é razoável tratar a preparação para a guerra como uma linha de montagem de automóveis. Fatores como o acaso, a fricção, e o moral geral da tropa (elemento definidor das guerras revolucionárias) vêm comprovando que a incerteza não é uma exceção, e sim a regra no caso das guerras.

O ensino por níveis (cursos condicionantes para a ascensão na carreira) é um fator organizativo importante, mas pode ser entendido de forma burocratizada. Por burocratizado entende-se a rígida separação entre os momentos de estudo e os destinados ao exercício profissional. A frequência às escolas não é percebida como um meio de aprendizagem, mas como uma etapa obrigatória a ser cumprida para subir na carreira, nem o processo de formação de um oficial pode ser visto como um suceder de etapas escolares, mas a cada dia o autoaperfeiçoamento torna-se mais imprescindível, mesmo que algumas vezes esse processo seja feito coletivamente e com a supervisão de superiores.

Na crença de Jomini, o comandante ideal era "um homem de grande moral e acentuada coragem física, mas não necessariamente de grandes estudos" (Shy, 2001b). No entanto, com os avanços tecnológicos atuais, a necessidade dos estudos é evidente, as conquistas recentes na tecnologia e na informação trouxeram reflexos em todas as áreas numa velocidade nunca antes vista,[8] inclusive na base profissional, e o trabalho em grupo, outro conceito que foi incorporado à profissionalização, também passou a ser considerado para manejar um largo instrumental tecnológico.

A rapidez com que as decisões precisam ser tomadas tem causado, por exemplo, interferências na hierarquia. Com os grupos especiais, maior potencial destrutivo é concentrado em uma única pessoa, ou seja, em uma única capacidade decisória. Qualquer erro causa

---

8 Uma ressalva faz-se necessária: os avanços industriais sempre foram incorporados na guerra, não é um fenômeno exclusivamente atual.

sérios danos, por isso o treinamento é elaborado para atingir o erro zero, e é com essa expectativa que o oficial vai a campo. Há grande preocupação para que não haja uma paralisia decisória, tolhendo a iniciativa, quando esta precisa ser tomada. Atualmente, a questão da liderança é objeto de preocupação no mercado de trabalho de forma geral, porém, no caso de uma corporação hierárquica, esse tema toma contornos específicos. Sobre esse assunto, Huntington faz uma diferenciação entre a hierarquia proveniente de um posto (característica de uma profissão) e a hierarquia fruto de um cargo (característica de uma organização), sendo que "o caráter profissional do oficialato reside na prioridade da hierarquia do posto sobre a hierarquia do cargo" (Huntington, 1996, p.35). Finer (2002) aprofunda a questão da impessoalidade da autoridade, que deve ser derivada da burocracia, e não do indivíduo, ou seja, não se *é* comandante deste ou daquele regimento, e sim se *está* comandante.

A preocupação de como a liderança relaciona-se com o binômino hierarquia-disciplina é tão grande que recebeu uma disciplina na Aman. Para Mathias e Berdu (2013), o binômino é a base da profissão militar desde a formação de Forças Armadas nacionais, e em torno dele mudaram ao longo dos tempos tanto doutrinas, técnicas de combate, quanto inimigos, interesses, entre outros. Nesse sentido, a questão que deveria se estabelecer é como deve ser constituído o eixo hierarquia-disciplina na democracia moderna.

Segundo Arruda (2007), a imagem de um sargento semianalfabeto e ignorante não mais condiz com a realidade. A formação do oficial precisa estar atenta às novas características dos praças que ele irá comandar; diante da modernização do equipamento militar e da exigência de melhor qualificação para operá-lo, a seleção dos soldados tem se tornado a cada dia mais rigorosa, incorporando, inclusive, praças com ensino superior.[9] Não está no escopo deste estudo a

---

9 Segundo Arruda (2007), em 2004, 36,5% dos alunos da Escola de Sargentos das Armas cursavam ou já haviam concluído o ensino superior. Em números absolutos,

discussão sobre o novo perfil dos praças, porém é importante ter em mente essas mudanças para pensar como preparar o cadete para o exercício da hierarquia e da disciplina em novas bases.

4.4.3 A integração entre as diversas Forças e entre civis e militares

No Brasil, ainda impera a ideia de que "educação militar é coisa de militar", num raciocínio herdeiro de Jomini, para quem cabe ao governo selecionar seus comandantes. Depois, deveria "deixá-los livres para a condução da guerra segundo princípios científicos. [...] não deveriam se intrometer em matérias que só os oficiais instruídos e experientes entendiam" (apud Shy, 2001b, p.225). Outra herança jominiana que não mais condiz com a necessidade do oficial atual é o seu desprezo pelo estudo. A seguir serão tecidos alguns comentários para a atualização do debate.

A Estratégia Nacional de Defesa (Brasil, 2008) atribui ao governo a responsabilidade por estimular o debate de questões relacionadas à defesa junto da sociedade civil.[10] "As iniciativas destinadas a formar quadros de especialistas civis em defesa permitirão, no futuro, aumentar a presença de civis em postos dirigentes no Ministério da Defesa" (Brasil, 2008). Exemplo de iniciativa é a aproximação entre instituições de ensino civis e militares por meio dos programas Pró-Defesa e Pró-Estratégia, da Capes, ou dos seminários que ocorrem nas escolas militares – o da Aman começou em 2004 –, abertos à participação de estudantes civis.

---

para cada oficial (tenente e capitão oriundo da Aman) existem dois sargentos frequentando ou que já concluíram o grau universitário. Ao analisar o ambiente acadêmico que forma esses dois grupos pode-se perceber as fontes de tensão.

10 "Promover maior integração e participação dos setores civis governamentais na discussão dos temas ligados à defesa, assim como a participação efetiva da sociedade brasileira, por intermédio do meio acadêmico e de institutos e entidades ligados aos assuntos estratégicos de defesa" (Brasil, 2008).

Gradualmente, alguns programas militares de pós-graduação foram abertos aos civis, informação registrada na atual diretriz do Comandante do Exército para o período 2011-2014, na qual mostra: a necessidade da criação de cursos para civis, potenciais formadores de opinião, na Eceme; contratação de professores civis; busca do alinhamento das linhas de pesquisa da pós-graduação com o desenvolvimento doutrinário; e ampliação dos intercâmbios com o meio acadêmico civil (Exército, 2011).

No entanto, a constatação desses avanços não deve encobrir a significativa distância que ainda permanece entre esses dois grupos. Nos programas de educação das universidades civis, e mesmo nas diretrizes institucionais – como as metas educativas para 2021, da Organização dos Estados Ibero-Americanos (2008) –, é absolutamente ausente o tema da educação militar, até mesmo sobre a educação para a defesa.

> A ausência da temática defesa/ensino militar é preocupante, pois o conjunto dos países que compõem a OEI quase em sua totalidade passou por regimes burocrático-autoritários, sejam eles nos moldes de regimes de base militar ou de ditaduras clássicas, que moldaram essas sociedades e são, em menor ou maior grau, responsáveis pelos desafios ora impostos à educação. Ademais, a cultura política prevalecente na maior parte desses países continua a identificar os soldados como a representação máxima da nacionalidade, bem como atribuindo às Forças Armadas a responsabilidade por serviços do Estado e políticas essencialmente civis, como o são a segurança pública ou a preservação do meio-ambiente. (Mathias; Berdu, 2013, p.401)

Por fim, uma preocupação expressa por Mathias e Berdu (2013) é que a educação, de forma geral, vem se tornando uma mercadoria. A educação militar, por se tratar de uma profissão exclusiva do Estado, precisaria estar imune a esse processo de mercantilização que tem atingido várias esferas dos serviços públicos.

> O fornecimento de ensino para os militares, se incorporado pelo mercado, pode representar ao mesmo tempo um perigo para a democracia, devido à "privatização" do Estado em sua definição, a força, e o aprofundamento do regime, pois a entrada do ensino militar na lógica do mercado implicaria a redução da autonomia castrense. (Mathias; Berdu, 2013, p.382)

A Lei de Diretrizes e Bases da Educação Nacional (Brasil, 1996b) garantiu, além da autonomia militar no ensino castrense, a possibilidade de estruturar o ensino em três sistemas – para cada uma das Forças –, regulamentados por regimentos específicos. Em 2010, o Judiciário entendeu que um sistema de ensino deveria ser objeto de lei específica – em 9 de agosto de 2012, as leis da Marinha e do Exército entraram em vigor –, indicando equivalência com grau universitário, o que permite que, caso o oficial deseje, ele poderá fazer cursos de pós-graduação em instituições civis. Nota-se, porém, que não é possível a reciprocidade, ou seja, um civil não pode fazer os cursos regulares da carreira militar.[11] Também não existe reciprocidade no aproveitamento de estudos. Caso um oficial deseje fazer cursos extras numa unidade de ensino civil, a maioria deles não pode ser aproveitada para a sua ascensão na carreira militar (Mathias; Berdu, 2013).

O principal motivo que leva os oficiais a fazerem cursos fora das Forças Armadas, sejam eles profissionais ou acadêmicos, é a possibilidade de, ao irem para a reserva, poderem desempenhar atividades de pesquisa e docência, por exemplo, na área escolhida. Para Domingos Neto (2012), os ensaios de aproximação do mundo acadêmico civil e militar são raros, com visitas periódicas às escolas, mas são nesses momentos que é possível notar resistências de ambos os lados. Contudo, por causa da carência de desenvolvimento tecnológico, fica

---

11 Exceção é o caso do Instituto Tecnológico da Aeronáutica (ITA), que pelo esforço do marechal Casimiro Montenegro Filho se constituiu como uma escola híbrida de civis e militares, nos moldes do Massachussets Institute of Technology (MIT) norte-americano.

evidente a necessidade de transpor essas barreiras, possível apenas em caso de trabalho conjunto entre os aparelhos militares, as empresas industriais e os centros de investigação científica. Essa já era uma realidade na época do domínio mundial da Europa, entretanto, com a complexidade da função militar, essas demandas estariam crescendo à medida que diminui a quantidade de profissionais formados e treinados em diversas especialidades. Nas palavras de Domingos Neto (ibid., p.52), "a força militar demanda a mobilização e a articulação de um número crescente de áreas, subáreas e especialidades do conhecimento". Diante disso, o Exército tem duas opções: formar seus especialistas ou recrutar especialistas já formados. Para viver na fronteira tecnológica, necessariamente a convivência cívico-militar precisa aumentar.

A contribuição militar para o desenvolvimento de atividades científicas é inegável, variando do desenvolvimento da energia atômica à fundação do Conselho Nacional do Desenvolvimento Científico e Tecnológico (CNPq), porém, de forma geral, o cientista "tende a não aceitar a guerra como fenômeno inerente à dinâmica da sociedade e a rechaçar a ideia de que seu trabalho mantenha algum envolvimento com processos violentos" (ibid., p.54). Ainda segundo o autor, a tendência a não se aproximar das corporações militares é mais perceptível na área de ciências humanas e sociais, o que seria um equívoco. Em sua experiência como professor de alunos militares, Domingos Neto (ibid., p.57) expõe:

> De uma forma geral, todos os militares apresentavam um bom nível de erudição e demonstravam familiaridade com pelo menos uma língua estrangeira; todos haviam percorrido outros países, alguns, inclusive, tendo cursado escolas estrangeiras. Mas a criatividade na interpretação da literatura explorada era limitada pelo condicionamento da reflexão exercitada no aprendizado militar. [...] dinâmica social percebida a partir do ambiente acadêmico civil se chocava frequentemente com a ótica cultivada para o emprego da força.

Quanto à necessidade de uma formação que englobe as três forças, Santos (1991) discute sobre como as diferenças entre os ambientes de combate geram também distinções entre o Exército, a Marinha e a Aeronáutica. Para o autor, o ambiente determina a estrutura organizacional, as finalidades e os objetivos, a maneira de atuar e a profissionalização. Nesse sentido, embora tenham a mesma finalidade – preparar-se para a guerra –, as escolas de cada uma das forças requerem métodos, bases e currículos distintos. Embora a concepção de defesa precise ser integrada, não seria errado, portanto, admitir que atualmente não existe uma educação militar, e sim, no mínimo, três educações militares.

A persistência desse pensamento obriga revisitar o trabalho de Campos e Alves (2013), que extraem da experiência da Guerra das Malvinas lições para se pensar as Forças Armadas brasileiras. Uma delas é a importância da integração entre as três forças, uma vez que, desde a Segunda Guerra Mundial, nunca mais se viu um combate no qual elas foram empregadas isoladamente: "A requerida integração só é possível se, desde o tempo de paz, as Forças Armadas forem organizadas e adestradas para o emprego conjunto [...] Todavia, ainda na atualidade, a doutrina e o adestramento conjunto são insipientes" (ibid, p.59-60). Outra lição está relacionada à instrução militar. Para os autores, no caso argentino, a dedicação do combate à subversão impactou no preparo e instrução da tropa, mais adestrada para a guerra irregular do que para o combate convencional. Já no caso brasileiro, isso não teria ocorrido na mesma proporção, pois a guerra irregular seria uma especialização da guerra convencional. Na década de 1980, observa-se a inclusão de disciplinas de "instrução para operações especiais e desenvolvimento da personalidade militar" (ibid., p.68).

Mesmo que sejam perceptíveis alguns avanços na integração da formação entre civis e militares e entre os próprios militares, eles ainda estão muito aquém das necessidades de um profissional do futuro.

4.5 Um novo paradigma cívico-militar para a profissionalização contemporânea

Bruneau e Matei (2013) criticam a fraqueza teórica e conceitual da literatura das relações entre civis e militares. Um dos motivos para isso é a carência de dados quantitativos e as dificuldades de se estabelecer parâmetros para consegui-los, pois, mesmo nas democracias consolidadas, muitas bases de dados são de uso exclusivamente militar. Porém, o principal motivo para essa fraqueza de formulação, segundo os autores, é que a produção nesse campo ficou presa ao trabalho seminal de Huntington, *O soldado e o Estado*.

Ao longo de todo este trabalho, foram apresentadas diversas teorias de autores que criticaram Huntington. Bruneau e Matei (2013) oferecem mais argumentos. Segundo eles, *O soldado e o Estado* é uma obra tautológica, não podendo ser provada ou desaprovada. Em sua construção, ela sugere conceitos poucos sólidos que mudam durante o trabalho, como o conceito de profissionalização, e, por fim, foca as relações entre civis e militares exclusivamente na questão do controle, o que empobreceu as discussões e aprofundou as diferenças entre civis e militares. Não há problema, em especial nos países que saíram de ditaduras, em preocupar-se com o controle, afinal o dilema democrático "quem guarda os guardas" sempre permanecerá atual. Mas pensar as relações entre civis e militares no século XXI deve ir além.

Para superar essa estagnação, os autores propõem a inclusão de duas variáveis nas discussões que devem ter tanta importância quanto a questão do controle: a efetividade e a eficiência.[12] Diante dos desafios de segurança atuais e da fase de consolidação da democracia, propõem uma nova tríade para as relações entre civis e militares: "a) o controle civil democrático sobre as forças de segurança;

---

12 Os autores esclarecem que os dois termos não são empregados da mesma forma que na teoria econômica, visto o objetivo "segurança" ser qualitativamente muito diferente. Ver Bruneau e Mattei (2013, p.39).

b) a efetividade das forças de segurança no cumprimento de seus papéis sociais; c) a eficiência, isto é, cumprir seus papéis e missões com o menor custo possível" (ibid., p.26).

Mesmo assim, muitas dificuldades permaneceriam. Como medir a eficácia quando o objetivo é desestimular ataques? Como medir a importância da atuação das Forças Armadas em missões humanitárias? Para responder a essas perguntas, são necessárias diversas ampliações nos estudos das relações civis-militares. A primeira delas é uma ampliação metodológica. Segundo Bruneau e Matei (2013), já existe uma razoável produção de estudos de caso, porém poucas incursões na política comparada teriam ocorrido, opção metodológica que geraria um leito mais fértil para a produção teórica.

Na mesma linha, Olmeda (2013) faz um diagnóstico das produções atuais sobre as relações entre civis e militares e propõe iniciativas para escapar do que ele chama de labirinto de Huntington. As atuais produções na área são majoritariamente descritivas e qualitativas, não analíticas e quantitativas. Esse desvio de abordagem contribui para a manutenção do labirinto, por não contribuírem para os *policy-makers*, não oferecendo subsídios para uma alteração concreta da situação.

A segunda ampliação necessária também foi discutida por Olmeda (2013) e consiste no reconhecimento das diversas possibilidades de emprego militar, não pensando nas relações entre civis e militares apenas nas situações de defesa territorial e de conflitos entre Estados. Para o autor, o controle democrático "depende menos dos papéis e missões desempenhadas, [...] do que de um conjunto de mecanismos de controle e supervisão do governo sobre os instrumentos de segurança, incluindo a sua profissionalização" (ibid., p.66). Independentemente da função a ser desempenhada, seriam necessários mecanismos institucionais de controle.

A terceira ampliação fundamenta-se numa crítica à concentração dos estudos anteriores exclusivamente na relação das Forças Armadas com os civis, chamando a atenção para as implicações de outras agências na democracia. Estudos contemporâneos das relações civis e militares deveriam também incorporar agentes policiais que cumprem missões junto das Forças Armadas, inclusive internamente, agências internacionais de segurança, paramilitares e agências de inteligência. Nessa linha, Bruneau e Matei (2013) utilizam o conceito de forças de segurança e defendem que os estudos sobre controle devem abranger essas outras forças, estendendo-se aos papéis e missões cumpridas atualmente, bastante intercambiáveis e quase sempre combinadas.[13]

Somadas, essas ampliações impactam, inclusive, a definição do que é o controle civil nos dias atuais. Ou seja, seria importante construir normas profissionais, instituições de controle e mecanismos legais que garantam o controle, a eficiência e a efetividade de todas as agências de segurança. Para concretizar essas ampliações, propõem-se três etapas, como no caso de outras políticas públicas: um primeiro momento constrói-se um plano; em um segundo momento criam-se estruturas e processos para gerar outros planos e implementá-los; e em um terceiro momento o Estado deverá garantir recursos (materiais e humanos) que permitam a efetivação dos planos (ibid.). Como exemplo dessa condução por etapas, Bruneau e Matei (2013) citam as reformas educacionais dos Estados Unidos. Em virtude do fracasso militar na Guerra do Vietnã, que exigia mudanças culturais nas Forças Armadas, uma grande reforma na educação militar teria ocorrido em 1986, reduzindo a autonomia que os militares norte-americanos detinham na condução dos

---

13 Em casos de guerra, são utilizadas as forças armadas e a inteligência militar. Em caso de guerra interna, são utilizadas as forças especiais, as polícias e a inteligência. Se terrorismo, são acionadas a inteligência, forças policiais, forças armadas e forças especiais. No caso de crimes, são utilizadas forças policiais e inteligência policial, com suporte das forças armadas. No caso das operações de paz, são utilizadas as forças armadas, policiais e de inteligência. Por fim, nas missões de assistência humanitária, as forças armadas e policiais atuam conjuntamente, com apoio da inteligência. Ver quadro em Bruneau e Matei (2013, p.31).

seus assuntos educacionais e passando o controle para o Congresso norte-americano.

As diferenças entre os Estados Unidos e o Brasil em termos militares são tão grandes que não possibilitam uma análise comparativa. O contexto latino-americano sem inimigos externos explícitos causa desinteresse por assuntos de defesa, inclusive por parte dos políticos civis (ibid.), o que é notado após a redemocratização, quando teria sido criada uma balança com civis e militares em lados diferentes e com responsabilidades distintas: "Enquanto a balança de competências permanece com as Forças Armadas, a balança do poder foi para os civis, e esse equilíbrio pareceu ser suficiente" (ibid., p.23, tradução nossa).[14] Houve uma divisão de tarefas a partir da qual aos civis cabia o controle do Estado, e em troca os militares ficaram com o controle da defesa e a sua autonomia institucional.

Como debatido ao longo do livro, essa separação não gerou um leito fértil para as necessidades de profissionalização atuais, seja do ponto de vista da formação técnico-profissional, seja na formação de uma força armada democrática. Nesse sentido, as contribuições de Bruneau e Matei (2013) são muito importantes, ao proporem as ampliações necessárias à teoria das relações entre civis e militares.

Pensando a América Latina contemporânea, também se podem encontrar trabalhos interessantes como os de Pion-Berlin (2014) e Mares (2014), que se debruçaram sobre como desenvolver forças armadas democráticas. Segundo os critérios de Dahl (1997), numa visão bem reduzida, o Brasil é uma democracia, pois tem um governo eleito em eleições competitivas, liberdade política para a oposição e direitos políticos básicos garantidos para a população. No entanto, por causa da desigualdade, o ambiente na sociedade civil permanece pouco estável, e sem uma sociedade civil madura, os representantes civis ficam frágeis perante as forças armadas. Dessa maneira,

---

14 Em inglês: "Thus, while the balance of competence lies with the armed forces, the balance of power lies with the civilians, and this is felt to be sufficient".

os autores atentos às questões militares, como Pion-Berlin (2014), caracterizam a maioria da América Latina, incluindo o Brasil, como democracias em consolidação, e não plenamente democráticas. Isso quer dizer que o país já superou um ambiente com alto risco de um golpe militar (sendo este até mesmo improvável), entretanto, suas relações com as Forças Armadas em patamares democráticos ainda não estão plenamente estabelecidas.

Para Mares e Martínez (2014, p.23, tradução nossa), "A consolidação democrática das Forças Armadas é a sua conversão em uma burocracia militar a serviço de um governo democraticamente eleito".[15] Esse objetivo demanda um processo que começa com mudanças legislativas que inserem os comandos das Forças na administração civil. Posteriormente, continua com o governo direcionando a política de defesa, definindo precisamente as funções das Forças Armadas e coordenando sua profissionalização, inclusive técnica. Por fim, a sociedade como um todo seria envolvida nos assuntos de defesa, e novas ações sobre o controle do Poder Executivo seriam propostas aos militares, como as missões de paz e a atuação em casos de desastres naturais. Interessante ainda ressaltar que os autores não percebem o processo de aumento da cultura política democrática das Forças Armadas como pontos fixos a serem ultrapassados, a partir dos quais um retorno ao estágio anterior não é mais possível. Florez (2010) já havia apresentado considerações semelhantes (Figura 4.1).

Segundo o Latinobarómetro (1996), as Forças Armadas mantêm altos níveis de confiança pública em toda a América Latina, bem acima de partidos políticos, polícias, Judiciário e outras instituições políticas. Isso é um motivo de grande orgulho para a corporação. A esse respeito, ressaltam-se três questões:

a) o alto *status* é derivado das missões subsidiárias, e não do fim principal das Forças Armadas, a defesa nacional;

---

15 Em inglês: "the democratic consolidation of the armed forces is their conversion into a military administration at the service of a democratic elected government".

FIGURA 4.1 – DESENVOLVIMENTO INSTITUCIONAL DO CONTROLE DAS FORÇAS ARMADAS

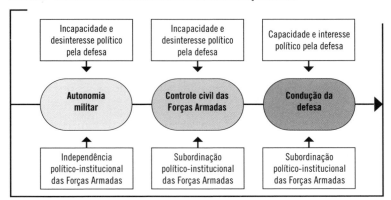

Fonte: Florez (2010, p.145).

b) deter um alto *status* entre a população é diferente de deter alto poder político. O poder político é o *status* ativado e, ao verificar o baixo interesse parlamentar sobre o tema, constata-se que as Forças Armadas não detêm alto poder político nas questões gerais do Estado;

c) o fato de a população geral respeitar as Forças Armadas é diferente de a relação entre as elites civis e as elites militares ser de fato próxima.

Apesar do alto índice de confiabilidade, ainda segundo o Latinobarómetro (1996), a população rejeita a possibilidade de novos governos militares na região. O preocupante nos dados do Latinobarómetro, discutidos por Mares (2014), é a considerável parcela dos cidadãos desses países ainda acreditar que as Forças Armadas são uma instituição que, em casos de crise institucional, deve substituir presidentes para preservar a democracia, ou seja, ainda concebem papel de moderador político aos militares. Outro dado preocupante é que os latino-americanos não acreditam que os golpes militares tenham sido eliminados dos seus países na atualidade.

Mares (2014) discute especificamente os dados brasileiros oferecidos pelo Latinobarómetro. Entre os países da América Latina, o Brasil possui os mais altos índices de pessoas que acreditam que os militares devem destituir o presidente caso ele viole a Constituição (61%), ou seja, os militares são vistos como responsáveis por defender a Constituição. O Brasil também lidera a lista de países que acreditam que, em períodos de crise, o governo não deve atuar dentro dos limites da lei (44%). Além disso, é o segundo país da América Latina onde os civis mais acreditam que haverá novos golpes militares (34%). Esses dados seriam a combinação de sentimento de inefetividade do governo civil, crença de uma missão doméstica para os militares e a percepção de que o sistema político precisa de reformas. Em virtude desse contexto e do histórico autoritário do país, Mares (2014) vê com muita preocupação o emprego militar nas ações policiais de combate ao crime ou às mobilizações de massas populares, pois elas favoreceriam práticas antidemocráticas nas Forças Armadas brasileiras.

Para Martínez (2014), é preciso de quatro variáveis para que as Forças Armadas sejam consideradas democráticas: a) a supremacia da autoridade civil; b) a neutralidade política dos militares; c) a "civilização" dos militares; d) a existência de uma cultura cívica entre os militares (Quadro 4.4). Algumas delas dizem respeito a desafios institucionais, portanto a mudanças jurídicas e legislativas necessárias para atingir o nível ótimo proposto pelo autor, outras são variáveis comportamentais. Nesse caso, é determinante o papel das escolas militares no processo de ressocialização. Por fim, algumas variáveis mencionadas poderiam ser utilizadas para a discussão da cultura política democrática da sociedade em geral, por exemplo, a inclusão das mulheres.

Ainda sobre o processo de aumento da cultura política democrática, Mares e Martínez (2014) discutem o combate de uma característica da educação militar, resumida pelo conceito *reserva de domínio*. Reservas de domínio são áreas de autorregulação da corporação ou sobre as quais os militares detêm autonomia operacional

QUADRO 4.4 – DO PODER MILITAR SOB UM REGIME AUTORITÁRIO À ADMINISTRAÇÃO MILITAR SOB UM REGIME DEMOCRÁTICO

	Ações e reformas
Supremacia civil	Criação do Ministério da Defesa.
	Comando civil sobre as Forças Armadas.
	Controle ministerial sobre as promoções militares.
	Remoção de oficiais militares de qualquer *presence* em outras áreas da administração.
	Aprovação parlamentar da legislação de defesa.
	Criação de uma comissão parlamentar para supervisionar a área da defesa.
	Exclusão dos militares de assuntos de segurança pública.
	Nível de autonomia militar deve ser determinado pelo governo.
	Controle civil sobre os serviços de inteligência.
Neutralidade	Proibição da filiação partidária para todos os militares.
	Limitação de certos direitos públicos e liberdades para o pessoal militar.
	Aceitação pelos militares do novo quadro jurídico-institucional.
	Conversão dos militares em um ramo da administração.
	Aceitação pelos militares de qualquer possível divisão territorial pelo poder político.
	Não interferência na determinação da política externa e de alianças.
	Eliminação da jurisdição legal especial para os militares.
	Erradicação da propriedade militar sobre empresas públicas.
	Controle governamental sobre as decisões de compra e venda de armamentos, navios, veículos, aviões ou outros materiais.
"Civilização"	Eliminação dos privilégios militares.
	Aproximação com os valores essenciais da sociedade civil como um todo.
	O crescimento do *occupationalism*.
	A redução da endogenia militar.
	A normalização do recrutamento de grupos não tradicionais, como mulheres e imigrantes.
	O fim da discriminação por razões de sexualidade (aceitação da homossexualidade).
Cultura cívica	Aceitação das instituições democráticas e de seus valores.
	Reforma dos programas de estudo, treinamento e procedimentos das academias militares.
	Ressocialização da sociedade como um todo em relação aos campos da defesa e da segurança.
	Desmilitarização da cultura pública a respeito dos assuntos de segurança interna.

Fonte: Martínez (2014, p.25-27, tradução nossa).

e organizacional, que são centrais para a defesa de si próprios. Para combater o estabelecimento desses domínios, seria necessário orientar as reformas escolares para que promovam a ressocialização dos militares entre os civis, e vice-versa, tendo em vista que as Forças Armadas são elementos indispensáveis nas modernas democracias, além de ser imprescindível a desmilitarização da cultura de segurança doméstica, diferenciando bem as Forças Armadas das forças policiais.

Pion-Berlin (2014) também discute a questão da autonomia, dividindo-a em dois tipos. Uma é a autonomia institucional, mais aceita pelos civis. Por autonomia institucional o autor entende que é "o esforço dos militares para proteger o núcleo das suas funções profissionais de ingerência política excessiva, o que eles acreditam que possa interferir com as metas de profissionalização e modernização" (ibid., p.67, tradução nossa).[16] A outra autonomia é a política, que trata da influência militar sobre áreas que não são da defesa, como a economia ou a política externa. Ainda segundo Pion-Berlin (2014), a América Latina vivenciou vários avanços nos limites à autonomia política das Forças Armadas, porém poucos progressos no campo da autonomia institucional. O principal exemplo de autonomia institucional é o do sistema educacional militar, cuja autonomia é defendida pelas Forças Armadas. Mesmo nos casos em que civis dão aulas nas academias militares, seu conteúdo é cuidadosamente regulado, assim como a seleção dos civis privilegia os que são conservadores, algumas vezes até mais que os militares.

Diamint (2014) divide as relações entre civis e militares em três gerações. A primeira é o controle civil das Forças Armadas na concepção tradicional apresentada por Huntington. A segunda é fruto das missões de paz e da transformação de áreas de conflito, pela presença de organizações civis diversas fazendo um trabalho humanitário.

---

16 Em inglês: "The military's effort to guard its core professional functions from excessive political meddling which it believes may interfere with goals of professionalization and modernization".

Neste caso, o conceito refere-se à limitação ou separação das atividades consideradas aceitáveis para os atores militares ou civis em conflitos caracterizados pelo fato de que não envolvem o confronto tradicional entre as Forças Armadas de dois ou mais Estados.[17] (Ibid., p.103, tradução nossa)

A terceira geração de relações entre civis e militares ocupa-se da criação de conexões para aproximar os militares e as agências civis, trabalhando para que a divisão entre eles se dissolva. Nessa última fase, a relação civil militar passa a ser vista em termos de diálogo, e não de controle de um sobre o outro. Enfim, a supremacia civil não é moral ou intelectual, mas processual, a supremacia do eleito democraticamente sobre todos. Florez (2010, p.144, tradução nossa) propõe uma formulação que segue uma linha semelhante.

O controle das Forças Armadas é aquele em que o poder político eleito por voto popular – em nível Executivo e Legislativo –, além de controlar de maneira institucional as Forças Armadas, é capaz de se responsabilizar pelo desenho e implementação de uma política de defesa, assumindo sua responsabilidade sem transferi-la para a corporação militar. Assim, as Forças Armadas se convertem no braço operativo de uma política que ajudam a definir, mas que não é sua responsabilidade.[18]

O autor propõe, portanto, uma dupla ampliação. A primeira diz respeito à necessidade de se falar em controle público dos assuntos

---

17 Em inglês: "In this case the concept refers to the limitation or separation of the activities considered acceptable for the military or civilian actor in conflicts characterized by the fact that they do not involve the traditional confrontation between the armed forces of two or more states".

18 Em espanhol: "El control de la FFAA es aquél donde el poder político elegido por voto popular – a nivel ejecutivo y legislativo –, además de controlar de manera institucional a las fuerzas armadas, es capaz de responsabilizarse en el diseño e implementación de la política de defensa, asumiendo dicha responsabilidad sin transferirla a la corporación militar. Es a este nivel que las fuerzas armadas se convierten en el brazo operativo de una política que ayudan a definir, pero que no es su responsabilidad".

de defesa, e não mais controle civil, esclarecendo, portanto, a confusão terminológica que a dupla significação de civil (cidadão do Estado e cidadão que não é militar) provocava a respeito dos militares serem ou não cidadãos nacionais diferenciados. A outra ampliação é a abordagem do conceito de controle para a defesa e não apenas controle das Forças Armadas, incluindo a indústria de defesa, a formação de civis especialistas e outras questões pertinentes. Acredita-se que essa nova abordagem civil militar, apresentada ao longo desta última seção, pode contribuir para o pensamento da profissionalização no Brasil atual, que se deseja republicano, democrático e moderno, e a partir daí ampliar o espaço para o debate sobre a educação militar.

Considerações parciais

Em virtude da análise concreta do caso brasileiro, este último capítulo buscou ampliar o conceito de profissionalização, que precisa abranger múltiplas dimensões e ir além dos conceitos clássicos apresentados no primeiro capítulo. Em traços gerais, pontua-se que a profissionalização transige segundo variáveis internas e externas, e que ambas delimitam as possibilidades de emprego das Forças Armadas. A partir disso, é possível delimitar as diretrizes de como elas deverão ser preparadas para o cumprimento das funções e como deverá ser a educação militar.

Nesse sentido, uma primeira consideração a se fazer está ligada à falta de comando civil, com definições claras de quando e por que os militares devem ser empregados, assim como à ausência de aspectos doutrinários. Por exemplo, o preparo segundo capacidades, e não mais direcionado a um inimigo como proposto nos documentos oficiais de defesa, traz enormes impactos na profissionalização. Não cabe exclusivamente às Forças Armadas a implementação dessa nova estrutura educacional, o controle e monitoramento de como isso ocorreu deve ser de responsabilidade pública. Sem isso, tende a prevalecer o "jeito de fazer" que a corporação já está habituada, por inércia.

A segunda consideração relevante é sobre a multiplicidade de missões das instituições militares, levando em conta o crescimento do emprego em atividades subsidiárias. É impossível ser profissional "do alfinete ao foguete", usando aqui uma autoimagem militar. Ainda que fosse possível adquirir o treinamento sobre qual conduta adotar em cada tipo de missão, é muito temerário acreditar que decisões tomadas em momentos críticos serão suficientemente informadas e críticas, como pode-se observar nas confusões sobre os conceitos provocadas pela absorção de doutrinas extracontinetais, como a de segurança multidimensional, que por vezes confunde crime organizado, terrorismo e protestos sociais. Cada uma dessas situações enseja um diferente conjunto de medidas por parte do Estado, sendo algumas delas respostas não militares. Nesse sentido, a falha é do poder político, que tem como dever explicitar as funções em vez de tomar decisões pragmáticas ou eleitoreiras usando o fator militar, ainda que, pelo fato de o Brasil ser um país em desenvolvimento, as Forças serem eventualmente empregadas em atividades que não são sua atividade-fim. A falência do instrumento policial tradicional brasileiro aumenta esse problema.

Uma terceira consideração que merece ser aprofundada é sobre os três tipos de militares: o herói, o administrador e o político. Atualmente, essas características são trabalhadas em momentos distintos da carreira do oficial, sendo a primeira estimulada na Aman, a segunda na Esao e a terceira na Eceme. Com as mudanças nos aspectos da guerra e na própria prática profissional, há dúvidas sobre até que ponto o ensino pode ser mantido tático-operacional nos primeiros níveis da carreira, e político-estratégico nas escolas de altos oficiais. Também se nota, com base no perfil profissiográfico, a exigência de que o cadete, além de estar preparado para uma ampla gama de emprego, precisa assumir funções de pesquisador, comandante, administrador, professor e outras. Enfim, o perfil pro-fissiográfico prevê praticamente a formação de um "super-homem". A não realização de suas expectativas quanto à profissão pode levar a uma nova orfandade, a profissional, e à indesejada evasão da carreira.

A quarta e última consideração é sobre a necessidade da educação ser feita de forma conjunta a outras forças e com a sociedade civil. A soma desses processos construídos de formas distintas é prejudicial para a defesa nacional por diversos aspectos: ter uma lei para a educação militar e uma lei para a educação civil já é um equívoco, ter então quatro sistemas de ensino distintos no país é algo que soa absurdo, só encontrando justificativa no desejo de autonomia da corporação sobre o controle da sua própria reprodução, mesmo que às custas de um projeto de defesa nacional. É preciso defender que educação militar "não é coisa só de militar" e, portanto, romper a reserva de domínio. Ocorreram avanços, mas ainda há muito por fazer.

Há uma rica literatura recente que aponta para um novo paradigma sobre as relações entre civis e militares, em que a discussão sobre a profissionalização se expande enormemente para além dos clássicos. Destaca-se a contribuição de Martínez (2014), sobre as variáveis que precisam ocorrer para que as Forças Armadas sejam consideradas democráticas (supremacia da autoridade civil, neutralidade política dos militares, "civilização" dos militares, e existência de uma cultura cívica entre os militares). Combinada a ela, Florez (2010) trata do controle público dos assuntos de defesa, e não apenas do controle civil sobre as Forças Armadas, ressaltando que só podem ser consideradas profissionais as Forças que são também democráticas.

5. CONSIDERAÇÕES FINAIS

A PRINCIPAL CONCLUSÃO DESTE TRABALHO É QUE O conceito de profissionalização não pode ser tomado como algo intransitivo, objeto de um receituário único. A profissionalização de uma força armada nacional transige a partir de influências internas e externas de determinado país, pois elas moldam as necessidades de segurança e as possibilidades de emprego militar, que, por sua vez, determinam os parâmetros da educação militar, tanto em seu aspecto técnico-profissional quanto doutrinário. Esse foi o raciocínio que guiou este trabalho e que contribuiu para a análise da estrutura educacional da Aman, porém, ele também permite a análise de outras escolas militares, abrindo a possibilidade de posteriores esforços comparativos.

Durante a análise da Aman, não foram identificados elementos suficientes para concluir se a profissionalização do Exército se dá conforme alguma variável específica, ou mesmo se os fatores de origem interna ou externa teriam maior peso. É possível afirmar, entretanto, que as Forças Armadas implantaram a modernização do ensino como algo mais restrito, focado na absorção de novas tecnologias, mas não sob uma percepção ampla, capaz de reformar e atualizar as Forças. Como pôde ser percebido no currículo da Aman, a maioria das transformações curriculares se deu no âmbito do ensino técnico-profissional e de inovações tecnológicas, seguidas pelas mudanças no ensino básico comum, que permanece com uma carga horária muito menor que a geral, mesmo tendo sido incluídas disciplinas como a de Relações Internacionais. As menores mudanças podem ser sentidas no ensino militar, em que ainda permanecem os pilares da hierarquia e disciplina e nos quais se pode perceber a lenta integração entre os ensinos das diferentes Forças Armadas.

Uma segunda conclusão desta pesquisa é que, fruto da profissionalização à brasileira, a atual organização do ensino do Exército brasileiro contribui para a manutenção da distância entre militares e civis (o Exército possui autonomia para organizar o seu sistema educacional, mantendo pouca interlocução com instituições civis). Nos níveis iniciais de formação, como é o caso da Aman, essas pontes são ainda mais restritas, além disso, a manutenção do distanciamento entre civis e militares é reforçada no processo de ressocialização que ocorre na escola, onde a aprendizagem do "ser militar" ocorre concomitantemente com a diferenciação e separação do mundo civil. Desde a década de 2010, são perceptíveis alguns avanços, como encontros acadêmicos com a participação de alunos civis na Aman, ou nas propostas do Processo de Modernização do Ensino do Exército – muitas delas não implantadas –, porém este trabalho apontou que a educação militar continua separada do restante da educação do país, o que afasta o Exército das demais instituições republicanas e contribui para a instabilidade das relações entre civis, militares e Estado.[1] Para avançar a esse respeito, seria interessante analisar

---

1 A presença massiva de militares do Exército brasileiro no governo Jair Bolsonaro, politizando a organização militar e, por vezes, comprometendo até mesmo a autonomia institucional comprova o que foi apontado neste livro, e deve ser objeto de novos estudos.

como se dá a formação no Instituto Militar de Engenharia (IME), que possui um regime misto entre civis e militares.

No trajeto desta pesquisa, novas questões foram identificadas como merecedoras de trabalhos futuros. O primeiro elemento que chamou a atenção foi a diversidade de funções que o oficial do Exército é chamado a cumprir atualmente, o que dificulta o planejamento da formação educacional, que forma alguém visando um objetivo específico. Neste trabalho, considera-se que as dificuldades técnicas no manejo das diferentes funções são um problema menor do que, por exemplo, a exigência de discernir e classificar cada ambiente profissional para posteriormente acionar o conjunto de conhecimentos a ser aplicado em cada situação. O exercício de classificação demanda uma formação crítica, em que o cadete precisa entender a especificidade da sua tarefa ao mesmo tempo em que detém o conhecimento da totalidade da missão. Esse tipo de desafio não atinge apenas a profissão militar, outras carreiras têm enfrentado a especialização, a multifuncionalidade e a segmentação do trabalho. Nesse sentido, acredita-se que o uso do arcabouço teórico produzido pela sociologia do trabalho aplicado à profissionalização pode lançar luzes sobre essas questões, tratando a carreira nas Forças Armadas não apenas como uma missão, mas também como um trabalho.

Outra consideração para posteriores aprofundamentos diz respeito à insuficiente dedicação ao conhecimento objetivo do Brasil na educação militar. Do ponto de vista subjetivo, o amor à pátria é extremamente trabalhado, as tradições são exaltadas, elementos simbólicos como o hino e a bandeira são cultivados. No entanto, a valorização subjetiva do Brasil não é acompanhada na mesma proporção por um estudo objetivo da realidade nacional, em que se aborde a formação do Estado brasileiro, as raízes culturais e raciais do povo, a estrutura econômica nacional e, inclusive, a participação dos militares na construção dessa história. Esse comportamento pode levar a três perigos: o primeiro é a construção da ideia de uma pátria ideal, distante da que existe de fato na realidade; o segundo é o efeito contrário, quando o país é sempre considerado insuficiente e incompleto diante de outras potências mundiais, pois sua realidade é vista descontextualizada dos seus interesses e da sua história; o terceiro perigo é a não identificação da corporação com o povo do território que defende, o que dificulta a construção de uma cultura de defesa efetivamente nacional.

Essas questões oferecem novos elementos para debate. Infelizmente, por causa do tempo e dos trâmites necessários, não foi possível fazer uma pesquisa qualitativa profunda da academia, o que demandaria permanência prolongada no estabelecimento, assim como contato direto e permanente com os cadetes e professores da Aman. Por outro lado, a esse respeito, cabe uma discussão sobre as possibilidades e limitações da etnografia como metodologia adequada para a pesquisa nessas instituições. Também se enfrentou o problema da escassez de pesquisa histórica sobre as escolas militares referentes ao período pós-1964, o que fez que esse período fosse pouco representado neste trabalho. Por fim, o livro praticamente não abordou os docentes da academia, sobre os quais poucas informações foram encontradas. Para um estudo sobre educação militar, é preciso conhecer e entender a realidade não apenas do discente, mas também do docente.

Resta a constatação de que uma profissionalização para o futuro precisa ser pensada a partir de um novo paradigma das relações entre civis e militares, em que se discuta a concepção de controle público sobre assuntos de defesa. Nesse caso, mais do que falar em educação militar, será também possível tratar de uma educação para a defesa, destinada a civis e militares, especialistas ou não na área. Talvez nesse novo paradigma seja possível construir uma cultura estratégica de defesa efetivamente brasileira, na qual o primeiro aprendizado será a importância da ação coletiva e cooperativa entre os cidadãos do Estado, civis e militares, assim como do trabalho conjunto com outros países da América do Sul nos assuntos de defesa. Esse é um dos desafios para o futuro da profissionalização brasileira.

REFERÊNCIAS BIBLIOGRÁFICAS

ALSINA JR., José Paulo Soares. A síntese imperfeita: articulação entre política externa e política de defesa na era Cardoso. *Revista Brasileira de Política Internacional*, Brasília-DF, v.46, n.2, 2003.

ANDRESKI, Stanislav. *Military Organization and Society*. Berkeley: University of California Press, 1968[1954].

ARGOLO, José Amaral. Para um novo tempo de esperanças e desafios. *Revista do Exército Brasileiro*, Rio de Janeiro, v.147, p.18-9, 2011.

ARRUDA, João Rodrigues. *O uso político das Forças Armadas e outras questões militares*. Rio de Janeiro: Mauad X, 2007.

BARROS, Alexandre de Souza Costa. *The Brazilian Military*: Professional Socialization, Political Performance and State Building. Chicago, 1978. Thesis(PhD in Political Science) – University of Chicago, Department of Political Science.

BASTOS FILHO, Jayme de Araujo. *A missão militar francesa no Brasil*. Brasília-DF: Biblioteca do Exército, 1994.

BELLINTANI, Adriana. O positivismo e o Exército brasileiro. In: SIMPÓSIO NACIONAL DE HISTÓRIA, 25, 2009, Fortaleza. *Anais...* Fortaleza: ANPUH, 2009.

BENTO, Cláudio. *200 anos da criação da Academia Real Militar, a AMAN*. Resende: FAHIMTB, 2010.

BERNAL-MEZA, Raul. A política externa do Brasil: 1990-2000. *Revista Brasileira de Política Internacional*, Brasília-DF, n.45, v.1, 2002.

BERTAZZO, Juliana S. M. Papéis militares no pós-Guerra Fria: a perspectiva do Exército brasileiro. Campinas, 2005. Dissertação (Mestrado) – Universidade Estadual de Campinas, Instituto de Filosofia e Ciências Humanas.

BESIO, Félix. Análisis comparado en el Cono Sur: diferenciais y puntos en común en la enseñanza militar. In: MEJÍAS, Sonia Alda (org.). *Sistemas de Enseñanza militar y educación para la defensa em iberoamérica*. Madrid: Instituto Universitario General Gutiérrez Mellado, 2010.

BRASIL. Decreto-lei nº 200, de 25 de fevereiro de 1967. *Diário Oficial da União*, Brasília-DF, 17 jun. 1967.

BRASIL. Presidência da República. *Constituição da República Federativa do Brasil de 1988*. Disponível em: http://www.planalto.gov.br/ccivil_03/Constituicao/Constituicao.htm. Acesso em: 23 mar. 2024.

BRASIL. Ministério da Defesa. Departamento de Ensino e Pesquisa (DEP). Portaria n.25, de 6 de setembro de 1995. *Diário Oficial da União*, Brasília-DF, 7 set. 1995a.

BRASIL. Ministério da Defesa. *Plano de modernização do ensino do Exército*. Brasília-DF: Ministério da Defesa, 1995b.

BRASIL. Presidência da República. *Política de Defesa Nacional*. Brasília-DF: Ministério da Defesa, 1996a. Disponível em: http://www.biblioteca.presidencia.gov.br/publicacoes-oficiais/catalogo/fhc/politica-de-defesa-nacional-1996.pdf. Acesso em: 22 mar. 2024.

BRASIL. Presidência da República. Lei de Diretrizes e Bases para o Ensino (Lei n.9.394/96). *Diário Oficial da União*, Brasília-DF, p.27.833, 1996b.

BRASIL. Ministério da Defesa. Departamento de Educação e Cultura do Exército Brasileiro. GTEME. *Fundamentos para a modernização do ensino*. Brasília: GTEME, 1996c.

BRASIL. Ministério da Defesa. *Estatuto do Exército Brasileiro*. Brasília: DOU, 1997.

BRASIL. Ministério da Defesa. Decreto n.3.182, de 23 de setembro de 1999. Política Educacional do Exército. *Diário Oficial da União*, Brasília-DF, 24 set. 1999a, p.3.

REFERÊNCIAS BIBLIOGRÁFICAS

BRASIL. Ministério da Defesa. Lei Complementar nº 97, de 9 de junho de 1999. *Diário Oficial da União*, Brasília-DF, seç.1, p.1, 10 jun. 1999b.

BRASIL. Ministério da Defesa. Normas para a elaboração e revisão de currículos (NERC). Aprovadas pela Portaria n.103 /EP, 28 ddez. 2000. *Boletim do* Exército, n.5, 2 fev. 2001. Disponível em: https://www.cidex. eb.mil.br/images/Apoio_CIDEX/port_103_dep.pdf. Acesso em: 24 mar. 2024.

BRASIL. Parecer homologado n.1.295/2001. *Diário Oficial da União*, Brasília-DF, 23 mar. 2002.

BRASIL. *Revista Verde-Oliva: Exército brasileiro*, Brasília-DF, n.215, 2002b.

BRASIL. Ministério da Defesa. *Carta da Organização das Nações Unidas*. Brasília: Ministério da Defesa, 2003.

BRASIL. Lei Complementar n.117, de 2 de setembro de 2004. *Diário Oficial da União*, Brasília-DF, 3 set. 2004.

BRASIL. Ministério da Defesa. *Plano Educacional do Exército*. 2007. Disponível em: http://www.aman.ensino.eb.br/. Acesso em: novembro de 2014.

BRASIL. Presidência Decreto n.6.703, de 18 de dezembro de 2008. *Diário Oficial da União*, Brasília-DF, 19 dez. 2008.

BRASIL. Ministério da Defesa. Diretriz Geral Comandante do Exército 2011-2014. Decreto de 1º jan 2011. *Diário Oficial da União*, Brasília-DF, 2011.

BRASIL. Presidência da República. Lei n.12.705/12, de 8 de agosto de 2012. *Diário Oficial da União*, Brasília-DF, p.3, 2012.

BRUNEAU, T. C.; MATEI, F. C. *Routledge Handbook on Civil-Military Relations*. New York: Routledge, 2013.

CAMPOS, Marcio Teixeira; ALVES, Vagner Camilo. A guerra das Falklands/Malvinas e suas repercussões no Exército brasileiro. In: FIGUEIREDO, Eurico Lima (org.). *Sociedade, política e estudos estratégicos*. Rio de Janeiro: Luzes, 2013.

CARVALHO, José Murilo. *Forças Armadas e política no Brasil*. Rio de Janeiro: Jorge Zahar, 2005.

CASTRO, Celso. *O espírito militar:* um estudo de antropologia social na Academia Militar das Agulhas Negras. Rio de Janeiro: Jorge Zahar, 1990.

CASTRO, Celso. *Os militares e a República*: um estudo sobre cultura e ação política. Rio de Janeiro: Jorge Zahar, 1995.

CASTRO, Celso; D'ARAUJO, Maria Celina. *Militares e política na Nova República*. Rio de Janeiro: FGV Editora, 2001.

CASTRO, Celso. *A invenção do Exército brasileiro*. Rio de Janeiro: Jorge Zahar, 2002.

CAVAGNARI FILHO, Geraldo L. Estratégia e defesa (1960-1990). *Premissas*, Campinas, v.7, p.26-68, ago. 1994.

CERVO, Amado. *Inserção internacional*: formação dos conceitos brasileiros. São Paulo: Saraiva, 2002.

COELHO, Edmundo Campos. A instituição militar no Brasil: um ensaio bibliográfico. *BIB – Boletim Informativo e Bibliográfico*, Rio de Janeiro, n.19, 1985.

COELHO, Edmundo Campos. *Em busca de identidade*: o Exército e a política na sociedade brasileira. Rio de Janeiro: Record, 2000.

COSTA, Antonio F. Gomes da (maj.). Perfil profissiográfico, sua aplicação no processo educacional. *Revista A Defesa Nacional*. Rio de Janeiro, ano 77, n.742, p. 68-75, mar.-abr. 1989.

COSTA, Frederico; BLOWER, André. Estudos Estratégicos: uma abordagem sobre o arquétipo organizacional militar brasileiro. *Revista da Escola de Guerra Naval*. Rio de Janeiro, v.19, n.1, p.61-78, 2013.

DAHL, Robert. *Poliarquia*: participação e oposição. São Paulo: Edusp, 1997.

DIAMINT, Rut. Latin America and the Military Question Reexamined. In: MARES, David; MARTÍNEZ, Rafael (org.). *Debating Civil*: Military Relations in Latin America. Chicago: Sussex Academic Press, 2014.

DOMINGOS NETO, Manuel. A convivência civil-militar no âmbito acadêmico: o caso brasileiro. *Revista Comunicação e Política*, Porto Alegre, v.30, n.2, p.48-59, 2012.

FÁZIO, Ednéia. *A política de ensino do Exército brasileiro na Nova República*: o projeto de modernização (1985-2000). Franca, 2008. Tese (Doutorado em Educação) – Universidade Estadual Paulista, Faculdade de História, Direito e Serviço Social.

FERNANDES, Florestan. *A questão da ditadura*. São Paulo: T. A. Queiroz, 1982.

REFERÊNCIAS BIBLIOGRÁFICAS

FINER, Samuel. *The Man on Horseback*. New Brunswick: Transaction Publishers, 2002[1962].

FLORES, Mário César. *Bases para uma Política Militar*. Campinas: Editora Unicamp, 1992.

FLOREZ, José Miguel. *Qué militares, para qué escenarios*: la formación militar em la agenda de la governabilidade. *Sistemas de Enseñanza Militar y educación para la defensa en Iberoamerica*, Madrid, p.133-155, 2010.

FORÇAS ARMADAS NÃO SÃO POLÍCIA. *O Estado de S.Paulo*, São Paulo, 9 mar. 2003. Editorial.

GIDDENS, Antony. *Estado-Nação e violência*. São Paulo: Edusp, 2008.

GODOY, Tânia R. P. *O estudo da guerra e a formação da liderança brasileira (1996-2004)*. São Carlos, 2004. Tese (Doutorado em Educação) – Universidade Federal de São Carlos, Centro de Educação e Ciências Humanas.

GODOY, Tânia R.P. Formação dos oficiais das Forças Armadas no Brasil: urgente coordenação dos fundamentos e conteúdos pelo Ministério da Defesa. In: ENCONTRO NACIONAL DA ASSOCIAÇÃO BRASILEIRA DE ESTUDOS DE DEFESA (ABED), 3, 2009, Londrina. *Anais...*, Londrina: Abed, 2009.

GOFFMAN, Erving. *Manicômios, prisões e conventos*. Trad. Dante Moreira Leite. 7.ed. São Paulo: Perspectiva, 1999.

HOBBES, Thomas. *Leviatã ou matéria, forma e poder de um estado eclesiástico e civil*. São Paulo: Martin Claret, 2013. (Série ouro.)

HOBSBAWN, Eric. *A invenção das tradições*. Rio de Janeiro: Paz e Terra, 2012.

HUNTINGTON, Samuel P. *O soldado e o Estado*: teoria política das relações entre civis e militares. Rio de Janeiro: Biblioteca do Exército, 1996[1957].

INÁCIO FILHO, Geraldo Inácio. As academias militares na República brasileira: um estudo de educação política. *Revista Educação e Filosofia*, Uberlândia, v.14, n.27-28, 2000.

JANOWITZ, Morris. *The military in the political development of new nations*: an essay in comparative analysis. Chicago: Chicago University Press, 1964.

JANOWITZ, Morris. *O soldado profissional*: estudo social e político. Rio de Janeiro: GRD, 1967[1960]. KEEGAN, John. *Uma história da guerra*. São Paulo: Companhia das Letras, 2002.

KIRAS, James D. Terrorism and Irregular Warfare. In: BAYLIS, John et al. (org.). *Strategy in the Contemporary World*. New York: Oxford, 2002.

LATINOBARÓMETRO CORPORATION. *Latinobarõmetro* – Opinión Pública Latinoamerica, 1996. Disponível em: https://www.latinobarometro.org/lat.jsp/. Acesso em: 24 mar. 2024.

LUCHETTI, Maria S. R. *O ensino no Exército brasileiro*: histórico, quadro atual e reforma. Piracicaba, 2006. Dissertação. (Mestrado em Educação) – Faculdade de Ciências Humanas – Universidade Metodista de Piracicaba.

LUDWIG, Antônio C. Will. *Democracia e ensino militar*. São Paulo: Cortez, 1998.

MARES, David R. Citizen Security, Democracy and the Civil-Military Relationship. *In*: MARES, David; MARTÍNEZ, Rafael (org.). *Debating Civil-Military Relations in Latin America*. Chicago: Sussex Academic Press, 2014.

MARES, David; MARTÍNEZ, Rafael. Introduction. In: MARES, David; MARTÍNEZ, Rafael (org.). *Debating Civil-Military Relations in Latin America*. Chicago: Sussex Academic Press, 2014.

MARTÍNEZ, Rafael. Objectives for democratic consolidation in the Armed Forces. *In*: MARES, David; MARTÍNEZ, Rafael (org.). *Debating civil-military relations in Latin America*. Chicago: Sussex Academic Press, 2014.

MARTINS FILHO, João Roberto. As Forças Armadas no Brasil pós-Guerra Fria. *Revista Tensões Mundiais*, Fortaleza, v.2, n.3, p.78-109, jun.-dez. 2006.

MATHIAS, Suzeley Kalil. Modelos educativos comparados em Iberoamérica. *In*: MEJÍAS, Sonia Alda (org.). *Sistemas de enseñanza militar y educación para la defensa em iberoamérica*. Madrid: Instituto Universitario General Gutiérrez Mellado, 2010.

MATHIAS, Suzeley Kalil; BERDU, Guilherme Paul. Ensino militar no contexto da mercantilização da educação. In: CARMO, Corival; WINAND, Érica; BARNABÉ, Israel; PINHEIRO, Lucas (org.). *Relações internacionais*: olhares cruzados. Brasília: Funag, 2013.

MELLO, Kátia. Como fazer um(a) general?. *Valor Econômico*, São Paulo, 7 jun. 2013.

MILLS, Carl Wright. *A elite do poder*. Rio do Janeiro, Zahar, 1962.

MORAN, José Manuel. O que é um bom curso a distância? *In*: ALMEIDA, Maria Elizabeth Bianconcini de; MORAN, José Manuel (org.). *Integração das tecnologias na educação*. Brasília: Ministério da Educação, 2005.

MOREIRA, Heloi J. F. Casa do Trem: berço do ensino militar e da Engenharia brasileira. *Revista do Exército Brasileiro*, Rio de Janeiro, v.147, ed. esp., p.5-17, 2011.

MOTTA, Jehovah. *Formação do oficial do Exército*. Rio de Janeiro: Biblioteca do Exército, 2001.

NEVES, Fabrício; FIGUEIREDO, Eurico. O Exército brasileiro e o ideário da modernização entre 1870 e 1930. In: FIGUEIREDO, Eurico Lima (org.). *Sociedade, política e estudos estratégicos*. Rio de Janeiro: Luzes, 2013.

OLIVEIRA, Eliézer Rizzo. *De Geisel a Collor*: forças armadas, transição e democracia. Campinas: Papirus, 1994.

OLIVEIRA, Eliézer Rizzo. A doutrina de segurança nacional: pensamento político e projeto estratégico. In: OLIVEIRA, Eliézer Rizzo (org.). *Militares*: pensamento e ação política. Campinas: Papirus, 1987. p.53-86.

OLIVEIRA, Eliézer Rizzo. A estratégia nacional de defesa e a reorganização e transformação das Forças Armadas. *Revista Interesse Nacional*, São Paulo, ano 2, n.5, abr.-jun. 2009.

OLIVEIRA, Eliézer Rizzo; SOARES, Samuel Alves. Brasil, Forças Armadas, direção política e formato institucional. In: D'ARAUJO, Maria Celina; CASTRO, Celso (org.). *Democracia e Forças Armadas no Cone Sul*. Rio de Janeiro: FGV Editora, 2010.

OLMEDA, José. Escape from Huntington's Labyrinth: Civil-Military Relations and Comparative Politics. In: BRUNEAU, Thomas; MATEI, Florina (org.). *The Routledge handbook of civil–military relations*. New York: Routledge, 2013.

ORGANIZAÇÃO DOS ESTADOS IBERO-AMERICANOS (OEI). *Metas educativas para 2021*. Espanha, 2008. Disponível em: https://www.oei.org.br/pdf/metas2021_portugues.pdf. Acesso em: 5 abr. 2024.

PEIXOTO, Antonio Carlos. Exército e política no Brasil: uma crítica dos modelos de interpretação. In: ROUQUIÉ, Alan. *Os partidos militares no Brasil*. Rio de Janeiro: Record, 1980.

PENIDO OLIVEIRA, Ana A. Penido As ruas em disputa: entre o direito ao protesto e a perturbação da ordem . São Paulo, 2019. Tese (Doutorado em Relações Internacionais) – Universidade Estadual Paulista.

PERLMUTTER, Amos. *The Military and Politics in Modern Times*. New Haven: Yale University Press, 1977.

PION-BERLIN, David. Latin American civil-military relations: what progress has been made? *In*: MARES, David; MARTÍNEZ, Rafael (org.). *Debating Civil-Military Relations in Latin America*. Chicago: Sussex Academic Press, 2014.

PUGLIA, Douglas Biagio. *ADESG*: elites locais civis e projeto político. Franca, 2006. Dissertação (Mestrado em História) – Universidade Estadual Paulista, Faculdade de História, Direito e Serviço Social.

RIAL ROADE, Juan. Modelos de enseñanza militar em América Latina. In: MEJÍAS, Sonia Alda. *Sistemas de enseñanza militar y educación para la defensa em Iberoamerica*. Madrid: Instituto Universitario General Gutiérrez Mellado, 2010. p.209-31.

RIBEIRO, Denise Felipe. Forças Armadas e política: a importância da origem social e do processo de socialização militar na tomada de decisões políticas. In: SIMPÓSIO NACIONAL DE HISTÓRIA, 23, Londrina. *Anais*.... Londrina: Anpuh, 2005.

ROSTY, Cláudio Skora. Os 200 anos do ensino militar. *Revista do Exército Brasileiro*, Rio de Janeiro, v.147, ed. esp., 2011.

ROUQUIÉ, Alain. *O Estado Militar na América Latina*. Rio de Janeiro: Alfa-ômega, 1984.

ROUQUIÉ, Alain (org.). *Os partidos militares no Brasil*. Rio de Janeiro: Record, 1992.

SAINT-PIERRE, Hector Luis. "Defesa" ou "segurança"? Reflexões em torno de conceitos e ideologias *Contexto Internacional*, Rio de Janeiro, v.33, n.2, jul.-dez. 2011.

SANT'ANNA, Lourival. Forças se ressentem de falta de definições. *O Estado de S.Paulo*. 14 mar. 1999. Os novos e velhos dilemas dos militares.

SANTOS, Murillo. *O caminho da profissionalização das Forças Armadas*. Rio de Janeiro: Instituto Histórico-Cultural da Aeronáutica, 1991.

SHY, John. Clausewitz. In: PARET, Peter (org.). *Construtores da estratégia moderna*. Rio de Janeiro: Bibliex, 2001a. t.1.

REFERÊNCIAS BIBLIOGRÁFICAS

SHY, John. Jomini. In: PARET, Peter (org.). *Construtores da estratégia moderna*. Rio de Janeiro: Bibliex, 2001b. t.1.

SODRÉ, Nelson W. *História militar do Brasil*. São Paulo: Expressão Popular, 1979.

STEPAN, Alfred. *Os militares na política*. Rio de Janeiro: Artenova, 1975.

VIEIRA, Marco Aurélio. Ensino militar no Exército brasileiro: histórico, particularidades, atualidades e futuro. *Revista do Exército Brasileiro*, Rio de Janeiro, v.147, ed. Esp., p.70-81, 2011.

WALTON, C. Dale. The Second Nuclear Age: Nuclear Weapons in the Twenty-First Century. In: BAYLIS, John; WIRTZ, James; GRAY, Colin. *Strategy in the Contemporary World*. 3.ed. New York: Oxford, 2010.

WEBER, Max. A política como vocação. *In*: LOPES, Gills. *Ciência e política*: duas vocações. São Paulo: Cultrix, 2003.

WEBER, Max. *Ensaios de sociologia*. 3.ed. Rio de Janeiro: Zahar, 1974.

ZAVERRUCHA, Jorge. *Rumor de sabres*: tutela militar ou controle civil? São Paulo: Ática, 1994.

SOBRE O LIVRO

Formato: 13,7 × 21 cm
Mancha: 23 × 38 paicas
Tipologia: Adobe Caslon Pro 10,5/14
Papel: Off-white 80 g/m² (miolo)
Cartão Triplex 250 g/m² (capa)

1ª edição Editora Unesp: 2024

EQUIPE DE REALIZAÇÃO

Edição de texto
Jorge Pereira Filho (Preparação de original)
Miguel Nassif (Revisão)

Capa
Estúdio Bogari

Editoração eletrônica
Sergio Gzeschnik (Diagramação)

Assistente de produção
Erick Abreu

Assistência editorial
Alberto Bononi
Gabriel Joppert

Rua Xavier Curado, 388 • Ipiranga - SP • 04210 100
Tel.: (11) 2063 7000 • Fax: (11) 2061 8709
rettec@rettec.com.br • www.rettec.com.br